全国高等教育药学类系列教材

# 药品GMP车间卫生管理与实践

郭永学  马义岭  主编

化学工业出版社

·北京·

## 内 容 简 介

《药品GMP车间卫生管理与实践》全书共6章，主要内容包括：清洁的基本要求（第1章）、人员卫生（第2章）、厂房与设施的清洁与消毒（第3章）、生产系统（第4章）、物料系统（第5章）、清洁验证与空间消毒验证（第6章）。本书坚持理论联系实际，在教学内容中及时引入制药企业的车间卫生管理新要求、新规范，收集大量工程数据及应用实例，全面提升了教材的实用性；不仅传授学生制药专业技术技能，同时培养学生科学严谨、求真务实、精益求精的职业素养。

《药品GMP车间卫生管理与实践》不仅可作为高等院校制药工程相关专业的专业劳动课教材，也可以作为药品生产相关产业工程技术人员的参考书。

### 图书在版编目（CIP）数据

药品GMP车间卫生管理与实践/郭永学，马义岭主编. —北京：化学工业出版社，2023.1
全国高等教育药学类系列教材
ISBN 978-7-122-42428-0

Ⅰ.①药⋯ Ⅱ.①郭⋯②马⋯ Ⅲ.①制药工业-质量管理体系-中国-高等学校-教材 Ⅳ.①F426.77

中国版本图书馆CIP数据核字（2022）第200006号

---

责任编辑：褚红喜　　　　　　　　　　文字编辑：刘志茹
责任校对：张茜越　　　　　　　　　　装帧设计：关　飞

---

出版发行：化学工业出版社（北京市东城区青年湖南街13号　邮政编码100011）
印　　装：三河市延风印装有限公司
787mm×1092mm　1/16　印张13¼　字数329千字　2023年3月北京第1版第1次印刷

购书咨询：010-64518888　　　　　　　售后服务：010-64518899
网　　址：http://www.cip.com.cn
凡购买本书，如有缺损质量问题，本社销售中心负责调换。

定　　价：49.80元　　　　　　　　　　　　　　　　　　　　版权所有　违者必究

# 《药品GMP车间卫生管理与实践》编写组

主　　编　郭永学　马义岭

副 主 编　杨　琇　杨梓桓　车恩利

编写人员（以姓氏笔画为序）

于红想（迈本医药科技有限公司）
马义岭（上海允咨医药科技有限公司）
王　欣（Sievers 分析仪）
王　翠（沈阳药科大学）
王　巍（华北制药有限公司）
王彦忠（国内GMP资深专家）
王新明（华北制药有限公司）
王耀彪（吉林鸿展流体科技有限公司）
车恩利（沈阳药科大学）
叶　勋（中国医药设备工程协会专家委员会委员）
白　超（迈本医药科技有限公司）
刘剑桥（沈阳药科大学）
江雨霖（沈阳药科大学）
孙聪聪（迈本医药科技有限公司）
李灵坤（沈阳药科大学）
李海佳（迈本医药科技有限公司）
杨　琇（华北制药有限公司）
杨　群（迈本医药科技有限公司）
吴　飞（迈本医药科技有限公司）
沙露平（沈阳药科大学）
宋金辉（熙迈（上海）检测技术服务有限公司）
张　超（上海艾曼凯生物科技有限公司）
张贵良（上海精川生物科技有限公司）
陈淑婷（迈本医药科技有限公司）
罗运涛（上海精川生物科技有限公司）

赵春妹（华北制药有限公司）
姜德林（华北制药有限公司）
秦铭泽（沈阳药科大学）
袁泽琪（迈本医药科技有限公司）
高文广（华北制药有限公司）
郭永学（沈阳药科大学）
梁振龙（迈本医药科技有限公司）
曾宪乐（迈本医药科技有限公司）
薛晨光（迈本医药科技有限公司）

# 前　言

《药品GMP车间卫生管理与实践》是制药专业劳动技术教材，全面介绍制药企业的车间卫生管理内容，重点讲述清洗剂选择，人员卫生及行为规范，厂房与设施系统清洁，制药用水的质量控制与消毒，昆虫和动物控制，生产设备与工器具清洗消毒，工器具、耗材及记录等物品的传递，仓储区和洁净区物料管理，以及清洁验证等内容。本书坚持理论联系实际，将制药车间专业知识与生产劳动相结合，将制药车间专业知识与解决生产实际问题相结合，不仅传授学生制药专业技术技能，同时培养学生科学严谨、求真务实、精益求精的职业素养和工匠精神。

本书在履行基础教学任务要求的同时，将劳动素养、劳动观念、劳动精神、劳动能力和劳动态度与品质培养有机纳入专业教育，培养德智体美劳全面发展的高级专业技术人才；在教学内容中及时引入制药企业的车间卫生管理新要求、新规范，收集大量工程数据及应用实例，全面提升了教材的实用性，不仅可作为高等院校制药工程相关专业的专业劳动课教材，也可以作为药品生产相关产业工程技术人员的参考书。

本书由郭永学、马义岭任主编，杨琇、杨梓桓、车恩利任副主编。沈阳药科大学、上海允咨医药科技有限公司、上海精川生物科技有限公司、上海艾曼凯生物科技有限公司、熙迈（上海）检测技术服务有限公司、Sievers分析仪、迈本医药科技有限公司和华北制药有限公司等院校和企业的专家参与了本书相关章节的编写工作。此外，教材编写过程中得到国内GMP资深专家王彦忠和2020版《中华人民共和国药典》制药用水课题组叶勋专家以及化学工业出版社的大力支持，在此深表感谢！

受编者学识所限，书中不当之处在所难免，诚盼赐教，以利完善。

编　者
2022年8月

# 目 录

## 第1章 清洁的基本要求 / 1

### 1.1 清洗的基本原理 ················································································ 1
#### 1.1.1 溶解 ···················································································· 1
#### 1.1.2 增溶 ···················································································· 2
#### 1.1.3 乳化作用 ·············································································· 2
#### 1.1.4 分散悬浮作用 ········································································ 3
#### 1.1.5 润湿 ···················································································· 3
#### 1.1.6 水解 ···················································································· 4
#### 1.1.7 物理清洗 ·············································································· 4
### 1.2 清洗剂的选择 ···················································································· 4
#### 1.2.1 清洗剂的合规性考量 ······························································ 5
#### 1.2.2 清洗剂的检测方法考量 ··························································· 6
#### 1.2.3 清洗剂的安全性考量 ······························································ 6
#### 1.2.4 计算举例-日常清洁 ································································ 7
#### 1.2.5 清洗剂的风险评估 ································································· 7
### 1.3 清洗参数实验室开发 ·········································································· 8

## 第2章 人员卫生 / 11

### 2.1 法规要求 ·························································································· 12
#### 2.1.1 药品生产质量管理规范（2010年修订） ···································· 12
#### 2.1.2 药品生产质量管理规范（2010年修订）附录 ····························· 13
### 2.2 人员卫生及行为规范 ·········································································· 14
#### 2.2.1 组织机构要求 ······································································· 14
#### 2.2.2 人员卫生及行为规范要求 ······················································· 15
### 2.3 人员监测 ·························································································· 18
#### 2.3.1 人员监测要求 ······································································· 18
#### 2.3.2 人员监测计划 ······································································· 20
### 2.4 更衣流程及更衣确认 ·········································································· 21
#### 2.4.1 更衣程序 ·············································································· 21

  2.4.2 更衣确认 ………………………………………………………………… 28
 2.5 洗手和消毒 ………………………………………………………………………… 31
 2.6 工作服要求 ………………………………………………………………………… 32
 2.7 人员培训要求 ……………………………………………………………………… 33
  2.7.1 人员培训的基本要求 …………………………………………………… 33
  2.7.2 人员培训的实施 ………………………………………………………… 33
  2.7.3 无菌药品生产操作人员的培训要求 …………………………………… 34
 2.8 人员健康检查要求 ………………………………………………………………… 34
  2.8.1 人员健康检查的基本要求 ……………………………………………… 35
  2.8.2 人员健康检查项目 ……………………………………………………… 35
  2.8.3 人员健康检查档案管理要求 …………………………………………… 36
  2.8.4 人员健康检查医疗机构要求 …………………………………………… 36

## 第3章　厂房与设施的清洁和消毒 / 37

 3.1 厂房清洁 …………………………………………………………………………… 37
  3.1.1 概念和介绍 ……………………………………………………………… 37
  3.1.2 系统设计 ………………………………………………………………… 40
  3.1.3 清洁程序 ………………………………………………………………… 44
  3.1.4 消毒程序 ………………………………………………………………… 58
  3.1.5 地漏的清洁和消毒 ……………………………………………………… 71
 3.2 洁净设备的清洁 …………………………………………………………………… 72
  3.2.1 设备介绍 ………………………………………………………………… 72
  3.2.2 清洁程序 ………………………………………………………………… 80
  3.2.3 无菌隔离器与过氧化氢灭菌技术的应用 ……………………………… 81
 3.3 制药纯化水和注射用水质量控制与消毒 ………………………………………… 83
  3.3.1 制药纯化水和注射用水微生物控制与消毒 …………………………… 83
  3.3.2 制药纯化水和注射用水质量标准 ……………………………………… 119
 3.4 空调系统清洁 ……………………………………………………………………… 122
  3.4.1 空调净化系统概述：制药企业为什么要用空调净化系统？ ………… 122
  3.4.2 空调净化系统的设计特点 ……………………………………………… 131
  3.4.3 空调设备和空气输送分配装置的运行管理 …………………………… 132
 3.5 工艺用气 …………………………………………………………………………… 133
  3.5.1 纯蒸汽系统清洁 ………………………………………………………… 133
  3.5.2 工艺气体 ………………………………………………………………… 138
 3.6 昆虫和动物控制 …………………………………………………………………… 142
  3.6.1 虫鼠勘测 ………………………………………………………………… 143
  3.6.2 昆虫控制 ………………………………………………………………… 143
  3.6.3 动物控制 ………………………………………………………………… 145

  3.6.4 综合虫害管理 …………………………………………………… 146
  3.6.5 第三方虫鼠控制服务 …………………………………………… 148

# 第4章　生产系统 / 149

 4.1 概述 ………………………………………………………………………… 149
  4.1.1 生产系统清洁消毒的目的 ……………………………………… 149
  4.1.2 生产系统清洁消毒的范围 ……………………………………… 150
  4.1.3 生产系统清洁消毒的接受标准 ………………………………… 150
 4.2 生产设备的清洁消毒灭菌管理 ………………………………………… 152
  4.2.1 设备的清洁 ……………………………………………………… 153
  4.2.2 设备的消毒灭菌 ………………………………………………… 158
  4.2.3 设备存放管理 …………………………………………………… 163
  4.2.4 设备清洁规程编制 ……………………………………………… 163
  4.2.5 设备清洁程序设计示例 ………………………………………… 165
 4.3 工器具清洗消毒管理 …………………………………………………… 174
 4.4 工器具、耗材及记录等物品的传递 …………………………………… 176
  4.4.1 传递窗传递 ……………………………………………………… 176
  4.4.2 物料缓冲间传递 ………………………………………………… 178
  4.4.3 湿热灭菌柜传递 ………………………………………………… 178
  4.4.4 物品递入洁净区示例 …………………………………………… 178

# 第5章　物料系统 / 180

 5.1 仓储区物料管理 ………………………………………………………… 180
  5.1.1 仓储区的设计 …………………………………………………… 180
  5.1.2 设备设施管理 …………………………………………………… 180
  5.1.3 设备的清洁 ……………………………………………………… 181
  5.1.4 物料接收 ………………………………………………………… 181
  5.1.5 取样管理 ………………………………………………………… 182
  5.1.6 储存 ……………………………………………………………… 185
  5.1.7 物料发放 ………………………………………………………… 186
 5.2 洁净区物料管理 ………………………………………………………… 187
  5.2.1 基本要求 ………………………………………………………… 187
  5.2.2 物料传递程序 …………………………………………………… 187
  5.2.3 物料传递验证 …………………………………………………… 193

# 第6章　清洁验证与空间消毒验证 / 195

 6.1 清洁验证 ………………………………………………………………… 195
  6.1.1 概述 ……………………………………………………………… 195
  6.1.2 主要术语 ………………………………………………………… 195

6.1.3 清洁法规/指南 …………………………………………………………… 196
　　6.1.4 清洁验证生命周期 …………………………………………………… 197
6.2 空间消毒验证 …………………………………………………………………… 201
　　6.2.1 臭氧消毒效果验证 …………………………………………………… 201
　　6.2.2 VHP 灭菌效果确认 …………………………………………………… 202

**参考文献** / 205

# 第1章
# 清洁的基本要求

## 1.1 清洗的基本原理

清洗指从（要清洗的设备）表面去除不需要的物质（污染物）的过程。用于清洗的化学物质涉及不同的清洗机理以去除或协助去除设备表面的污染物。了解清洗机理有助于选择合适的清洗剂，更重要的是，它有助于正确设计整个生命周期的清洗过程。清洗机理主要包括：溶解、增溶、乳化、分散悬浮、润湿、水解等。

清洗在实际的药品生产过程中尤为重要，在清洗过程中通常利用不同的机理来完成整个清洗的过程。例如药品生产结束后的生产设备表面上会有不同类型的化学残留，如果使用碱性的含表面活性剂的清洗剂，清洗过程中表面活性剂可以对辅料进行乳化，同时高 pH 可以对活性物质进行水解，使之溶解于水，在这个过程中至少包含 3 种清洗原理，所以清洗是一个集多种清洗机理共同完成的过程。

### 1.1.1 溶解

广义上说，超过两种以上物质混合而成为一种分子状态的均匀相的过程称为溶解。狭义的溶解指的是一种液体对于固体、液体、气体产生物理或化学反应，使其成为分子状态的均匀相的过程。溶解性是物质在形成溶液时的一种物理性质。它是指物质在特定溶剂中溶解能力大小的一种属性。例如，蔗糖可溶于水，某些有机化合物可溶于丙酮或甲醇。因此，溶解是一个非常重要的清洗机理，而且是相对简单的机理。需要注意的是，溶解性主要是指物质在溶剂中的溶解能力，但是并不一定代表溶解速度。以糖在水中的溶解来举例，虽然糖可溶于水，但将一匙砂糖放在一杯水中并不一定会导致糖迅速或立即溶解。在多数情况下，即使几个小时后，糖仍然会沉在杯底。为了使糖更容易溶解，必须搅拌或加热，这样才能将糖快速溶解。同样，在清洗制药生产设备上的可溶性污染物时也会发生类似的现象。然而糖的物理状态也会影响其在水中的溶解速度，例如冰糖可以通过搅拌和加热加快其溶解。生产设备上污染物的溶解性还应考虑其是否在生产过程中已经变性，因为污染物的化学性质改变后其物理性质也会改变。在清洗片剂生产设备时，还要考虑配方中不同物质的溶解性问题，因为在片剂的配方中，除了活性物质外，大部分是药用辅料，这些辅料包括赋形剂、黏合剂、崩解剂、润滑剂等。即使活性物质是水溶性的，也并不是所有辅料都是水溶性的，所以对于清洗来说，溶解可能并不是最佳的清洗途径。

### 1.1.2 增溶

增溶指表面活性剂在水溶液中形成胶束后，能使不溶或微溶于水的有机物的溶解度显著地高于在纯水中的溶解度，从而形成热力学稳定的、各向同性的、均匀的溶液。增溶作用和溶解相似，不同之处在于向纯溶剂中加入添加剂来使污染物的溶解度增大。如果水作为溶剂，通常向其中添加表面活性剂、pH调节剂、与水互溶的化学试剂来增加污染物的溶解性。例如，以二甲基硅氧烷为亲油基团的表面活性剂用于增溶硅油，以烷基链为亲油基团的表面活性剂用于增溶油性的烃类化合物。

### 1.1.3 乳化作用

乳化作用是一种液体以极微小液滴均匀地分散在互不相溶的另一种液体中的作用。乳化是液-液界面现象。通常两种不相溶的液体，如油与水，在容器中分成两层，密度小的油在上层，密度大的水在下层。若加入适当的表面活性剂，在强烈的搅拌下，油被分散在水中，形成水包油型乳状液（O/W），或者水被分散在油中，形成油包水型乳状液（W/O）。图1-1为不同类型的乳状液示意。能起到乳化作用的物质称为乳化剂，通常为表面活性剂。

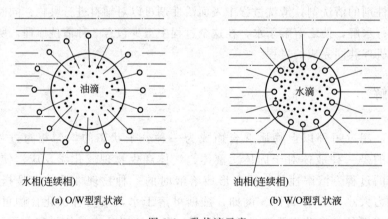

(a) O/W型乳状液　　　　　　　　　(b) W/O型乳状液

图1-1　乳状液示意

作为乳化剂使用的表面活性剂主要有两种作用：一是降低两种液体间的界面张力。当油在水中分散成许多微小液滴时，扩大了它与水的接触面积，因此它和水之间的斥力也随之增加而处于不稳定状态，加入表面活性剂后，乳化剂分子的亲油基一端吸附在油滴微粒表面，而亲水基一端伸入水中，并在油滴表面定向排列组成一层亲水性分子膜，使油水界面张力降低，并且减少油滴之间的相互吸引力，防止油滴聚集重新恢复水油两层的原状。二是保护作用。表面活性剂在油滴周围形成的定向排列亲水分子膜是一层坚固的保护膜，能防止油滴碰撞时相互聚集。如果定向排列分子膜是由离子型表面活性剂形成的，还会使油滴带有电荷，油滴带上同种电荷后斥力增加，也可以防止油滴在频繁碰撞中发生聚集。

对于设备的清洗过程来说，乳化是将设备表面不溶性的残留物"分解"成更小的液滴，然后将这些液滴悬浮在水性清洗剂中的过程。这个过程通常要对系统施加机械力来完成，如对设备进行搅拌，或者让系统形成湍流状态。乳状液需要通过添加表面活性剂或聚合物来稳定。在清洗过程中，由清洗而形成的乳状液包括矿物油、硅油或矿脂的水性乳状液，通常向水中添加阴离子或非离子表面活性剂来稳定乳状液。

由于乳状液热力学上的不稳定性，在某个时间点，不溶性残留物通常会和清洗剂分离，根据残留物与清洗剂的密度比较可得知，若残留物密度小于清洗剂密度，残留物会浮到清洗剂顶部，反之残留物则会沉淀到底部。在清洗过程中形成的乳状液稳定性较差，一般在停止机械力输入时（例如停止搅拌或湍流结束），乳状液就可能开始遭到破坏，这会在很短的时间内发生，通常为5～15min不等，也可能是在几个小时后发生。乳状液的这种破坏可能导致清洗后的残留物重新沉积到设备表面上，这显然不是我们所期望的。因此，应继续对整个系统施加机械力，直到将清洗液最终排放结束。如果乳状液需要中和，最好是在排放后进行，而不应在设备中进行，否则pH值的任何变化都可能影响乳化的效果，最终会导致乳状液被破坏，以致溶解在清洗剂中的残留物又会重新沉淀在设备的表面上。

### 1.1.4 分散悬浮作用

固体以微粒状分散于液体中并保持稳定的过程称为分散，所形成的分散体系称为悬浮液。分散悬浮作用和乳化作用类似，除了润湿、降低表面张力和防止聚集外，还能将固体颗粒分散于水中。不同点在于被分散的固体颗粒所形成的悬浮液的稳定性比被乳化的液滴所形成的乳化液的稳定性要差。具有促进固体分散，形成悬浮液作用的表面活性剂称为分散剂。对于固体的分散剂，通常使用阴离子表面活性剂，而且要在过程中持续性输入机械能，如搅拌或通过液体的湍流状态来润湿和分散固体颗粒。不然就会和乳化一样，残留物可能会重新沉积在设备的表面上。图1-2为固体颗粒的分散悬浮。

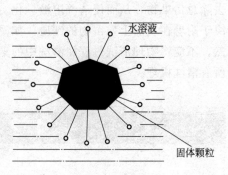

图1-2 固体颗粒分散悬浮示意

### 1.1.5 润湿

润湿指在固体表面上一种液体（通常指清洗剂）取代另一种与之不相混溶的流体的过程。通过添加表面活性剂来降低液体的表面张力，可以得到更好的清洗效果。水在20℃时的表面张力约为73mN/m，加入表面活性剂后，可以将表面张力降低到约30mN/m。对残留在设备表面的污染物进行有效的润湿，可以提供快速溶解、增溶、乳化和分散作用。而且当表面张力降低后，可以使清洗剂更好地渗透到表面的缝隙中，促使更好的接触，从而更容易将污染物从这些难以清洗的部位清洗干净。

## 1.1.6 水解

水解是将有机物分子中的化学键断裂，使得难溶的有机物大分子，分解成易溶于水的小分子的过程，即将极性小的难溶的大分子水解成了极性较大的小分子而实现溶解的过程。因此，我们需要研究分解后的物质是否在清洗剂对应的pH条件下也是可溶解的，如果生成的物质并不能够溶解于水，就不会达到良好的清洗效果。清洗后残留物的分析方法需要根据实际情况考虑，因为在这种清洗机理存在的情况下，最终检测污染物残留量时，不能只用检测难溶的有机物大分子的方法去检测，还要检测水解后产生的物质残留量。例如，酯类通过碱性清洗剂进行了水解，最终不能只检测酯类的残留，还应该用检测羧酸盐和醇的检测方法去检测分解产物。

## 1.1.7 物理清洗

虽然大多数讨论都集中在清洗的化学机理上，但清洗的一种简单机制是通过使用一些机械力进行物理清除。这可以是在手动清洁操作过程中的手工擦洗，也可以是高压水喷淋的手工清洗。在这两种情况下，目的都是物理清除残留物，然后通过高压水流或洗涤作用将残留物从表面带走。在这种情况下，可在清洗溶液中加入表面活性剂来帮助清洗残留物，以辅助清洁。物理清洗主要是由于水（或溶剂）的运动引起的机械作用将污染物去除。在将清洗溶液引入设备之前，制药行业中通常会用室温的水对设备进行预冲洗。这种预冲洗有助于物理去除总污染物，从而使清洗溶液乳化、分散，水解后的残留污染物更少。物理清洗的效率取决于附着在表面上残留物的性质。如"烤干"后的残留物是不容易从表面上预冲洗掉的。当然，不应将物理清洗过程在清洗中的重要性降到最低，因为物理清洗过程某种程度上会涉及所有清洗机理。

## 1.2 清洗剂的选择

清洗剂应能有效溶解残留物，不腐蚀设备，且本身易被清除。制药公司在清洗过程中可以使用水、有机溶剂或水基清洗剂。水主要是纯化水、注射用水。有机溶剂包括丙酮、甲醇和乙酸乙酯等，最常用于批量药品生产中的清洁。目前，较为常用的水基清洗剂是以水溶液为基础的，并添加了不同的成分，如酸、碱、表面活性剂等。表面活性剂在溶液中可以显著降低液体的表面张力（或界面张力），并具有渗透、润湿、发泡、乳化、增溶和去污等特殊性能。表面活性剂可分为离子型表面活性剂和非离子型表面活性剂，而离子型表面活性剂又可以分为阴离子型表面活性剂、阳离子型表面活性剂和两性型表面活性剂。

不同类型的表面活性剂的特点和应用范围见表1-1。

表 1-1　不同类型表面活性剂的特点和应用范围

| 类型 | 主要特点 | 应用范围 |
| --- | --- | --- |
| 阴离子型 | 良好的渗透、润湿、分散、乳化性能,去污能力强,泡沫多,呈中性;除磺酸盐外,其他品种不耐酸;除肥皂外,其他品种具有良好的耐硬水性 | 用作渗透剂、润湿剂、乳化剂、去污剂等 |
| 阳离子型 | 良好的渗透、润湿、分散、乳化性能,去污能力强,泡沫较多,并具有杀菌能力;对金属有缓蚀作用;对织物有匀染、抗静电作用 | 用作杀菌剂、柔软剂、匀染剂、缓蚀剂、抗静电剂;很少用于去污;不宜与阴离子型表面活性剂混用,否则产生沉淀 |
| 两性型 | 良好的去污、起泡和乳化能力,耐硬水性好,耐酸、耐碱,具有抗静电、杀菌、缓蚀等性能;对皮肤刺激小 | 用作抗静电剂、柔软剂等 |
| 非离子型 | 具有高度的表面活性,胶束与临界胶束浓度比离子型表面活性剂低,增溶作用强,具有良好的乳化能力和洗涤作用,泡沫中等,耐酸、耐碱,有浊点现象 | 用作乳化剂、匀染剂、洗涤剂、消泡剂等 |

选择清洁剂时,需要重点关注以下内容:
① 了解需要被清洗的物质(产品、残留、细胞培养基、蛋白等);
② 了解需要被清洗的表面材质;
③ 考虑清洁剂与表面材质的兼容性;
④ 清洁剂是否能够溶解、松动被清洗物质;
⑤ 清洁剂选择应基于实验室数据;
⑥ 清洁剂应有对应的检测方法;
⑦ 清洁剂的毒性(PDE/ADE);
⑧ 清洁剂残留的可接受标准;
⑨ 清洁剂对细胞生长的影响;
⑩ CIP清洗是否可以用电导率控制浓度。
其中重点应该从有效性、合规性和安全性3个方面综合考虑。

## 1.2.1　清洗剂的合规性考量

目前国内外并没有药监机构批准的清洗剂,因为药监机构很难去做所谓的批准,这样可能会导致市场的不正当竞争。所以清洗剂只要能够满足制药企业的各项要求且符合GMP要求,如清洗剂供应商是否有相应的质量管控体系、能否通过制药企业的正式审计、能否提供产品对应的入厂检测方法等,就可以应用于制药行业。在选择清洗剂时,可以参考食品行业清洗剂的要求,因为我国有专门的用于清洗接触食品的工具、设备、容器和食品包装材料的清洗剂国家标准,即《食品安全国家标准　洗涤剂》(GB 14930.1—2015)。这个国家标准中对清洗剂的原料做了相关的要求,同时也对清洗剂的主要理化指标做了相关的规定,如砷和重金属的含量、甲醇以及甲醛的含量都有相应的要求,并且微生物也要符合要求;同时制药企业还要参考GMP和清洁验证的相关指南、法规对清洗剂的残留进行检测和有效的评估,确认合理的清洗剂残留可接受限度,这样才能保证清洗后的水系统产出的制药用水能够作为合格的原料用于药品的生产。

### 1.2.2 清洗剂的检测方法考量

通常碱性和酸性的复合配方清洗剂都可以用不同的检测方法来确认其残留量，包括特异性的检测方法和非特异性的检测方法。高效液相色谱法（HPLC）为制药企业中最为常见的特异性检测方法，可以用于检测特定物质的含量，但是在清洗剂的检测中并不常见，因为目前主流的清洗剂都是复合配方清洗剂，而特异性的检测方法只能检测其中某个特定的物质。非特异性的检测方法包括电导率法和总有机碳法（TOC），电导率法是通过检测清洗剂中离子化合物的含量来确认清洗剂的残留；TOC 法是通过检测清洗剂中的含碳量，从而确认清洗剂的残留量。目前 TOC 法用于清洗剂的残留检测得到了 FDA 认可，自 1993 年《清洁验证检查指南》《Validation of Cleaning Processes (7/93) GUIDE TO INSPECTIONS VALIDATION OF CLEANING PROCESSES》出版以来，已经发表了许多相关研究来证明 TOC 法在测量污染物残留方面的充分性。TOC 法是可以作为一种可接受的方法来检测污染物残留，以评估清洁效果，并且 FDA 也指出 TOC 法是可以作为常规监测残留物和清洁验证的可接受方法。所以目前最为常用的清洗剂残留检测方法还是以非特异性方法为主。

### 1.2.3 清洗剂的安全性考量

**(1) 细胞生长抑制考量**

生物制药企业由于需要清洗生物反应器，更为关注的是清洗剂的残留是否会对细胞生长产生抑制。一旦有生长抑制，就会导致收率下降，直接影响生产质量。下面为 JClean® 系列产品对 CHO 细胞生长抑制的研究，研究表明 JClean® 1000 和 JClean® 2000 两种清洁剂的 $IC_{50}$ 都大于 $1000\mu g/mL$，不难看出，这两种清洁产品在允许的残留限度下对于细胞生长无抑制作用。

JClean® 1000 和 JClean® 2000 对 CHO-K1 细胞的增殖抑制作用（IR 及 $IC_{50}$）分别见图 1-3 和图 1-4。

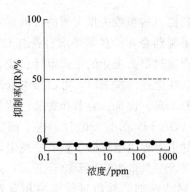 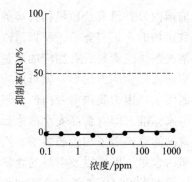

图 1-3  JClean® 1000 对 CHO-K1 细胞的增殖抑制曲线　　　图 1-4  JClean® 2000 对 CHO-K1 细胞的增殖抑制曲线

**(2) 残留限度考量**

现在的误区是很多制药企业只用检测水的检测项目来检测最终漂洗水的指标，如 pH、电导率和TOC，如果这些指标达到了企业内部水的控制指标，就认为试剂无残留，这样做其实是不科学的。

目前最新的FDA、EMA、WHO相关法规和指南中，清洗剂残留限度都参考基于健康的暴露限度（health-based-exposure limits，HBEL）来进行计算，即通过清洗剂产品的每日允许暴露量（PDG）/每日可接受暴露量（ADE）数值来计算清洗剂的最大允许残留量（MACO），进而计算出在漂洗水和棉签取样样品中的允许残留量。通过PDE/ADE计算出清洗剂允许限度，并与水的电导率和TOC进行比较，取最小限度值作为日常清洗后的清洗剂残留可接受限度才是最科学、最合规的做法。清洗剂的最大允许残留量可以按照下式进行计算。

$$MACO = \frac{PDE 或 ADE(mg/d) \times MBS(mg)}{MDD 或 STDD(mg/d)}$$

式中，MACO（maximum allowable carry over）为最大允许残留量；PDE（permitted daily exposure）为允许的每日暴露量；ADE（acceptable daily exposure）为可接受的每日暴露量；MBS（minimum batch size）为最小批次量；MDD（maximum daily dose）为每日最大剂量；STDD（standard therapeutic daily dose）为标准日治疗剂量。

## 1.2.4 计算举例-日常清洁

【例1-1】 某制药企业共线生产设备生产不同产品A和B（先生产A，再生产B），假设B产品的最小批次为25kg，最大单日剂量为25g，公用面积为100000cm$^2$，取样面积为100cm$^2$，取样棉签用20mL水进行提取，并进行测试，所使用的清洁剂JClean® 1000的PDE为7.64mg/d。

最大允许残留限度计算：

$$MACO = \frac{PDE 或 ADE(mg/d) \times MBS(mg)}{MDD 或 STDD(mg/d)} = \frac{7.64(mg/d) \times 25kg}{25g} = 7640 mg/d$$

单位面积的残留限度 $= \frac{7640(mg/d) \times 1000}{100000 cm^2} = 76.4 \mu g/cm^2$

单个棉签允许的残留限度 $= 76.4 \mu g/cm^2 \times 100 cm^2 = 7640 \mu g/签$

检测样品中允许的残留限度 $= \frac{7640 \mu g}{20 mL} = 382 \mu g/mL = 382 ppm$

以上计算出的数值与残留限度标准的默认值10ppm进行对比，选择最小的限度值作为最后样品中清洗剂的残留限度，这样才更科学。

## 1.2.5 清洗剂的风险评估

我国加入ICH（国际人用药品注册技术协调会）以来，已经陆续开始实施相关的指南，其中ICH Q9《质量风险管理》已在2020年开始实施，所以不论针对日常清洁还是针对除锈钝化操作的风险管理，都可以参考其中的内容，内容包括风险评估、风险控制、风险沟通和风险回顾4个主要模块。其中较为常用的一种风险管理模型为失效模式与影响分析（FMEA），即"潜在失效模式及后果分析"。FMEA模型可以用在设计及过程实施阶段，对各个工序逐一进行分析，找出所有潜在的失效模式，并分析其可能的后果，从而预先采取必要的措施，以提高清洗的质量，并降低相应的风险。日常清洁中如果采用复合配方清洗剂，那么实际使用的关键清洗参数需通过实验室开发得到，才能够快速地开发并对制定相应的清洗 SOP 提供指导。

## 1.3　清洗参数实验室开发

对于清洁验证，实验室是关键清洗工艺参数开发（critical cleaning parameter development，CCPD）的第一现场，也是验证清洁剂有效性的一种重要形式。顾名思义，CCPD 主要是在实验室中摸索出清洗过程中的关键参数，主要包括清洗剂类别、清洗剂浓度、清洗温度、清洗时间等，并且找到其中对清洗结果有较高影响因素的参数，这样在后续的清洗过程中加以控制，以便得到持续稳定的清洗结果，它对于后续的清洁验证来说至关重要。

CCPD 可以对新产品制定清洗方案；可以优化现有的清洗流程；可以解决现有清洗工艺中出现的问题。对于制药企业来说，通过 CCPD 可以提高生产效率；提高清洁结果的稳定性和清洗验证的重现性；减少清洗失败，从而节约时间。

CCPD 在实验室中主要通过模拟实际生产活动中的不同清洗方式，最终得出清洗的各个关键参数。

模拟的清洗方式主要包括手工清洗、浸泡搅拌、超声波清洗、压力水枪冲洗、层叠冲洗、喷淋清洗等方式。

① 手工清洗：人员通过清洗工具对物体表面的残留物进行去除的过程。

② 浸泡搅拌：将被清洗物体放入含有清洗剂的溶液中进行浸泡并搅拌的过程。

③ 超声波清洗：利用超声波在清洗剂液体中的空化作用、加速度作用及直进流作用对液体和污物产生直接、间接的作用，使污物层被分散、乳化、剥离而达到清洗目的。

④ 压力水枪冲洗：通过动力装置产生压力水来冲洗物体表面，将污垢剥离、冲走，达到清洗物体表面的目的。

⑤ 层叠冲洗：用固定流速的清洗剂液体流过被清洗物体表面，使表面残留物溶解和冲洗的过程。

⑥ 喷淋清洗：主要通过实验室清洗机来实现对物体表面残留物清洗的过程。

制定清洗标准操作程序（SOP）最好的方法之一就是进行实验室评估。实验室研究的目的是在实验室中进行小规模的初步筛选，以选择合适的清洗剂和关键工艺条件（时间、温度和清洁剂浓度）。然后确认这些数据，并在放大评估过程中进一步优化。如果要清洗的设备较大，则实验室评估通常要研究相同材质表面的清洗。对于实验室筛选，最典型的材质就是不锈钢，一般尺寸为 15cm×7.5cm，可以使用高度抛光的表面，但不是必需的，因为表面越粗糙，清洗起来就越困难，可以把这个作为材质的最差条件。实验室评估时，需考虑污染物的残留量和污染物的状态，一般要以最差的条件进行评估。需要注意的是，最难清洗位置的残留量和设备中的残留量不一定相同，而且在开始实验室测试时有可能根本不知道残留物的残留量和状态，但是在做实验室评估时需要考虑预期的残留物残留量和残留状态的最差条件。同时还应考虑实际操作过程中的一些限制，比如清洗用水所能达到的温度范围，是否必须从既定的清洗剂中选择。实验室评估的目的不是得到绝对的清洗 SOP，但是能够筛选出可用于实际生产过程中的最佳条件来保证最终的清洗达到可接受的标准。因此，应更多考虑实际生产工况下的限制条件，避免浪费精力去筛选那些不具备可操作性的条件。另外，限制条件太多，也会使得实验室筛选变得困难。比如，限制清洗剂的浓度只能用到1%，清洗温度为40℃，同时还要求清洗时间只能是5min，那么这可能导致根本无法实现。

筛选的清洗方法应尽可能地接近实际应用，如果无法模拟实际的清洗方法，则实验室应该采用比实际应用更差的清洗方法，这样才能保证最终的清洗效果。例如，对于小部件的手工清洗，实验室是可以模拟这种方法进行的；但是对于CIP清洗，实验室可能无法满足这种模拟，那么可选用浸泡搅拌清洗的方式来替代，虽然喷淋球撞击的作用力无法模拟，但是如果浸泡搅拌能够清洗干净，那么加之喷淋球的作用，实际应用中也是能完全达到要求的。所以实验室模拟采用的浸泡搅拌清洗的方法可以和实际清洗过程中的CIP清洗达到同样的效果。

实验室评估通常选择在较高的温度、较长的清洗时间和较高的清洗剂浓度来进行各种类型清洗剂（酸性、碱性、中性）的测试，其目的是先确认到底哪种清洗剂能够有效地去除要清洗的残留物。同时清洗剂的筛选还可以在一定程度上参考之前的清洗工艺，或清洗结构类似或性能类似的残留物所用到的清洗剂。清洗剂品种的筛选通常是实验室评估的第一个步骤。

第二个步骤才是筛选出不同的参数组合，比如浓度、时间、温度的不同组合来达到最终的清洗效果。同样地，由于实际操作过程中的条件限制，有些参数可能是固定的，无法进行改变，这样就需要改变其他的条件来去筛选其他参数。例如，实际工况条件下的水温是固定的，那么只能去调整清洗时间和清洗剂浓度。理论上讲，可以研究不同的清洗时间和清洗剂浓度的组合，但是如果制药企业要求设备在1h内要完成清洗，那么研究更长的清洗时间显然没有意义。

同时还应该认识到，有效的清洗通常需要两步清洗程序，如先用碱性清洗剂清洁，然后再用酸性清洗剂清洁。此外，还应选择用于检测实验室清洗方法是否能够达到可接受标准的方法。最基本的是要达到被清洗的表面目视清洁，这对于实验室的初步筛选足够了。另外一种检测方法是"水膜残迹测试"（water-break-free test），可以参考ASTM F22-13。这种方法是观察清洗水顺着光滑表面流下来的痕迹，判断是否清洗干净，如果均匀流下且没有形成水珠，则证明表面清洗干净，这种方法对于评价表面油性残留物很有价值。

以上两种方法都基于目视清洁的基础之上。质量的变化也可以作为初步筛选的一种方法。还可以采用残留物的特定分析方法，如用高效液相色谱方法检测残留，但是这需要残留物在清洗的过程中不会降解，不然的话，这种特异性的检测方法对于清洗参数的开发没有意义。所以对于实验室进行的清洗，能够同时满足目视清洁和通过"水膜残迹测试"就可以了。

实验室筛选的最终结果是确定采用何种清洗剂，并确定能够在实验室清洗中满足要求的清洗温度、清洗时间和清洗剂浓度。我们需要认识到实验室的清洗参数虽然可以为实际清洗提供指导，但是由于实际生产设备的复杂性，需要对某些参数进行调整，才能得出理想的结果。

以实验室开发难以清洗的药用辅料聚氧乙烯水溶性树脂为例。从样品的制备到最差条件的模拟，最终在实验室筛选出清洗所使用的各项关键清洗参数见表1-2和图1-5。

表1-2 实验室筛选出清洗所使用的各项关键清洗参数

| 清洗方式及参数 | 目视清洁(Y/N) | 无水珠挂壁(Y/N) |
|---|---|---|
| 浸泡搅拌 2%JC 1000＋5%JC Booster，65℃，60min | Y | Y |

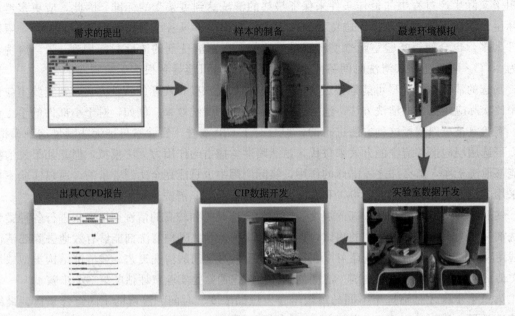

图 1-5　关键清洗工艺参数开发

# 第2章

# 人员卫生

《药品生产质量管理规范》(GMP)要求，药品生产企业应采取有效控制措施最大限度地降低药品生产过程中的污染、交叉污染以及混淆、差错等风险。做好产品防护最有效的手段是结合生产产品的特点，运用风险评估的手段将污染防控贯穿药品的整个生命周期，从人、机、料、法、环、测等各环节进行污染防控，从而降低产品的质量风险。而在这些环节中，人是制药生产过程中最大的污染源。为什么这么说呢？因为人从出生以后，外界的微生物就会逐渐进入或接触人体，在正常人体皮肤、毛发、黏膜以及与外界相通的各种腔道（口腔、鼻腔、外耳道）都存在着各类微生物，人在代谢过程中也会释放和分泌污染物。人的衣物、饰物也会沾染、携带各类污染物，日常使用的护肤品、化妆品对于药品来说本身就属于污染物。人的皮肤、毛发会不断地散发粒子，这是因为人的外皮细胞连续不断地被其下的新细胞所替换，导致外层皮肤不断地向周围环境释放粒子，而衣物、首饰等对皮肤的摩擦，会增加外皮释放的粒子数量。而人的坐立行卧、交谈、咳嗽、打喷嚏等各类动作行为也会产生大量的微粒（正常人在日常活动中产生微粒数量参见表2-1）以及微生物。对于药品生产区的洁净室而言，一旦有人员进入，其洁净程度就会随之发生改变。究其原因，主要是因为人的皮肤、毛发不断地向周围环境释放粒子，与此同时，由于人员在工作时，会有更多的活动，所以释放的粒子数量也相应增加。此外，药品生产人员的健康对于药品的质量也有很大的影响。由此可见，在制药生产过程中，人是最大的污染源，如果不能有效地保证人员卫生，生产的药品质量将存在很大的风险。

表 2-1 制药生产过程中人员行为造成的污染

| 部位/来源 | 人员行为 | 产生微粒数量 |
|---|---|---|
| 皮肤、头发 | 成年男性产生的皮屑 | 10万～1000万粒子/min |
| 口腔 | 咳嗽 | 700000个尘粒（粒径＞0.5μm 微粒） |
| | 喷嚏 | 1400000个尘粒（粒径＞0.5μm 微粒） |
| | 唇膏 | $1.1\times10^9$ 个（粒径＞0.5μm 微粒） |
| | 交谈 | 15000～20000个微粒/min（粒径＞0.5μm 微粒） |
| 化妆品 | 胭脂 | $6\times10^8$ 个（粒径＞0.5μm 微粒） |
| | 粉饼 | $2.7\times10^8$ 个 |
| | 睫毛油 | $3\times10^9$ 个 |
| 身着工作服的人员活动 | 剧烈活动 | 100万个/s（粒径＞0.1μm 微粒） |
| | | 20万个/s（粒径＞0.5μm 微粒） |
| | 规范行为 | 可减少至10～100个微粒 |

由于不可能将人完全密封在微过滤器之中，也不可能给人塑造一个完整的空气动力学的形状，所以人总是对周围的环境产生影响。虽然良好的建筑物和良好的送风系统，会使各种生产有更适宜的环境，从而降低污染。但更重要的是，污染控制和洁净室技术是以高度熟练的人员作为基础的，且这些人员是穿着洁净服按照规定的工序工作的。由于洁净室与一般工作环境不同，不可能对室内工作人员的所有活动进行监视，因此，在洁净室工作的人员与在其他环境中工作的人相比有更大的责任去理解、接受和执行与洁净室工作步骤有关的各项规定。

尤其对于无菌药品的生产，人员对最终产品质量的影响尤其大，这就需要从设计、维护及良好的无菌药品生产工艺等方面去最大限度地消除人员的影响。随着无菌药品生产操作人员的增加，最终产品无菌的风险也会增大。为确保最终产品的无菌，无菌药品的生产操作人员能否始终按无菌技术操作至关重要。

本章从人员卫生角度阐述如何消除人员对药品生产的污染，确保最终产品的质量符合标准要求，确保药品安全。

## 2.1 法规要求

### 2.1.1 药品生产质量管理规范（2010年修订）

第二十九条 所有人员都应当接受卫生要求的培训，企业应当建立人员卫生操作规程，最大限度地降低人员对药品生产造成污染的风险。

第三十条 人员卫生操作规程应当包括与健康、卫生习惯及人员着装相关的内容。生产区和质量控制区的人员应当正确理解相关的人员卫生操作规程。企业应当采取措施确保人员卫生操作规程的执行。

第三十一条 企业应当对人员健康进行管理，并建立健康档案。直接接触药品的生产人员上岗前应当接受健康检查，以后每年至少进行一次健康检查。

第三十二条 企业应当采取适当措施，避免体表有伤口、患有传染病或其他可能污染药品疾病的人员从事直接接触药品的生产。

第三十三条 参观人员和未经培训的人员不得进入生产区和质量控制区，特殊情况确需进入的，应当事先对个人卫生、更衣等事项进行指导。

第三十四条 任何进入生产区的人员均应当按照规定更衣。工作服的选材、式样及穿戴方式应当与所从事的工作和空气洁净度级别要求相适应。

第三十五条 进入洁净生产区的人员不得化妆和佩戴饰物。

第三十六条 生产区、仓储区应当禁止吸烟和饮食，禁止存放食品、饮料、香烟和个人用药品等非生产用物品。

第三十七条 操作人员应当避免裸手直接接触药品、与药品直接接触的包装材料和设备表面。

第一百九十七条 生产过程中应当尽可能采取措施，防止污染和交叉污染，如：

（五）在易产生交叉污染的生产区内，操作人员应当穿戴该区域专用的防护服；

## 2.1.2 药品生产质量管理规范（2010年修订）附录

### 2.1.2.1 附录1：无菌药品

**第十九条** 洁净区内的人数应当严加控制，检查和监督应当尽可能在无菌生产的洁净区外进行。

**第二十条** 凡在洁净区工作的人员（包括清洁工和设备维修工）应当定期培训，使无菌药品的操作符合要求。培训的内容应当包括卫生和微生物方面的基础知识。未受培训的外部人员（如外部施工人员或维修人员）在生产期间需进入洁净区时，应当对他们进行特别详细的指导和监督。

**第二十一条** 从事动物组织加工处理的人员或者从事与当前生产无关的微生物培养的工作人员通常不得进入无菌药品生产区，不可避免时，应当严格执行相关的人员净化操作规程。

**第二十二条** 从事无菌药品生产的员工应当随时报告任何可能导致污染的异常情况，包括污染的类型和程度。当员工由于健康状况可能导致微生物污染风险增大时，应当由指定的人员采取适当的措施。

**第二十三条** 应当按照操作规程更衣和洗手，尽可能减少对洁净区的污染或将污染物带入洁净区。

**第二十四条** 工作服及其质量应当与生产操作的要求及操作区的洁净度级别相适应，其式样和穿着方式应当能够满足保护产品和人员的要求。各洁净区的着装要求规定如下。

D级洁净区：应当将头发、胡须等相关部位遮盖。应当穿合适的工作服和鞋子或鞋套。应当采取适当措施，以避免带入洁净区外的污染物。

C级洁净区：应当将头发、胡须等相关部位遮盖，应当戴口罩。应当穿手腕处可收紧的连体服或衣裤分开的工作服，并穿适当的鞋子或鞋套。工作服应当不脱落纤维或微粒。

A/B级洁净区：应当用头罩将所有头发以及胡须等相关部位全部遮盖，头罩应当塞进衣领内，应当戴口罩以防散发飞沫，必要时戴防护目镜。应当戴经灭菌且无颗粒物（如滑石粉）散发的橡胶或塑料手套，穿经灭菌或消毒的脚套，裤腿应当塞进脚套内，袖口应当塞进手套内。工作服应为灭菌的连体工作服，不脱落纤维或微粒，并能滞留身体散发的微粒。

**第二十五条** 个人外衣不得带入通向B级或C级洁净区的更衣室。每位员工每次进入A/B级洁净区，应当更换无菌工作服；或每班至少更换一次，但应当用监测结果证明这种方法的可行性。操作期间应当经常消毒手套，并在必要时更换口罩和手套。

**第二十六条** 洁净区所用工作服的清洗和处理方式应当能够保证其不携带有污染物，不会污染洁净区。应当按照相关操作规程进行工作服的清洗、灭菌，洗衣间最好单独设置。

### 2.1.2.2 附录3：生物制品

**第五条** 从事生物制品生产、质量保证、质量控制及其他相关人员（包括清洁、维修人员）均应根据其生产的制品和所从事的生产操作进行专业知识和安全防护要求的培训。

**第六条** 生产管理负责人、质量管理负责人和质量受权人应当具有相应的专业知识（微生物学、生物学、免疫学、生物化学、生物制品学等），并能够在生产、质量管理中履行职责。

**第七条** 应当对所生产品种的生物安全进行评估，根据评估结果，对生产、维修、检验、动物饲养的操作人员、管理人员接种相应的疫苗，并定期体检。

**第八条** 患有传染病、皮肤病以及皮肤有伤口者、对产品质量和安全性有潜在不利影响的人员，均不得进入生产区进行操作或质量检验。未经批准的人员不得进入生产操作区。

**第九条** 从事卡介苗或结核菌素生产的人员应当定期进行肺部 X 光透视或其他相关项目健康状况检查。

**第十条** 生产期间，未采用规定的去污染措施，员工不得从接触活有机体或动物体的区域穿越到生产其他产品或处理不同有机体的区域中去。

**第十一条** 从事生产操作的人员应当与动物饲养人员分开，不得兼任。

### 2.1.2.3 附录 9：取样

**第十三条** 取样时应穿着符合相应防护要求的服装，预防污染物料和产品，并预防取样人员因物料和产品受到伤害。

### 2.1.2.4 附录 12：生化药品

**第九条** 一般情况下，人员不应从原材料的前处理区域穿越到已经灭活产品、其他产品的处理区域。如果不能避免这种穿越，必须基于质量风险管理原则采取防污染控制措施。

## 2.2 人员卫生及行为规范

### 2.2.1 组织机构要求

在全面质量管理的理论中，人、机、料、法、环、测是影响产品质量的六个主要因素。其中，人是生产和质量管理中最大的难点，也是所有管理理论中讨论的重点。围绕着"人"的因素，不同的企业有不同的管理方法。但万变不离其宗，要把人这个因素管理起来，企业就必须赋予他一定的权限和职责，这就形成了企业的组织机构和职责管理。因此，组织机构和人员是组成企业的有机体，企业是依靠各部门和人员执行既定的职责而运作，人则是具体的执行者。

每个人的性格特点不一样，对待生产和管理工作的态度、对产品质量的认识、对工作责任的理解等就会不一样。有的人温和，做事慢，仔细，对待事情认真；有的人性格急躁，做事只讲效率，缺乏质量，但工作效率高；有的人内向，有了困难不讲给组长听，对新知识、新事物不易接受；有的人性格外向，做事积极主动，但是好动，喜欢在工作场所讲闲话。那么，作为药品生产企业，如何去管理好这些性格特点各异的人员呢？这就要求企业必须建立与质量管理体系相适应的组织机构，使其有利于对人员和责任加以管理，确保药品生产活动的有效开展，进而确保最终所生产产品的质量符合质量标准和预期。

药品生产企业组织机构的设置一定要体现对企业实施有效的规范管理的原则，尽管各药品生产企业的组织机构模式不尽相同，企业的规模也不一致，但只要遵循这一原则，就能使质量保证的职能在制药生产的全过程中得以体现，并逐步向管理科学引申。这一点，在组织机构健全、质量管理体系有效运行的药品生产企业中已经得到了充分证明。

本节介绍的是人员卫生的管理，既然涉及"人员"，自然就需要加强对各级人员的管理，才能降低或避免发生人员卫生方面的问题，确保最终产品的质量。而人员管理是生产管理中最为复杂，最难理解和运用的一种形式。必须依靠行之有效的组织机构，才能管理好最为复杂的人员。因此说，组织机构和职责管理是药品生产企业开展药品生产管理的工作基础，也是药品GMP存在及运行的基础。

## 2.2.2 人员卫生及行为规范要求

在药品生产过程中，由于始终有人的操作活动，而人是药品生产过程中的最大污染源，因此，人员卫生管理显得尤为重要，尤其是与药品直接接触的人员的健康情况和卫生行为会直接或间接地影响药品质量。

### 2.2.2.1 人员卫生及行为规范的基本要求

为有效防控人员对药品带来的污染，药品生产企业应对所有人员提出卫生要求，并建立详细的人员卫生管理控制程序，对个人卫生和健康实行规范要求和管理，确保人员养成并保持良好的个人卫生和健康习惯。该程序至少应包含健康、卫生习惯和员工着装等内容。生产区和质量控制区的人员，包括因工作需要可能历史进入这些区域的其他工作人员，都应正确理解并严格遵守该程序。另外，药品生产企业还应该采取可行的有效措施来确保人员卫生管理控制程序的执行，避免该程序在实际生产过程中出现执行不到位，甚至不执行的情况，对生产的产品造成严重的质量风险。

药品生产企业有责任建立人员健康管理控制程序，确保人员的健康条件与产品质量相适应。所有员工在入职前应当接受体检，初次体检后，在人员的工作或健康状况需要时，应重新进行体检。同时，药品生产企业还应定期对直接接触药品的人员进行体检。在人员健康方面，药品生产企业还应当采取措施尽最大可能地避免患有传染病、体表有伤口的人员从事药品生产。任何人在任何时候如果出现明显的疾病或体表有伤口，可能会对产品质量产生影响，则不允许处理起始物料、包材、中间体及成品。

在个人卫生方面，药品生产企业应建立相应管理规程，确保生产和质量控制人员的个人卫生符合要求，比如：生产和质量控制人员不得留长指甲，不得使用指甲油，不得戴戒指、手表、手镯、耳环等饰物，不得使用化妆品等。对于生产区和储存区，应当禁止操作人员饮食、饮水、咀嚼食物或吸烟，禁止存放食物、饮料、香烟或其他个人用药品，杜绝在生产区内或其他可能对药品质量造成不良影响的区域内的任何不卫生行为。

在药品生产过程控制方面，进入生产区的所有人员应当穿着与其操作相适应的防护服。应当指导员工使用洗手设施。生产操作人员应当避免裸手直接接触起始物料、内包材、药品（包含中间体及半成品）以及与药品直接接触的设备部分。在洁净室工作的人员必须遵守洁净室的规则，在洁净区内人员进出次数应尽可能少，同时在操作过程中应尽量减少动作幅度，避免不必要的走动或移动，以保持洁净区的气流、风量和风压等，保持洁净区的净化级别。

### 2.2.2.2 具体要求

围绕产品防污染，在人员卫生和行为规范方面，除了满足基本的管理要求，针对不同类型的产品还有具体的管理要求。

**（1）非无菌药品（包含非无菌制剂药品和原料药、中药饮片、中药提取物）生产过程中的人员卫生和行为规范要求**

① 所有生产涉及人员每年至少应进行一次体检。

② 患有传染病或其他可能污染药品的疾病、体表有伤口的人员在任何时候（医疗检查或管理监督时）都不得进行药品生产活动。

常见的传染病主要分为呼吸道传染病和体表传染病。其中呼吸道传染病主要有流行性感冒、肺结核、腮腺炎、麻疹、百日咳等。呼吸道传染病能够通过空气进行传播，容易对产品造成污染。体表传染病主要有血吸虫病、沙眼、狂犬病、破伤风、淋病等。体表传染病能够接触传播，也容易对产品造成污染。

其他可能污染药品的疾病主要有皮癣、真菌感染的皮肤病等。

③ 所有生产操作人员须经必要的卫生知识培训，养成良好的卫生和健康习惯。

④ 操作人员应避免裸手直接接触药品、与药品直接接触的包装材料和设备表面。

⑤ 操作人员应保持手的清洁，工作前和每次离开工作场所返回时或当手被弄脏或被污染时，要用清洁剂洗手，并使用消毒剂对手进行消毒。

⑥ 操作人员不准穿洁净服（鞋）进入厕所或离开加工场所。

⑦ 禁止在生产区与储存区吃东西、喝水、咀嚼或吸烟、储存食物、饮料、香烟或个人服用的药品等。

⑧ 进入洁净生产区的人员不得化妆和佩戴饰物。如：佩戴手表、戒指、项链、挂坠、耳环、耳坠等。不允许留长指甲、涂指甲油。

⑨ 衣物和其他与生产无关的私人物品（如阅读材料、钥匙等）必须放在更衣箱内，生产区不得存放个人物品。

⑩ 进入洁净生产区的任何人员均应按更衣流程穿戴与操作相适应的洁净工作服，应将头发、胡须等相关部位遮盖，原则上应戴口罩。药品生产企业在选择洁净工作服材质和式样时应重点考虑污染和交叉污染的问题，确保人员不污染药品，药品不污染人员。

⑪ 进入洁净生产区的任何人员均应戴手套，手套应及时更换，避免穿戴有破损的手套。最好采用一次性的医用手套，确不能做到一次性使用时，手套的材质及使用后的处理方式应同洁净工作服。

⑫ 进入洁净生产区的人数不允许超出规定的最多允许人数。

⑬ 洁净区工作人员应当尽量减少交谈，避免增加面罩的湿度，进而增加微生物穿透性。

⑭ 操作人员进出洁净区应随时关门，在洁净区动作要尽量缓慢，避免剧烈运动、大声喧哗，以减少人员的发尘量，保持洁净区的风速、风量、风型和风压。

⑮ 在操作过程中，掉落于地上的物品，如操作工具、物料等，均认为已被污染，不能继续使用或作废物处理。

⑯ 不触摸口罩、揉鼻子。

⑰ 禁止面对药品和生产设备打喷嚏和咳嗽。

⑱ 当同一厂房内同时生产不同的品种时，禁止不同工序之间人员随意走动，需到其他工序时必须按规定采取防止交叉污染的措施。

⑲ 不同工序之间人员一般不得互相流动，必要时应采取有效的措施，防止交叉污染。如产尘量大的工序之间的洁净工作服可选用不同的颜色，进入其他工序时应更换相应的洁净

工作服。

⑳ 取样时应防止物料、产品和抽取的样品之间发生交叉污染，应使用合适的取样工具，取样后应对取样工具进行充分的洗涤、干燥，并存放在洁净的环境里。

㉑ 人员在进行取样操作时，应考虑房间气流流型，防止人员对物料造成污染。

㉒ 高致敏产品生产车间应采用特殊的防护服（关系到工作中的健康和安全），防护服穿在正常服装外，防护服应留在指定的区域，待清洗防护服只能在特定区域进行清洗操作，不能携带离开生产区。

㉓ 进入高致敏生产车间、生产区域的人员在离开洁净区时进行风淋，离开车间时应洗澡。

㉔ 高致敏生产区的人员衣物同其他产品生产区应以不同颜色明显区分，以防止人员之间交叉污染，进而也会污染到产品。

㉕ 对维护人员、承包人、参观者、顾问和检查官应尽可能地进行个人卫生的培训。不应把参观者或未经培训的人员带到生产或质量控制区。如果这种情况不可避免，应事先对个人卫生、更衣等事项进行培训指导。

**(2) 无菌药品（含无菌原料药）生产过程中的人员卫生和行为规范要求**

无菌药品（含无菌原料药）在生产过程中，除了应符合上述非无菌药品生产过程中的人员卫生和行为规范要求外，还应该符合以下更高的要求。

① 只有经过专门培训并经批准的人员方可进入无菌生产洁净区内，无论何时均需遵守这个原则。

② 非无菌生产洁净区的人员和外来参观者需进入该操作区时，必须经过有关部门批准，并由本区人员监督他们着装是否合适，是否已按该操作区域的规定执行。

③ 每天或每批生产时，通过对每个操作人员手套表面取样实现对人员的监控。此取样计划还应包括衣着其他部位的取样点，且应有适当的取样频率。取样部位和取样频率应根据风险评估的结果来制定。对那些从事强体力劳动的操作人员（如需要重复操作或复杂操作的人员），质量管理部门应制定更全面的取样计划。

④ 无菌更衣原则，应严于非无菌药品，应做到如下严格要求。

C级洁净区：应当将头发、胡须等相关部位严密遮盖，并应当戴口罩。工作服应当是手腕处可收紧的连体服或衣裤可分开的工作服，并穿适当的鞋子或鞋套。工作服的材质应当确保不脱落纤维或微粒。

A/B级洁净区：应当用头罩将所有头发以及胡须等相关部位全部遮盖，头罩应当塞进衣领内，为防止口部散发飞沫应当戴口罩，必要时戴防护目镜。应当戴经灭菌且无颗粒物（如滑石粉）散发的橡胶或塑料手套，穿经灭菌或消毒的脚套，裤腿应当塞进脚套内，袖口应当塞进手套内。工作服应为灭菌的连体工作服，不脱落纤维或微粒，并能滞留身体散发的微粒。

⑤ 个人外衣不得带入通向B级或C级洁净区的更衣室。

⑥ 洁净区所用工作服的清洗和处理方式应当能够保证其不携带有污染物，不会污染洁净区。应当按照相关操作规程进行工作服的清洗、灭菌，洗衣间最好单独设置。

⑦ 每位员工每次进入A/B级洁净区，应当更换无菌工作服；或每班至少更换一次，但应当用监测结果证明这种方法的可行性。应制定无菌更衣验证程序，按程序进行必要的验证。

⑧ 无菌药品生产时，在整个无菌工艺操作过程中，保持手套和衣着的无菌是无菌操作人员的目标。在消毒后立即取样是不适当的，因为它会妨碍无菌操作过程中原先存在的微生物的检出。当操作人员超过设定限度或呈现不良趋势时，应及时进行调查。调查后采取的措施包括：增加取样频率、加强观察、进行再培训、对更衣方式进行再确认，并在某些情况下将操作人员调出无菌生产洁净区。

## 2.3 人员监测

在药品生产过程中，环境是影响药品质量的重要因素，生产环境和人员行为直接决定了药品的质量。为确保洁净生产区的空气洁净度，人员监测是非常必要的，只有经过专门培训并经批准的人员方可进入无菌生产洁净区内，无论何时均需遵守这个原则。

### 2.3.1 人员监测要求

#### 2.3.1.1 基本原则

每天或每批生产时，通过对每个操作人员手套表面取样实现对人员的监控。此取样计划还应包括衣着其他部位的取样点，且应有适当的取样频率。应根据风险评估的结果确定取样部位和取样频率。对那些从事强体力劳动的操作人员（如需要重复操作或复杂操作的人员），质量部门应制订更全面的取样计划。

洁净生产区人员的选择及培训非常重要，尤其对无菌生产区来说，所有相关人员均应有更衣资质并定期做更衣监测，且无菌生产区的全体人员每年均应进行至少一次的再培训和资格再确认。此外，所有人员每半年至少应参加一次培养基模拟灌装试验。所有的再培训和资格再确认的文件都应存档，作为员工档案的一部分进行保存。

#### 2.3.1.2 人员监测取样位点的选择

手套和操作服表面的微生物监测是人员监测的关键。手套取样时应包括双手的手指和手掌，操作服表面取样主要是前臂的袖管部位、前胸等，鞋套的取样部位宜在套筒的上侧面（此部位在穿戴时易被污染）；为避免干扰，宜在生产活动结束时取样（人员离开无菌生产区时取样）。

日常更衣监测通常在操作人员退出无菌区前，使用接触平皿对操作人员的无菌服和手套进行检查，建议包含如下检查位置：

① 在无菌服的两个袖子的肘部和腕部之间，对下侧或里侧取样；
② 在胸部表面拉链处取样；
③ 对两只手的手指部位进行取样。

人员更衣资质确认的取样位点除了日常更衣监测的位置外，还建议适当增加额外的位点，如前额、面部、颈部、后脑、拉链、腿部等。

#### 2.3.1.3 人员微生物监测频率（取样计划）和限度

人员微生物监测的频率（取样计划）和限度可参考表 2-2 进行。

表 2-2 人员微生物监测频率及限度示例（仅供参考）

| 监测频次 | 限度 | |
|---|---|---|
| | 手套 | 无菌服 |
| 每个工作日/班监测一次 | ≤1个微生物/手套 | ≤5个微生物/平皿 |

### 2.3.1.4 人员监测的测试方法

人员监测的测试方法与表面微生物监测方法中的接触碟法相同。

**(1) 取样**

取样人员于取样前检查接触琼脂平皿。不能使用已被微生物污染的、水汽过多的、过于干燥或分装不均的平皿。

在接触平皿上通常标明以下内容：
① 操作员姓名；
② 日期；
③ 取样部位，标明左或右；
④ 取样人姓名。

取样的注意事项如下：
① 对进入无菌区的工作人员和无菌生产区支持人员均进行检查；
② 操作人员不得自行取样；
③ 每个工作日/班监测一次；
④ 取样前不得对手套消毒；
⑤ 取样后，操作人员对手部彻底消毒；
⑥ 取样后立即离开无菌区。

**(2) 培养、结果观察和报告**

将包括阴性对照在内的所有平皿先于 20~25℃ 培养 72h，再转至 30~35℃ 培养 48h。培养结束时，对每个平皿的菌落数进行计数并报告最终结果。对于从无菌区操作人员的无菌服和手套上分离得到的微生物，需进行菌种鉴定。污染的平皿经 121℃ 高压灭菌处理后方可销毁。

### 2.3.1.5 偏差纠正

一旦发现人员微生物监测结果超标，可以采取以下（但不局限于）行动进行调查和评估：
① 评估人员可能对产品的污染；
② 审核灭菌数据；
③ 审核其他区域环境监测数据；
④ 审核用于手套消毒的消毒剂的配制日期及有效期；
⑤ 鉴定污染菌（人员或环境）；
⑥ 评估操作人员的培训情况；
⑦ 与操作人员交流潜在的原因。

操作人员再培训/再确认，可以包括以下内容：
① 再次训练，更衣资格再次确认或者无法达到资格确认的人员要求需要调离无菌区工作岗位；
② 如必要，增加取样，加强观察。

如果连续两次结果超过行动值，或者在 4 周内，3 次检查结果超过行动值，建议将相关的无菌区人员和支持人员调离该工作岗位，直至完成以下要求：

① 重新进行培训;
② 复习更衣程序;
③ 向合格的无菌区代表成功演练更衣过程;
④ 连续三次更衣验证结果合格。

【例 2-1】 某口服片剂制药厂在对压片车间（D级区域）进行动态日常监测时发现连续两次浮游菌的结果为 182cfu/m$^3$、185cfu/m$^3$。该企业浮游菌行动值为 180cfu/m$^3$，并且企业规定日常监测结果超出行动值需及时汇报。鉴于本次结果连续两次超出行动值，实验员立即将此结果汇报给部门负责人、质量负责人及工程部负责人。经紧急磋商，立即进行偏差调查。调查行动和结果如下。

**实验室调查**：根据实验室调查流程，对人员培训情况、取样过程、样品转移过程及实验过程进行调查。调查结果表明实验室的所有处理过程符合要求，无异常。

**回顾最近一次的悬浮粒子数的检测结果**：结果符合要求，无异常。

**回顾最近一次的表面微生物的检测结果**：结果符合要求，无异常。

**检查人员的更衣程序是否正确**：所有进入洁净区的人员均受过相应的培训，并且按照要求穿戴，无异常。

**检查空调系统的运行情况**：结果无异常。

**检查空调系统过滤器装置的完整性**：检查最近一次的过滤器装置的完整性试验，无异常。

**检查操作人员的行为的正确性**：查看此房间的操作记录，发现在进行浮游菌动态采样期间，工程人员进入此房间对压片机进行例行检查，并且对3个新入职的工程师进行培训。

**在此期间生产的产品暂时不能放行，并且对其进行微生物限度实验**：结果符合要求。

基于上述调查结果决定对此房间在仅有生产人员在场的情况下进行连续3天的空气浮游菌动态的取样和测试。测试结果表明均符合规定，正常。

综合上述调查和数据，证明此次异常的结果是由于进入压片房间的人员过多造成的。此偏差对产品的质量并无影响，为了避免此类情况的再次发生，更新相关的标准操作规程，根据功能和风险的不同，规定了每个洁净区域（房间）的最多同时进入人数。

#### 2.3.1.6 趋势分析

药品生产企业应定期（建议每年）对人员监测的微生物数进行趋势分析。如果发现表面微生物有增加的趋势，则尤其需要关注增加的趋势是否与特定的操作人员有相关性。立即通知质量和工程等部门，并共同展开调查。根据调查结果采取相应的行动对系统进行纠正。

### 2.3.2 人员监测计划

药品生产企业应建立人员监测计划，这个计划应能清楚地反映客观状况并有相应的解决措施。人员对无菌生产洁净区的环境有很大的影响，以下着重介绍在无菌生产洁净区对人员的监测计划。

只有经过专门培训并经批准的人员方可进入无菌生产洁净区内，无论何时均需遵守这个原则。例如非无菌生产洁净区的人员和外来参观者需进入该操作区时，必须经过有关部门批准，并由本区人员监督他们着装是否合适，是否已按该操作区域的规定执行。

每天或每批生产时，通过对每个操作人员手套表面取样实现对人员的监控。此取样计划还应包括衣着其他部位的取样点，且应有适当的取样频率。应根据风险评估的结果来制定取样部位和取样频率。对那些从事强体力劳动的操作人员（如需要重复操作或复杂操作的人员），质量部门应制订更全面的取样计划。

无菌是无菌工艺操作的核心。在整个操作过程中，保持手套和衣着的无菌是无菌操作人员的目标。在消毒后立即取样是不适当的，因为它会妨碍无菌操作过程中原先存在的微生物的检出。当操作人员超过设定限度或呈现不良趋势时，应及时进行调查。调查后采取的措施包括：增加取样频率、加强观察、进行再培训、对更衣方式进行再确认，并在某些情况下将操作人员调出无菌生产洁净区。

## 2.4 更衣流程及更衣确认

为了减少人员对产品和生产环境造成的污染，在进入洁净区时，良好的更衣程序可以将进入洁净区人员的污染降到最低，任何进入生产区的人员均应按规定更衣。因此，药品生产企业应制定合理的进入洁净区的控制程序，对人员进出洁净区的流程进行规范。

### 2.4.1 更衣程序

#### 2.4.1.1 D级洁净区更衣程序

**(1) 人员进入D级洁净区更衣程序**

人员进入D级洁净区更衣程序见图2-1。

|  |  |  |
|---|---|---|
| ①换周转鞋：坐在换鞋凳上，脱下一般生产区工作鞋，放在外侧更鞋柜内 | ②跨过换鞋凳，从内侧更鞋柜中取出更衣室用拖鞋，换上 | ③洗手：洗手时先用饮用水润湿双手，再用洗手液泡沫全面涂抹双手，揉搓两次以上，用饮用水冲洗至无泡沫，然后用纯化水冲洗一遍 |
| 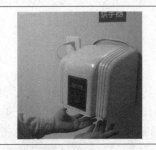 |  |  |
| ④置烘手器下烘干 | ⑤按互锁开关开门，进入更衣室，关好门 | ⑥消毒双手：检查消毒液在有效期内，将双手伸到手消毒器正下方约2s，消毒液全面喷匀双手 |

图2-1

| 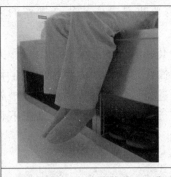 |  |  |
|---|---|---|
| ⑦脱周转鞋：坐在换鞋凳上，脱下更衣室用拖鞋，放在外侧更鞋柜内 | ⑧跨过鞋凳站在地托上，取口罩戴上，口罩应罩住口鼻 | ⑨穿洁净服：检查洁净服在清洗有效期内，然后穿好洁净工作服，要求拉链到顶、领口系紧 |
| 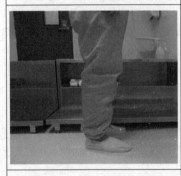 |  |  |
| ⑩穿洁净鞋：从内侧鞋柜中取出D级区工作鞋，换上 | ⑪消毒手：用消毒液均匀喷拭双手 | ⑫在镜前检查整理着装，必须将头发完全包在帽内，不得外露 |
|  | 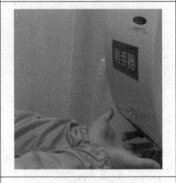 |  |
| ⑬按互锁开关开门，进入人员缓冲间 | ⑭消毒双手：将双手伸到手消毒器正下方约2s，消毒液全面喷匀双手 | ⑮按互锁开关开门，进入D级洁净区，关好门 |

图 2-1　人员进入 D 级洁净区更衣程序

**(2) 人员出 D 级洁净区更衣程序**

① D 级洁净区穿戴的工作服、鞋、帽不得穿离 D 级区域。

② 操作人员下班或中途离开洁净区时应按进入时相反的程序进行更衣更鞋，脱下的 D 级区洁净服如果不再穿时应装在对应号的洁净服袋中放入专用的洁净服盛装桶中，如果还需穿则需把洁净服整齐地按号挂在衣钩上。

人员出 D 级洁净区更衣程序见图 2-2。

| ①脱洁净鞋：脱下D级区工作鞋，站在地托上 | ②脱洁净服：按照从上到下的顺序脱下洁净服，将其整理好放进已穿洁净服盛装桶中，将工作鞋放在内侧更鞋柜内 | ③换鞋：坐在换鞋凳上，脱下更衣室用拖鞋，放在内侧更鞋柜内；跨过换鞋凳，从外侧更鞋柜中取出一般生产区工作鞋，换上 |
|---|---|---|

图 2-2　人员出 D 级洁净区更衣程序

### 2.4.1.2　C 级洁净区更衣程序

**(1) 人员进入 C 级洁净区更衣程序**

人员进入 C 级洁净区更衣程序见图 2-3。

| ①脱下一般生产区工作鞋，放在外侧更鞋柜内，跨过换鞋凳，从内侧更鞋柜中取出周转拖鞋，换上 | ②按互锁开门关门，进入脱衣/洗手间，关好门 | ③脱衣：脱下普通工装和个人衣物，放入更衣柜内（外来参观人员将白大褂和个人衣物脱下放在专用衣柜内） |
|---|---|---|

| ④洗手：按照"六步洗手法"用洗手液对双手及前臂进行彻底清洗。用饮用水冲洗至无泡沫，然后用纯化水冲洗一遍 | ⑤烘干双手：置烘手器下烘干（注意烘干时双手不能相互搓动，只能上下翻动双手，避免脱落皮屑） | ⑥按互锁开关开门，进入一更室，关好门 |
|---|---|---|

图 2-3

| | | |
|---|---|---|
| 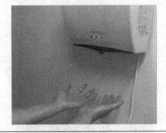 ⑦消毒双手:检查消毒液在有效期内,将双手伸到手消毒器正下方约2s,消毒液全面喷匀双手 | 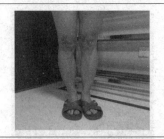 ⑧换鞋:坐在鞋凳上,脱下周转拖鞋,放在外侧更鞋柜内;转身跨过换鞋凳,从内侧更鞋柜中取出更衣室用拖鞋,换上 |  ⑨消毒双手:用消毒液全面喷匀消毒双手 |
|  ⑩穿无菌短内衣:按照编号从衣架取自己的无菌短内衣,检查无菌衣在清洗/灭菌有效期内,按照从上到下的顺序穿戴,先戴无菌内帽,再穿上衣,最后穿下衣,将上衣下缘塞进下衣内,系紧下衣衣带 |  ⑪按互锁开关开门,进入二更室,关好门 | 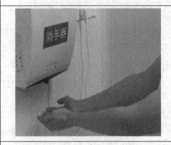 ⑫消毒双手 |
| 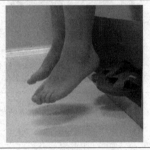 ⑬脱鞋:坐在换鞋凳上,脱下更衣室用鞋,放在外侧更鞋柜内 |  ⑭跨过换鞋凳,站在固定地托上 |  ⑮穿洁净外衣:按照编号从衣架取自己的洁净外衣,站在固定地托上,按照从下至上的顺序穿好洁净服,要求拉链到顶、领口系紧 |
|  ⑯戴口罩:取口罩戴上,口罩应罩住口鼻 |  ⑰穿洁净工作鞋:从内侧更衣柜中取出C级区工作鞋,穿上 |  ⑱消毒双手 |

⑲检查着装：在镜前检查整理着装，必须将头发完全包在帽内，不得外露 | ⑳戴手套：取手套戴上，要求手套完全包裹洁净服袖口 | ㉑按互锁开关开门，进入缓冲（进）间，关好门

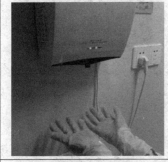

㉒将双手伸到手消毒器正下方约2s，消毒液全面喷匀双手 | ㉓按互锁开关开门，进入C级洁净区，关好门

图2-3 人员进入C级洁净区更衣程序

**(2) 人员出C级洁净区更衣程序**

操作人员出C级洁净区时，进入脱洁净服室，将套穿的洁净服脱下放入洁净服盛装桶中。进入更鞋室将D级区工作鞋换上，将C级区工作鞋放入拖鞋盛装桶中。洁净服为一次使用，下次再进入C级洁净区时应重新更换新的洁净服。

### 2.4.1.3 B级洁净区更衣程序

**(1) 人员进入B级洁净区更衣程序**

人员进入B级洁净区更衣程序见图2-4。

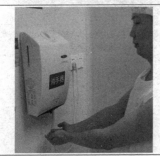

①消毒双手：检查消毒液在有效期内，将双手伸到消毒器正下方约2s，消毒液全面喷匀双手 | ②脱鞋：坐在换鞋凳上，脱下更衣室用拖鞋，放在外侧更鞋柜内；跨过换鞋凳，站在固定地托上 | ③戴口罩：取一次性口罩戴上，口罩应罩住口鼻

图2-4

| | | |
|---|---|---|
|  ④穿洁净上衣 |  ⑤穿洁净下衣 | <br> ⑥穿鞋套：穿进入C级走廊用鞋套 |
|  ⑦消毒双手：用消毒液全面喷匀双手 |  ⑧戴手套：取手套，戴第一层无菌手套，避免用手接触手套外侧，要求手套完全包裹住无菌长内衣袖口 |  ⑨检查着装：在镜前检查整理着装，必须将头发完全包在帽内，不得外露 |
|  ⑩按互锁开关开门，进入缓冲（进）间，关好门 |  ⑪检查灌装间状态标识牌中"现有人数"是否小于"最大允许人数"，若小于，更改"现有人数"一栏，进入换鞋间。当"现有人数"为"最大允许人数"时，不得进入 |  ⑫按互锁开关打开门，进入换鞋间，关好门 |
|  ⑬在"B级洁净区进出记录表"上登记进入时间、姓名、活动内容等 |  ⑭坐在换鞋凳上，脱下"进入C级走廊周转鞋套"，放在外侧更鞋柜内 |  ⑮跨过换鞋凳，从内侧更鞋柜中取出更衣室用拖鞋，换上 |
| ⑯用消毒液全面喷匀消毒双手 | ⑰按互锁开关打开门，进入更衣间，关好门 | ⑱检查消毒液在有效期内，将双手伸到手消毒器正下方约2s，使消毒液全面喷匀双手 |

|  |  |  |
|---|---|---|
| ⑲脱鞋：坐在换鞋凳上，脱下更衣室用拖鞋 | ⑳脱鞋：跨过换鞋凳，站在固定地托上 | ㉑穿好无菌外衣：双手抓无菌外衣内侧、自下而上穿着 |
| 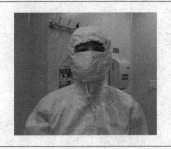 |  |  |
| ㉒戴无菌口罩：将无菌口罩戴在无菌洁净服外侧，要求敷贴面部、不滑落 | ㉓穿B级区工作鞋：按照编号选择自己的无菌靴，检查项目同无菌外衣，检查合格后，穿好 | ㉔消毒双手：用消毒液全面喷匀消毒双手手套 |
|  |  |  |
| ㉕整理着装：对镜整理、检查着装（要求衣服领口系好，B级外衣完全罩住B级长内衣，口罩完全包覆口鼻，头发不外露，面部除眼部外无裸露） | ㉖戴眼罩：取B级区专用眼罩戴上 | ㉗消毒双手：用消毒液全面喷匀消毒双手手套 |
| 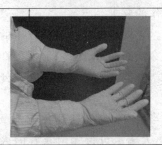 |  |  |
| ㉘戴第二层无菌手套：在第一层无菌手套外再戴第二层无菌手套，避免用手接触手套外侧，要求手套完全包裹无菌外衣袖口 | ㉙按互锁开关打开门，进入人员缓冲（进）间，关好门 | ㉚将双手伸到手消毒器正下方约2s，消毒液全面喷匀双手 |

图 2-4

㉛按互锁开关开门，进入 B 级洁净区，关好门

图 2-4　人员进入 B 级洁净区更衣程序

**（2）人员出 B 级洁净区更衣程序**

① B 级洁净区穿戴的工作服、鞋、帽不得穿离 B 级区域。

② 操作人员下班或中途离开洁净区时，应经气锁室进入脱洁净服室，将脱下的 B 级区洁净服按号装在洁净服袋中放入专用的洁净服盛装桶中，将袜套、鞋套和工作鞋装在拖鞋专用桶中。

③ B 级区操作人员每次从洁净区离开后，下次再进入，均按正常进入程序穿新的无菌服内外衣。所有需更换衣物均为一次性使用。

## 2.4.2　更衣确认

由于人工操作生产线的局限性，操作人员必须在无菌生产洁净区进行工作，无菌着装作为"包裹"操作人员、避免污染环境及产品的一个重要手段，它本身的无菌性就显得尤为重要。无菌操作前及无菌操作全过程中，操作人员的活动应注意避免衣着遭受不必要的污染。而更衣确认就是为了保证人员的衣物穿着质量和污染风险点得到有效控制。

遵循这个原则，为保证洁净区的无菌性，所有需进入无菌生产洁净区工作的操作工、机修工、QA/QC 取样人员均必须经过更衣程序的确认，定期监控并进行趋势分析，以确保进入无菌生产洁净区的所有人员更衣能够满足无菌生产和相关操作的要求。

无菌着装应当成为身体和已灭菌物品的暴露区之间的屏障，它们应能防止身体产生的微粒及脱落的微生物所致的污染。这里所说的"服装"包含人员穿戴的面罩、头罩、保护性眼罩和弹性手套等，服装应不脱落纤维、灭菌并覆盖皮肤、头发。如衣着的任何组成部分损坏，则应立刻更换。手套应频繁消毒。

药品生产企业应建立恰当的无菌服管理流程，并应采取适当且有效的措施避免无菌服在灭菌后、使用前的储存期间再次受到污染。比如：当采用湿热灭菌法进行无菌衣着的灭菌时，药品生产企业应考虑使用透气呼吸袋进行包裹，这样衣着灭菌后可以有较长的有效期（此有效期应经过有效的验证），有利于企业充分利用灭菌釜，同时可以避免无菌服在储存期内的二次污染。

由于人是无菌环境的主要污染来源，因此，人员在进入无菌生产洁净区时，首先要通过气锁间，而对所有要进入无菌生产洁净区的人来说，无菌的衣服、鞋套、手套、帽子、口罩以及眼罩等则是降低人员对无菌环境造成污染必需且必要的手段，药品生产企业除了应根据具体情况制定合理、完备的更衣程序外，也应当制订监控计划，检查、评估人员对无菌操作规程的执行情况。应制订更衣确认程序，以评估操作人员按规程更衣后保持衣着要求的能力。

另外，衣服的折叠方式要便于更衣，如采用反叠的方式，以保证在更衣时只接触到无菌服的内表面，避免已灭菌的无菌服在更衣时受到污染。折叠方式需在 SOP 中进行规定。

#### 2.4.2.1 更衣确认的程序

① 每个受训者事先必须经过无菌操作的培训，如无菌衣穿着的 SOP、接触法取样的方法、污染控制和无菌操作技术等。
② 进入无菌生产洁净区前，受训者先要进行更衣的实践。
③ 管理人员必须向每个受训者解释更衣表面监控的程序。
④ 将表面监控用在 3 次更衣程序上。受训者经过 3 次更衣练习，直到达到"会穿衣进入无菌生产洁净区"的程度。为了提高工作效率，减少重新更衣过程，可以规定在进行某些操作后只是更换手套或眼罩，而不必更换整套无菌服装。在这种情况下，更衣确认要模拟手套或眼罩的更换过程，确认更换不会增加无菌服装的微生物污染。具体操作为：正常更衣后取样，然后进行手套或眼罩更换，更换后再次取样。
⑤ 每次表面监控用直接接触法或棉签法取样，并应说明取样点的合理性。例如，用接触碟法取样进行更衣确认程序的表面监控，取样点应至少包含以下位置：双手手指印、头部、口罩、肩部、前臂、手腕、眼罩。

在设计这些取样点的位置时，应充分考虑实际生产过程中整个人员着装被微生物污染的可能性大小，以及着装的残存微生物对于产品的污染风险的高低。所有取样点都在身体的正面（迎风面），因为操作人员在洁净区内工作时大部分时间都是往前走的，所以正面被空气中微生物污染的概率更高，需要重点监控。

人员在生产操作时，由于大部分的动作都是通过双手来进行和完成的，所以，双手引起污染的概率更高，应重点强调双手的取样，尤其是手腕处。另外，还应重点关注口罩和眼罩部位的取样，因为口罩、眼罩以及手腕部位更靠近人体皮肤，容易在运动中产生污染。

#### 2.4.2.2 更衣确认的频率

① 每个初次受训者必须经过 3 次更衣试验达标后才能进入无菌生产洁净区。
② 更衣已合格的人员每年需重复一次更衣试验，尚未进入无菌生产洁净区的人员根据风险评估的结果定期重复。
③ 当发现合格人员中有违反更衣程序趋向时，需重复 1~3 次更衣试验。

因自动化操作而人员数量很少时，通常只需一年做一次年度的再评估。其他形式的无菌操作，如出现不利条件，则应增加检查/确认的次数。

#### 2.4.2.3 更衣合格标准

① 已证明受训人掌握了更衣程序、污染控制和无菌技术。
② 资料和录像显示出受训人 3 次更衣试验的程序都是正确的。
③ 3 次试验的微生物检测结果在合格标准内。

为保护暴露的无菌产品，人员应保持良好的衣着质量并严格按无菌要求操作。应有书面规程阐述在何种情况下（例如，日常监控结果超标或有 3 个月没有进行无菌操作），人员应当接受再培训、再考核或安排到其他生产区工作。

#### 2.4.2.4 无菌生产洁净区行为规范的观察体系

由于无菌生产工艺过程中人员操作是主要微生物污染来源之一，建立良好的现场观察体系能够有效督促现场工作人员养成良好的操作习惯，改善无菌保证水平。现场观察的方法可以是多样化的，例如通过观察视窗，通过监控录像系统甚至委派人员进行现场观察。观察的范围可以包括：个人卫生习惯及着装过程、无菌操作习惯、清洁和消毒规程的评估。

具体进行评估时，企业可以参照自己制定的 SOP 条款进行对照，也可以根据 GMP 条款或本文描述的一些良好行为规范进行考核，并通过考核记录定期反馈给一线员工。

现场观察中发现的一些共性不良习惯，需改进操作流程，或进行整改。整改时可以通过更新培训资料和 SOP，重新进行培训等，建立一套持续循环的"现场观察→问题记录→问题反馈→更新文件→加强培训→现场观察"改进体系，不断提高无菌操作的规范性。

以个人卫生及着装规范评估为例，个人卫生和着装规范的评估应由具备资质的评估人员来实施，重点评估被评估人员是否完成前档的着装和行为。在评估过程中，可采取评估表（可参考表 2-3）对被评估人员的着装和行为进行评估确认，如果被评估人员完成了表格中描述的着装和行为要求，在"评估结果"栏对应的位置中打"√"；如果未完成表格中描述的情况，应在"评估结果"栏对应的位置中打"×"；如果被评估人员的活动不适用于评估的项目，则填写"不适用（N/A）"。评估结束后，应立即通知被评估人员所有不可接受的活动，并向被评估人员演示和告知正确的活动要求。

表 2-3　个人卫生及着装规范评估表（仅供参考）

| 序号 | 恰当的着装和行为 | 评估结果 |
| --- | --- | --- |
| 1 | 在进入外围洁净区时未化妆及佩戴饰物（如手表、手镯、戒指、耳环等） | |
| 2 | 不得将食物和饮料带入或存放在外围洁净区或更高级别洁净区 | |
| 3 | 换鞋套或洁净工作鞋,更换后应放于分隔线相对洁净的一侧 | |
| 4 | 穿戴口罩,口罩必须遮住鼻梁至下巴的部分 | |
| 5 | 根据规程清洁双手:用肥皂和水清洗双手及前臂至少 30s | |
| 6 | 用不掉落纤维的毛巾或烘干机烘干双手和前臂 | |
| 7 | 选择合适的服装,检查是否有洞、破损或其他缺陷 | |
| 8 | 检查头发是否被全部覆盖住,没有任何部分暴露 | |
| 9 | 用消毒酒精通过持续擦拭再次消毒双手,在穿戴无菌手套前使双手完全干燥 | |
| 10 | 穿戴合适尺寸的无菌手套,确保穿戴后紧实,在手指处无空隙 | |
| 11 | 检查手套,确保无洞或破损等任何缺陷 | |
| 12 | 在进入无菌生产洁净区前以及在无菌生产洁净区活动时,接触到可能污染手套的物品或表面后,都需用无菌的 70% 异丙醇消毒 | |
| 13 | 脱掉在外围洁净区的工作服 | |
| 14 | 脱掉手套,清洁双手 | |
| 15 | 脱掉衣服并丢弃,或者悬挂在钩子上用于在同一个工作日内重新使用 | |
| 16 | 脱掉口罩、头套 | |
| 17 | 脱掉鞋套或洁净工作鞋,确保将无鞋套的脚放在隔离线较脏的一侧 | |
| 18 | 穿衣过程应对镜检查,与标准图样比较 | |
| 19 | 操作过程中不触摸口罩、揉鼻子 | |

续表

| 序号 | 恰当的着装和行为 | 评估结果 |
|---|---|---|
| 20 | 禁止面对药品和生产设备打喷嚏和咳嗽 | |
| 21 | 不同工序之间人员不得随意走动 | |
| 22 | 洁净区穿戴的工作服、鞋、帽不得穿离对应级别的洁净区域 | |
| 23 | 检查B级区专用眼镜的有效期 | |
| 24 | …… | |

## 2.5 洗手和消毒

手是人体接触细菌最多的部位，而人员进入洁净生产区进行生产操作时，由于大部分的动作都是通过双手来进行和完成的，引起污染的概率更高，所以，定期洗手是必要的，可以使手保持清洁、远离细菌。

一般人在洗手时，通常只是简单快速地搓洗一下手心、手背，往往会忽视指甲、指缝、手腕等位置的清洗，洗手的时间也一般较短。而且，通常洗手后并不会对手部进行杀菌、消毒，并不能确保彻底将手部清洁干净。但对于进入洁净生产区工作的人员来说则不同，如果手部清洗、消毒不彻底，势必会将手部残留的微粒、细菌等污染物带入洁净生产区。因此，药品生产企业应建立合理的洗手（手消毒）程序（见图2-5和图2-6），并对所有需要进入洁净生产区的人员进行培训，确保进入洁净生产区的所有人员正确掌握洗手（消毒）程序和相关要求，尽可能降低手部对产品生产造成的污染。

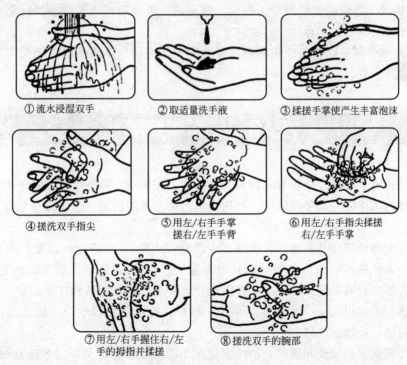

图2-5 洗手程序示例

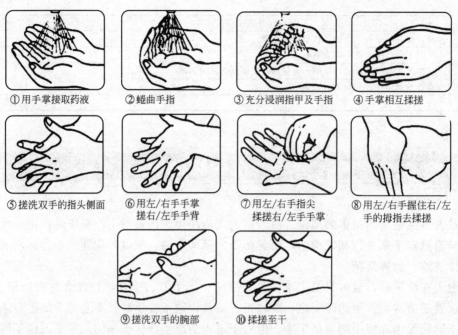

图 2-6 手消毒程序示例

洗手和手消毒程序一般要求如下：

① 一般情况下，洗手设施应安装在更衣的第一阶段；

② 洗手的全过程应持续 15~20s，以达到有效的清洁；

③ 任何情况下（包括去厕所后、饭后、喝水后、吸烟后）进入洁净区时均应按进入洁净室更衣程序进行洗手、消毒；

④ 手消毒的步骤可以设在气锁间内或穿洁净工作服前，手消毒时间应与消毒液验证时确定的消毒时间一致。

## 2.6 工作服要求

工作服的选材、式样及穿戴方式应与所从事的工作和空气洁净度等级要求相适应，不得混用。使用过的工作服，如果可以再次使用，应与洁净未使用的工作服分开保存，并规定使用期限。

洁净工作服和口罩应具备透气、吸湿、少发尘（或菌）、少透尘（或菌）等性能，应能阻止皮肤屑、人体携带的微生物群、颗粒以及湿气（汗），并且尽可能地阻止它们的穿透。宜选用防尘去静电材质，常见的为涤纶长丝加导电纤维，棉质和混合纤维也可。洁净服式样为连体或分体，不应设口袋、无横褶、带子、袖口、裤腰及脚口收拢。尺寸大小应宽松合身，边缘应封缝，接缝应内封。

洁净工作服应定期清洗和更换，洁净服应在专用洗衣设备中使用经过确认的工艺清洗，以确保在洗衣过程中不会被损坏和/或被纤维、颗粒污染，清洗后及包装前应目视检查洁净服是否有破损。洁净工作服清洗周期应根据洁净工作服的使用情况确定。清洗后的工作服的贮存期限应根据包裹方式和贮存环境确定。多品种生产车间同时生产不同品种时应有额外的措施避免不同工序、不同产品之间产生交叉污染。

洁净服的穿戴方式应能保护产品不受污染，在更衣前和进洁净区前，应当目视检查洁净服的清洁度与完整性，离开洁净区时也应检查洁净服的完整性。

对洁净服的材质、清洗和更换周期确认时，可考虑必要的服装测试要求。

## 2.7 人员培训要求

药品质量是生产出来的，人员是药品生产的首要条件，每个环节都离不开人。决策者是人，研发者是人，生产、包装、运输的操作者是人，制度、规程的制定和编写者是人，执行者是人，记录者是人，检验、监督和管理者还是人。可以说，人员的素质直接影响 GMP 的实施。因此，加强人员管理，制定和开展有效的人员培训，不断提高企业全体人员的综合素质是实施 GMP 管理的根本保障。

### 2.7.1 人员培训的基本要求

在药品生产过程中，生产操作人员需要按照 SOP 进行相关操作，这就要求操作人员非常熟练掌握生产技术及 GMP 要求。因此，在上岗操作之前，必须经过强化培训，严格考核。药品的生产，如果没有素质过关的人员作为保障，即使企业建设有再先进的生产、检测设施设备，编写出再好的管理规程，也都是徒劳。而且，随着国家法律法规的变更以及药品生产企业自身的发展需求，企业原有的生产技术、管理制度和要求也会随之发生调整，这些变化只有通过不断的培训才能应用到实际生产操作中。另外，员工调换工作岗位，也必须经过培训、考核合格，才能上岗。操作中的这些变化，决定了操作人员不可能通过一次培训就终身受益，而必须长期接受培训，才能满足生产和质量管理的需要。因此，人员培训以及培训管理是一项长期的工作，也是一项动态变化的工作。

### 2.7.2 人员培训的实施

药品生产企业应当指定部门或专人负责培训管理工作，应当有经生产管理负责人或质量管理负责人审核或批准的培训方案或计划。确保企业的工作人员尤其是因工作需要进入生产区、储存区或质量控制实验室的人员（包括技术、维护和清洁人员）以及其活动可能影响产品质量的其他人员都能得到相应的培训。培训的内容应当与人员的岗位要求相适应，还应当有相关法规、相应岗位的职责、技能的培训。只有经过合理和有效培训的人员才能更好地履行自己的职责。每一次培训应由有资质的人员负责，确保培训的效果和质量符合药品生产和质量管理的要求。培训记录应当予以保存。

新入职的员工尤其应该重视培训，新员工除了应接受质量管理体系与药品生产质量管理规范的理论与实践基础培训外，还应当接受与其岗位工作相关的培训。也应当接受继续培训，并且应当定期评估培训的实际效果。

而对于某些区域的污染物如果是危害品，例如处理高活性、高毒性、高传染性或高致敏性物料的洁净区或区域等，该区域工作人员应当接受专门的培训。

企业应严禁参观者或未经培训的人员进入生产区或质量控制区。如有特殊情况必须带入的，应当事先对个人卫生和更衣等事项进行指导和培训，并对他们进行密切监督。

具体实施培训时，企业可以依据选定的培训内容制定培训教材。培训教材一般包括以下几种：

① 国家颁布的法律、法规或已经经过审批的企业制度和SOP，可以使用原文直接作为培训教材。

② 企业自行编写的培训教材。例如，为了让员工更好地理解人员卫生的要求和流程，企业会组织人员依据GMP的规定结合企业自身关于人员卫生的管理要求以及一些实际案例编写人员卫生的培训教材。这种企业自行编写的培训教材，应在企业内部实施审批程序，经批准后，该教材方可用于培训。

③ 企业外部的社会培训机构或监管方编写的培训教材，应由企业组织内部相关领域的专家依据企业的实际情况进行确认。确认后的培训教材可用于企业内部培训。

### 2.7.3　无菌药品生产操作人员的培训要求

① 允许人员进入生产区域之前，应进行适当的培训。基本培训课题应包括无菌技术、洁净室行为、微生物学、卫生学、更衣程序、人员/物料进出无菌生产洁净区及其他相关SOP的培训，并进行必要的考核和资格确认。在初步培训后，工作人员应定期参加持续培训项目。主管应当定期评估操作人员在实际操作中符合书面规程的程度。同样地，质量控制部门应当定期检查，以确保书面的规程与实际生产操作中的无菌技术相符合。

② 对于高风险操作区进行关键操作的人员，培训应包括理论和现场的指导。可从实施非关键操作开始，并且这些非关键操作应在授权人员的监督之下。经过一段时间的实践后，通过培养基模拟灌装试验对这些员工进行关键操作确认和技能考核，之后这些员工方可被允许在高风险操作区独立进行关键操作。通过培养基模拟灌装试验确认的人员，如果在规定的时间内未进入高风险操作区操作，那么这些人员应重新接受培训并经培养基模拟灌装试验的关键操作确认和技能考核后方可进入高风险操作区独立进行操作。

③ 凡在无菌洁净区工作的人员，均应当定期接受无菌知识和操作相关的培训，确保无菌药品的生产操作符合要求。培训的内容应当包括卫生和微生物方面的基础知识。

④ 当没有经过资质确认的人员（如参观人员、检查人员、承包商派遣的施工人员和外来的调试人员）在生产期间需进入洁净区时，应当由有资质的人员对他们进行现场指导和监督。在其退出前可对其进行取样，同时生产人员对其所经过的区域进行必要的消毒，以作为对无菌生产洁净区的评估和保障。

## 2.8　人员健康检查要求

为预防和避免人员因健康问题对产品造成的污染，企业应重视员工的健康情况，结合法规要求和产品特性制定人员健康检查的管理规程，对企业人员的健康情况进行系统的管理，确保人员健康情况符合产品生产要求。

## 2.8.1 人员健康检查的基本要求

企业应建立人员健康检查的管理规程，对进行健康检查的人员范围、健康检查项目、健康检查的频次以及相关检查的要求等内容进行规定。

药品生产企业中直接接触药品的从业人员（至少包括从事生产操作、质量管理、设备管护、采购、储存、检验、验收、养护、发运等岗位的人员）上岗前应接受健康检查，以后每年至少应当进行一次健康检查。健康检查的内容要有针对性，比如：生产青霉素的员工要做青霉素皮试；生产头孢霉素的员工要有头孢菌素的皮试；进入精烘包车间的员工要做大便三限检查等。相关人员在取得健康合格证明后方可在规定岗位上工作。

企业应建立人员健康档案，留存人员历次健康检查记录及相关材料。为保护员工的个人隐私，在健康检查过程中，如有涉及员工个人隐私的健康检查相关信息，应当依法予以保密。

企业新招聘的员工应遵循"先体检后进厂"的原则。任何患有传染病、皮肤病的人员均不得从事药品生产工作，任何有外部伤口的人员不得从事直接接触药品的相关工作。转岗人员及长期休假的人员在转岗和返岗前进行相应项目的体检。

发生特殊疫情、重大药品安全事件时，药品生产相关人员可以即时体检。

## 2.8.2 人员健康检查项目

### 2.8.2.1 直接接触药品的人员健康检查项目

直接接触药品的人员健康检查建议包含以下项目。
① 既往病史；
② 体格检查：包括心、肺、肝、脾和皮肤等检查；
③ 肝功能检查：谷丙转氨酶异常的应当补充检查 HAV-IgM、HEV-IgM；
④ 常规微生物项目检验：痢疾杆菌、伤寒、副伤寒；
⑤ 胸部 X 射线摄影检查；
⑥ 药品质量检验、目视检查、验收、养护工作人员的视力和辨色力：从事目视检查的人员视力和辨色力的检查周期建议不超过 6 个月；
⑦ 法律法规规章规定的需要进行健康检查才能上岗的其他项目。

### 2.8.2.2 健康检查结论

**(1) 健康证明的发放与管理**

药品生产企业人员进行健康检查后，健康检查医疗机构应予以发放健康合格/不合格证明。健康合格证明的有效期限建议为一年。人员健康合格证明可由企业统一管理，以便接受监督管理部门的检查。健康合格证明不得涂改、伪造、变造、买卖、出租、出借、转让。

**(2) 健康检查合格的，相关人员在取得健康合格证明后方可在规定岗位上工作**

对于健康检查后未取得健康合格证明或健康检查不合格的人员，应当将其调整到其他不影响药品安全的工作岗位。其中，患有甲型病毒性肝炎、戊型病毒性肝炎、伤寒、副伤寒、细菌性和阿米巴性痢疾（包括病原携带者）、肺结核等传染性疾病的，具有渗出性或化脓性皮肤病的，有癫痫病史、精神病史包括精神障碍、精神分裂的以及可能造成药品污染等其他疾病的，不得从事直接接触药品的工作；辨色力检查不合格或矫正视力在1.0以下的，不得从事药品质量检验、目视检查、验收及养护工作。

### 2.8.3　人员健康检查档案管理要求

药品生产企业应当建立从业人员健康检查档案管理规程，健康检查档案要指定专人管理，建议一人一档。档案应当载明从业人员姓名、性别、工作简历、工作单位、工作岗位、历次健康检查结果、既往病史等。

### 2.8.4　人员健康检查医疗机构要求

从事健康检查的医疗机构，应具备下列条件：
① 取得《医疗机构执业许可证》；
② 具有与健康检查项目范围相对应的合法法人资格；
③ 具备与健康检查相适应的检查、化验场地、设施设备和条件；
④ 具有与健康检查项目相适应的中级以上技术职称的专业技术人员；
⑤ 建有完善的健康检查制度；
⑥ 具有卫生行政管理部门年审合格证明；
⑦ 配置数码照相和打印设备，对申请办理健康检查证明的人员头像进行现场采集和打印；
⑧ 具有现代信息化管理设备和技术，对健康检查过程进行信息化管理。

健康检查医疗机构应当按照各项医疗技术操作规范、规定检查内容及其项目开展健康检查，保证健康检查质量。如当地药品监督管理部门规定健康检查医疗机构应登记或备案的，健康检查医疗机构应按照要求取得登记或备案后方可开展药品生产从业人员健康检查，否则，其检查结果应视为无效。

# 第 3 章
# 厂房与设施的清洁和消毒

## 3.1 厂房清洁

### 3.1.1 概念和介绍

药品生产企业厂房设施主要包括：厂区建筑物实体（含门、窗）；道路；绿化草坪；围护结构；及生产厂房附属公用设施，如洁净空调和除尘装置，照明，消防喷淋，上、下水管网，生产工艺用纯水、软化水，生产工艺用洁净气体管网等。对以上厂房设施的合理设计，直接关系到药品质量，乃至人们生命安全。其中，合理的洁净室和空气净化系统是药品生产的基本保障。

药品的生产设施涉及很多种类，如化学原料药，生物原料药，非无菌制剂（口服固体制剂和液体制剂、外用制剂等），无菌制剂（注射剂、眼用剂等）等。不同种类的生产由于其物料和产品的性质和标准不同而对生产设施有不同的要求。药品生产受控环境通常分为以下4个区域。

① 室外区　指厂区内部或外部无生产活动和更衣要求的区域。通常与生产区不连接的办公室、机加工车间、动力车间、化工原料储存区、餐厅、卫生间等属此区域。

② 一般区和保护区　指厂房内部产品外包装操作和其他不将产品或物料明显暴露操作的区域，如外包装区、QC实验区、原辅料和成品储存区等。

一般区：没有产品直接暴露或没有直接接触产品的设备和包材内表面直接暴露的环境。如无特殊要求的外包装区域，环境对产品没有直接或间接的影响。环境控制只考虑生产人员的舒适度。

保护区：没有产品直接暴露或没有直接接触产品的设备和包材内表面直接暴露的环境，但该区域环境或活动可能直接或间接影响产品。如有温湿度要求的外包装区域、原辅料及成品库房、更衣等。

③ 洁净区　指厂房内部非无菌产品生产的区域和无菌药品灭（除）菌及无菌操作以外的生产区域。非无菌产品的原辅料、中间产品、待包装产品以及与工艺有关的设备和内包材能在此区域暴露。如果在内包装与外包装之间没有隔离，则整个包装区域应归入此等级的

区域。

④ 无菌区　指无菌产品的生产场所。

我国《药品生产质量管理规范》（2010年修订）对药品生产受控环境的洁净级别分类见表 3-1。

表 3-1　药品生产受控环境的洁净级别分类

| 洁净度级别 | 悬浮粒子最大允许数/(个/m³) | | | |
|---|---|---|---|---|
| | 静态 | | 动态 | |
| | ≥0.5μm | ≥5.0μm | ≥0.5μm | ≥5.0μm |
| A级 | 3520 | 20 | 3520 | 20 |
| B级 | 3520 | 29 | 352000 | 2900 |
| C级 | 352000 | 2900 | 3520000 | 29000 |
| D级 | 3520000 | 29000 | 不作规定 | 不作规定 |

洁净室是指内部尘埃粒子浓度受控且分级的房间，此房间是按照一定的方式设计、建造和运行的，以控制房间内粒子的引入、产生和滞留（见图 3-1）。

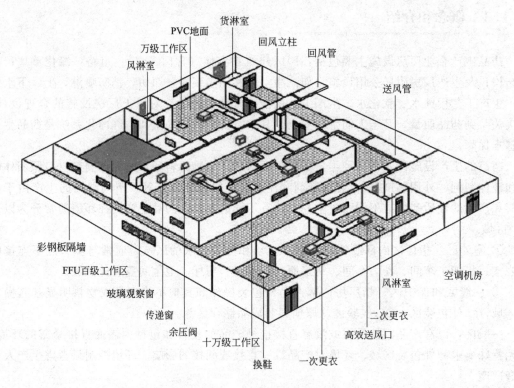

图 3-1　洁净室的构成

洁净室一般由吊顶系统、墙面系统和地面系统三大部分组成。顶板和墙板通常采用彩钢板面层的墙体板材（见图 3-2）。洁净室的门的种类有钢制门、不锈钢门、快速卷帘门（见图 3-3）。观察窗的种类有圆角窗、方角窗（见图 3-4）。洁净室的地面的种类有环氧彩砂地面、环氧自流坪地面、PVC 卷材地面（见图 3-5）。

图 3-2 洁净室的墙体

图 3-3 洁净室的门

图 3-4 洁净室的窗

图 3-5　洁净室的地面

厂房清洁是维护厂房洁净要求的关键操作，合理的清洁方式直接影响厂房的洁净度。本节主要对洁净区的清洁和消毒进行介绍。

## 3.1.2　系统设计

### 3.1.2.1　法规要求

为防止厂房在使用过程中产生污染，关于厂房设计，中国 GMP（2010 年修订）具有如下要求：

**第三十八条**　厂房的选址、设计、布局、建造、改造和维护必须符合药品生产要求，应当能够最大限度地避免污染、交叉污染、混淆和差错，便于清洁、操作和维护。

**第三十九条**　应当根据厂房及生产防护措施综合考虑选址，厂房所处的环境应当能够最大限度地降低物料或产品遭受污染的风险。

**第四十条**　企业应当有整洁的生产环境；厂区的地面、路面及运输等不应当对药品的生产造成污染；生产、行政、生活和辅助区的总体布局应当合理，不得互相妨碍；厂区和厂房内的人、物流走向应当合理。

**第四十二条**　厂房应有适当的照明、温湿度和通风，确保生产和贮存的药品质量以及相关设备性能不会直接或间接地受到影响。

**第四十三条**　厂房的设计和安装应当能有效防止昆虫或其他动物进入。应采取必要的措施，避免所使用的灭鼠药、杀虫剂、烟熏剂等对设备、物料、产品造成污染。

**第四十四条**　应当采取适当措施，防止未经批准人员的进入。生产、贮存和质量控制区不应当作为非本区工作人员的直接通道。

**第四十八条**　应当根据药品品种、生产操作要求及外部环境状况等配置空调净化系统，使生产区有效通风，并有温度、湿度控制和空气净化过滤，保证药品的生产环境符合要求。

洁净区与非洁净区之间、不同级别洁净区之间的压差应当不低于 10Pa。必要时，相同洁净度级别的不同功能区域（操作间）之间也应当保持适当的压差梯度。

**第四十九条**　洁净区的内表面（墙壁、地面、天棚）应平整光滑、无裂缝、接口严密、无颗粒物脱落，避免积灰，便于有效清洁，必要时应当进行消毒。

**第五十条**　各种管道、照明设施、风口和其他公用设施的设计和安装应避免出现不易清洁的部位，应尽可能在生产区外部对其进行维护。

第五十一条 排水设施应大小适宜,安装防止倒灌的装置。应尽可能避免明沟排水;不可避免时,明沟宜浅,以方便清洁和消毒。

第六十八条 休息室的设置不应当对生产区、仓储区和质量控制区造成不良影响。

第六十九条 更衣室和盥洗室应当方便人员进出,并与使用人数相适应。盥洗室不得与生产区和仓储区直接相通。

第七十条 维修间应当尽可能远离生产区。存放在洁净区内的维修用备件和工具,应当放置在专门的房间或工具柜中。

#### 3.1.2.2 洁净室设计

洁净室设计是洁净区有效清洁和消毒的核心关键,良好的设计有助于洁净区的清洁和消毒以及清洁和消毒后状态的维持,这是药品生产实施GMP管理的基础,也是药品生产实现全过程质量控制不可缺失的重要环节。有效的厂房布置将会使生产车间内的人员、设备和物料在空间上实现最合理的组合,有效地增加可用空间和节约建造成本、运行成本。《医药工业洁净厂房设计规范》(GB 50457—2019)中有关厂房设计的要求如下。

**(1) 人员净化**

医药工业洁净厂房内人员净化用室和生活用室的设置应符合下列规定:

① 人员净化用室应根据药品生产工艺和空气洁净度级别要求设置。不同空气洁净度级别的医药洁净室的人员净化用室宜分别设置。

② 人员净化用室应设置存雨具、换鞋、存外衣、洗手、更换洁净工作服等设施。

③ 盥洗室、休息室等生活用室可根据需要设置,但不得对药品生产造成不良影响。

人员净化用室和生活用室的设计应符合下列规定:

① 人员净化用室入口处应设置净鞋设施。

② 存外衣区域应单独设置,存衣柜应根据设计人数每人一柜。

③ 人员净化用室应按照气锁设计,脱外衣和穿洁净衣的区域应分开。必要时,可将进入和离开医药洁净室的更衣间分开设置。

④ 人员净化用室之间应保持合理的压差梯度。除有特殊要求外,应确保气流从洁净区经人员净化用室流向非洁净区的空气流向。

⑤ 人员净化用室后段静态级别应与其相应洁净区的级别相同。前段应有适当的洁净级别,换鞋和更换外衣可以设在清洁区。

⑥ 人员净化用室应有足够的换气量。

⑦ 特殊性质药品生产区,为阻断生产区空气外泄,人员净化用室中应按需设置正压或负压气锁。

⑧ 厕所和浴室不得设置在医药洁净室内,且不得与生产区和仓储区直接相通。

⑨ 对于青霉素等高致敏性药品、某些甾体药品、高活性药品及其他有毒有害药品的人员净化用室,应采取防止有毒有害物质被人体带出人员净化用室的措施。

医药洁净室的人员净化用室的设置宜按图3-6和图3-7的程序设计。

**(2) 物料净化**

医药洁净室的原辅料、包装材料和其他物品出入口,应设置物料净化用室和设施。

进入无菌生产洁净室的原辅料、包装材料和其他物品,应在出入口设置供物料、物品灭

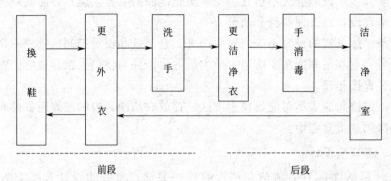

图 3-6　医药洁净室人员净化基本程序（非无菌生产洁净室）

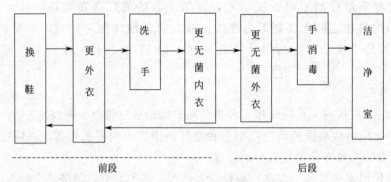

图 3-7　医药洁净室人员净化基本程序（无菌生产洁净室）

菌用的灭菌室和灭菌设施。

物料清洁室或灭菌室与医药洁净室之间应设置气锁或传递柜。气锁的静态净化级别应与其相邻高级别医药洁净室一致。

传递柜应密封良好，并应易于清洁。两边的传递门应有防止同时被开启的措施。传递柜的尺寸和结构应满足传递物品的要求。传递至无菌生产洁净室的传递柜应有相应的净化设施。

医药洁净室产生的废物应有传出通道。易产生污染的废物应设置单独的出口。具有活性或毒性的生物废物应灭活后传出。

**（3）室内装修**

医药洁净室的内表面装修应符合下列规定：

① 应平整、光滑、无裂缝、接口严密、无颗粒物脱落、易清洁、耐消毒。

② 门窗、顶棚、墙板、楼地面的构造缝隙及施工缝隙应采取密封措施。

③ 墙面与地面的交界处应成弧形。踢脚不应突出墙面。

④ 洁净室不宜采用砌体抹灰墙面。当必须采用时，抹灰层应有防裂开、防脱落措施，饰面层易清洁，耐消毒。

医药洁净室的楼面、地面应符合下列规定：

① 应满足生产工艺的要求。

② 应整体性好、平整、不开裂、耐磨、耐撞击、防潮、不易积聚静电。

③ 地面应设防潮层，基层宜采用混凝土并设置钢筋网。

④ 有爆炸危险的甲类、乙类生产区，地面应有不发火、防静电措施。

医药洁净室的窗应符合下列规定：

① 洁净室和人员净化用室不宜设置外窗。当必须设置时，应采用断热型材中空玻璃固定窗。

② 洁净室观察窗宜与内墙面齐平，不宜设置窗台。无菌生产洁净室的观察窗宜采用双层玻璃，玻璃表面与墙面齐平。

医药洁净室的门应符合下列规定：

① 门的尺寸应满足生产运输、设备安装维修、人员消防疏散的要求。

② 门扇及其夹芯材料应采用非燃烧体。

③ 门应设闭门器。无窗生产洁净室的门宜设视窗，视窗宜采用双层玻璃，玻璃表面应与门扇齐平。

④ 门宜向洁净级别高的方向开启，同一洁净度时，宜向空气压力高的方向开启。

⑤ 不同洁净级别房间之间的门应具有良好的气密性。洁净室的门不应设置门槛。

**(4) 给水排水**

① 医药洁净室的给水排水干管应敷设在技术夹层、技术夹道、技术竖井内，或地下埋设。

② 医药洁净室内应少敷设管道，与本区域无关管道不宜穿越，引入医药洁净室内的支管宜暗敷。当明敷时，应采用不锈钢管或其他不影响洁净要求的材质。

③ 医药洁净室内的管道外表面应采取防结露措施。防结露外表层应光滑、易于清洁，不应对医药洁净室造成污染。

④ 给水排水管穿越医药洁净室顶棚、墙板和楼板处应设置套管，套管与套管之间应密封，无法设置套管的部位应采取密封措施。

**(5) 医药洁净室内地漏的设置**

医药洁净室内地漏的设置应符合下列规定：

① 空气洁净度 A 级、B 级的医药洁净室不应设置地漏。

② 空气洁净度 C 级、D 级的医药洁净室内宜少设置地漏，需设置时，地漏材质应不易腐蚀、内表面光洁、易于清洗、有密封措施，并应耐消毒灭菌。

③ 医药洁净室内不宜设置排水沟。

**(6) 电气**

① 医药洁净室内的配电设备应选择不易积尘、便于擦拭和外壳不易锈蚀的小型加盖暗装配电箱及插座箱。医药洁净室内不宜设置大型落地安装的配电设备，功率较大的设备宜由配电室直接供电。

② 医药洁净室内的电气管线宜敷设在技术夹层或技术夹道内，管材应采用非燃烧体。医药洁净室内连接至设备的电线管线和接地线宜暗敷。明敷时，则电气线路保护管应采用不锈钢或其他不污染环境的材料，接地线应采用不锈钢材料。

③ 医药洁净室内的电气管线管口，以及安装于墙上的各种电器设备与墙体接缝处均应密封。

④ 药品生产区内应选用外部造型简单、密封良好、表面易于清洁消毒的照明灯具。

⑤ 医药洁净室内的照明灯具可采用吸顶明装或嵌入顶棚安装的方式，灯具与顶棚之间应密封可靠，密封材料应能耐受洁净室的日常清洁和消毒。灯具的检修和更换应避免对洁净

室环境造成不利影响。

### 3.1.3 清洁程序

#### 3.1.3.1 清洁管理

**(1) 中国 GMP（2010 年修订）中关于消毒的条款**

中国 GMP（2010 年修订）中关于消毒有如下条款。

第四十一条　应对厂房进行适当维护，应确保维护活动不影响药品的质量。应按照详细的书面操作规程对厂房进行清洁或必要的消毒。

中国 GMP 附录1：无菌药品

第四十三条　应当按照操作规程对洁净区进行清洁和消毒。一般情况下，所采用消毒剂的种类应当多于一种。不得用紫外线消毒替代化学消毒。应当定期进行环境监测，及时发现耐受菌株及污染情况。

第四十四条　应当监测消毒剂和清洁剂的微生物污染状况，配制后的消毒剂和清洁剂应当存放在清洁容器内，存放期不得超过规定时限。A/B级洁净区应当使用无菌的或经无菌处理的消毒剂和清洁剂。

第四十五条　必要时，可采用熏蒸的方法降低洁净区内卫生死角的微生物污染，应当验证熏蒸剂的残留水平。

**(2) 厂房设施清洁消毒的步骤**

厂房设施清洁消毒一般遵循三步法。

① 第一步：清洁。表面清洁是非常重要的，它能够通过去除污垢（有机物）的方式以避免消毒剂失效；在污垢被尽可能地移除后，消毒剂与微生物的充分接触才有保障；同时应考虑所用清洁剂与消毒剂的兼容性，避免两者之间发生反应；尽可能地在清洁过程中将清洁剂冲洗干净，以免对消毒剂作用效果产生干扰。

② 第二步：消毒。将消毒剂施用于表面，通常采用的方法有：拖洗法和擦拭法，适用于平整表面、易于到达的表面；喷洒法或喷雾法，适用于高处、管道、复杂设备。简单来说，一个有效的消毒过程就是将消毒药剂安全地布着于目标表面并保持一个特定的有效作用时间。

③ 第三步：清除残留。清除残留在实际运用中易被忽视。但是这一步骤对于保证消毒效果和避免再次污染很关键。如果使用消毒剂后至清除工作开始的时间间隔太短，就难以确保充分的接触时间，影响消毒的有效性。如果去除残留不够彻底，可能会引起二次污染或者影响工艺过程；应有措施保证彻底清除残留，避免产生二次污染。对于清除残留程序的有效性，可以通过验证来确认，如清除开始前在待清除表面涂抹荧光性染料，在清除后用紫外线灯对相应表面进行检查，所清除表面没有荧光产生则表明已彻底清除残留。特别值得注意的是，在 A/B 级区进行清洁消毒时，所使用的清洁消毒工具应尽可能通过湿热灭菌的方式进行处理，而所使用的清洁剂和消毒剂必须采用无菌过滤或者辐照灭菌的方式处理。上述物品应采用至少双层以上包装，在进入 A/B 级区时应该对外包装消毒和消除，以免清洁消毒过程本身引入污染。

### 3.1.3.2 清洁工具

**(1) 抹布**

抹布用于去除洁净室表面的污染。不存在一种适合于洁净室各种用途的理想抹布。有些抹布吸水,但脱落粒子;有些不脱落粒子,但不吸水。应考虑实际使用的要求,并进行适当评估。选择洁净室用抹布,应考虑以下特性:

① 抹布材料;
② 与溶液或溶剂的适应性;
③ 对液体的吸收率;
④ 产生粒子情况(湿或干时);
⑤ 散发粒子污染的情况;
⑥ 需要时与消毒剂的适应性;
⑦ 包装。

**(2) 真空清洁器、软管和把柄**

正确选择和使用适合于洁净室的真空清洁设备,对污染控制计划的有效实施十分重要。

① 便携式真空清洁器用不锈钢或塑料制成。其排风需经 HEPA 或 ULPA 过滤器过滤后,再排到周围环境。能处置潮湿材料及液体材料的真空清洁器,也可供洁净室使用。

② 中央真空清洁系统有一个大型的中央真空泵,通常位于洁净室环境外部的服务区,用塑料管道系统与洁净室各区墙上的真空接口相连。

③ 软管、把柄及工具都应与实际用途相匹配,并采用适合于洁净室的材料制造。

④ 真空清洁用的所有设备应进行例行的检验和维护。真空清洁设备的 HEPA 或 ULPA 过滤器应定期进行检测或更换,确保其不会成为洁净室空气的污染源。

**(3) 拖布**

洁净室环境中(包括更衣区和其他受控区)不能使用标准商用或工业用拖布及把柄。应认真选择可防纤维脱落、需要时能耐消毒的拖布。拖地的拖布头应由聚酯纤维或吸水微孔(合成)材料制作。块状拖布或海绵拖布的头应由吸水微孔(合成)海绵材料制造。把柄和装配件应采用不锈钢、阳极氧化铝、带聚丙烯涂层的玻璃纤维材料或其他不脱屑的塑料制作,这些材料应与洁净室拖布的使用相符。表面稍带黏性的辊子拖布(类似于涂漆辊子)不需润湿,可用以清除墙表面的污染。辊子拖布有重复使用的,也有一次性的。

购买合成拖布或把柄时,应首先明确其用途是什么。聚醋酸乙烯(或相当的)的拖布头可与水性清洗剂一起使用。但如果与含有大量异丙醇的清洗剂一起使用,会过快老化。有些把柄或拖布头用材不适于蒸汽灭菌。聚酯比聚醋酸乙烯更耐高压灭菌。

**(4) 水桶和挤水器**

进行湿的或半干的清洁作业,所用的水桶或带挤水器的容器应与洁净室的要求相适。水桶和容器应用塑料或不锈钢制作,不用镀锌板制作的。不锈钢桶可反复进行高压灭菌。拖布用的挤水系统应与拖布头的形式和用材相适应。

**(5) 地面擦洗、抛光、打蜡机**

在运行的洁净室中禁止使用标准商用地板擦洗机或抛光机,这类机器工作时会污染环境。有为擦洗洁净室地面专门设计的机器,这种机器有特殊的罩子,装有带 HEPA 或 ULPA 的真空吸尘器,电机箱也有带 HEPA 或 ULPA 的排风罩,以防止污染再扩散。使用这类设备前,应认真评估其与洁净室及地面的适合性。蜡及其他非永久性的表面保护层会因使用而剥落并造成污染,所以绝不建议使用这类涂敷或抛光设备。

**(6) 折梯**

折梯应采用不锈钢、阳极化铝或增强玻璃纤维制作,它不应搬离洁净室受控区。在移入洁净室前应彻底清洁(必要时经消毒或灭菌)。

**(7) 扫帚或刷子**

处在运行中的洁净室内不应使用扫帚、刷子或类似工具,因这类用品将产生大量粒子。棕毛本身就是大纤维,也是污染物。

**(8) 装垃圾和可回收物的容器**

洁净室内用过的材料、副产品和其他废物应尽快清走。应提供收集、隔离和存放废物的手段,以确保废物被清走前不会污染洁净室。选择废物收集容器时应考虑下述要求:

① 待废弃或待回收的物料的性质;
② 安全需求;
③ 对环境的危害;
④ 衬里材料及套装方法;
⑤ 地面可用的空间;
⑥ 容器的尺寸依收集频繁度而定;
⑦ 容器的材料;
⑧ 适合于洁净室。

**(9) 洁净室地垫和粘垫**

人员进入洁净室时,洁净室的地垫和粘垫是一道帮助控制鞋所携污物的屏障。地垫/粘垫能否有效清除鞋底所携污物,其尺寸与位置(尤其是其长度)是重要因素。地垫/粘垫主要有2类:

① 一次性的。带有多层粘性塑料薄膜,粘面朝上。薄膜层踩脏后即揭掉、丢弃。
② 可反复使用的。有弹性的聚合物垫子,表面自带粘性,踩脏后可清洁复用。

**(10) 清洁工具的举例**

① 擦拭布 丝光毛巾(见图3-8)采用亲油性纤维制成,能够在接触到油性物质时候快速吸附,而不必再去用力摩擦表面以刮下油脂,同样减少对精细表面的摩擦。不掉屑,不脱毛,重量轻巧。

② 洁净室专用长杆拖把 拖把与丝光毛巾组合(见图3-9)。

③ 吸尘器 不锈钢材质,应配置空气高效过滤器(HEPA)(见图3-10)。

图3-8 丝光毛巾

④ 一次性粘尘垫 多层聚乙烯胶片复合而成(见图3-11)。

### 3.1.3.3 基本清洁方法分类

应依据其对洁净室产品和工艺的影响,划分并规定表面区域和表面的洁净度等级。有效的分级,有助于制定正确的洁净室清洁策略。

图 3-9 长杆拖把与丝光毛巾

图 3-10 洁净室用吸尘器

**(1) 关键表面**

产品的生产或制造位置及其周围为关键表面，其污染能直接影响产品或工艺。这些表面应保持最洁净的状态。隔离装置，如单向流设备、洁净工作台或工作站，有助于用来控制这些表面的洁净度。

**(2) 一般洁净室表面**

洁净室内不处于生产位置或不在单向气流下的所有表面，视为"一般"表面。对这些表面应进行定期清洁，以防污染转移到关键表面。

图 3-11 粘尘垫

**(3) 更衣室与缓冲区的表面**

由于更衣室和缓冲区活动繁忙，其表面可能会受到严重污染。这些地方须经常进行清洁，以尽量降低污染程度，减少向洁净室传播的污物。

#### 3.1.3.4 清洁方法

保持洁净室的洁净度是一件极为细致的工作，应确定清洁水平及达到该水平应采取的基本方法。可采用经审定过的方法来清洁洁净室的每个表面，以达到所需效果。

**(1) 基本清洁方法分类**

依据表面的现状和清洁工作完成后需要达到的洁净度，可将清洁工作分为三类。它们分别是粗放清洁、中级清洁和精细清洁。

① 粗放清洁　通常清除直径大于 $50\mu m$ 的粒子污染物。这类大小的污染物通常是在地面上，带入更衣室和缓冲区的污染物一般也是这种尺寸。生产运行或工艺过程中破碎或溢出的材料，最终落在工作表面和地面上，也成为这样的污染源。建造以及设备的维护作业也常能产生粗粒子污染物。

② 中级清洁　包括清除较小的污染粒子，其粒径范围一般在 $10\sim50\mu m$ 之间。中级清

洁的目标物是洁净室的一般表面，通常包括墙面、台面和洁净通道。这类大小污染物在粗放清洁后依然存在，经中级清洁可实现更高水平的洁净度。

③ 精细清洁　用于清除其余的粒子污染物，通常是小于 $10\mu m$ 的粒子。精细清洁一般用于存储产品和加工产品的关键表面或其附近表面的清洁。

**(2) 真空清洁**

在粗放清洁和中级清洁作业中，真空清洁可作为一般表面和关键表面清洁的第一步。真空清洁是拖擦或湿擦的前提，而非选项。真空清洁可有效地清除较大的粒子和其他碎屑，如玻璃碎片等。真空清洁作业应仔细，要单向行进，以尽量减小在地面和作业高度上引起空气紊流。

真空清洁采用带 HEPA／ULPA 过滤器的真空清洁器或室内的中央真空清洁系统。能用于湿材料的系统有助于清除拖擦过程中与过程后剩余的水分和悬浮粒子。真空清洁还有助于拖擦后加速干燥过程。

**(3) 湿法清洁**

湿法清洁是指在表面施以液体，并通过擦拭或真空方法进行的清洁。各清洁阶段都可采用湿法清洁。湿法清洁的方法包括擦洗和拖擦。

① 擦洗　即采用机械或手工方式清擦污斑或严重污染区域的粗放型清洁法。要注意控制擦洗所用设备或材料可能产生的污染。擦洗完后，再拖擦或用湿式真空清洁。

② 拖擦　它是粗放清洁和中级清洁中，清除污染的有效方法。湿式真空清洁时溢出的液体所遗留的残迹，也可用此法清除。在小的或局部面积内可用抹布湿擦，地板和其他大的面积可用拖布。水桶中的水要使用洁净过滤的去离子水或蒸馏水，并要经常更换，以避免再次污染。越关键的表面，水的更换要越频繁。粗放清洁法用水开始变色，表明应倒空并清洁水桶，然后重新注水。中等区和关键区清洁全过程中，水应根本或几乎不变色，所以这些区域的清洁规章中应规定换水前允许清洁的表面积大小。可使用2个（或多个）水桶，以减少换水次数。必要时还可添加非离子型洗涤剂或表面活性剂。拖布要挤干，避免形成污水迹。用半干的拖布拖擦所留下的半干表面干燥得更快。拖擦应以重叠的行程有序地进行，保证地面得到全面的清洁。经常冲洗并旋转拖布的表面，有助于避免清洁过的地面再受污染。拖布头应经常冲洗，以避免其再受污染。某些特种拖布可用于清除墙上和地上中等大小的粒子污染物。

**(4) 半干清洁**

在多数清洁阶段中都使用抹布擦拭方法。一般表面或关键表面可经过中级或精细清洁的擦拭后达到洁净要求。所选抹布要用适当的清洁溶液润湿。使用何种溶液依所清除污染物的类别而定。擦拭时要按单向流的气流方向，采用单向行进、行程重叠的方式，从最关键区擦向最低关键区。随着擦拭的行程，应折叠抹布，露出其未曾用过的表面来进行擦拭。抹布更换频繁程度应按需要确定，以免把污染物传播到其他的洁净室表面。

### 3.1.3.5　具体表面的清洁

**(1) 识别所清洁表面**

洁净室内所有的表面都可能会被污染，应按规定的周期进行清洁。重要的是，确定各个表面的洁净度对洁净室内的产品或工艺的影响程度各如何，然后制定不同清洁方法，确保其达到所需的洁净度等级。

**(2) 地面和底层地面**

先用真空清洁法清除玻璃碎片或产品碎屑等污物,然后查找有顽固污渍的地方,并用预先确定的擦洗规程将其清除。地面按预定规程用湿法拖擦,水或清洁溶液应经常更换,以减少在持续清洁过程中传播溶解的或悬浮的污染物。地面面积较大时,应划分成易于管理的若干个区段,以有序的方式推进工作。虽然清洁工作应从关键区开始,再到普通区,但某些洁净室可能有不同的惯例。如所要求的洁净度较高,可重复实施拖擦以使表面更为洁净。

清洁工作期间,或需要以警戒线围住工作区,并重新标出通行方向,以免有人不慎滑倒。潮湿拖擦或拖擦后再用湿式真空清洁,可加速干燥过程。

用湿法洗涤/擦洗清洁后,再用湿式真空清洁,可除掉顽固污渍及地面的污渍,并且应在每次使用前、后对这些设备进行彻底清洁。

**(3) 墙、门、回风格栅、窗和垂直表面**

单向流洁净室中,严禁在工作状态下在产品上风向进行表面清洁。只能在静态条件或产品从该区撤出或予以覆盖后再进行清洁。应使用擦拭法或专用的辊子清除污染。应按要求的洁净度和待清洁区域的布局选定清洁方法。在非单向流的洁净,不应在正常运行状态下进行表面清洁。

**(4) 顶棚、散流板和灯具**

禁止在工作状态下清洁工作区上风向的顶棚及灯具等,这类清洁只能在静态条件下进行。散流板和顶棚格栅应用半干清洁法仔细擦拭。有些散流板可能要卸下洗涤或更换。更换灯泡时应用抹布彻底擦拭灯具。

**(5) 桌面和其他关键的水平表面**

桌面和其他关键的水平表面应用上述的、合适的擦拭法清洁。可使用合格的清洁溶液帮助清除污染。可采用半干擦拭物,以单向行程、从最关键区向最低关键区推进方式清除污染。

**(6) 洁净室的椅子、家具和梯子**

从上到下用抹布擦拭椅子、家具和梯子这些物品的表面,包括其垫子、架子和轮子。

**(7) 小推车**

应在缓冲区或非关键区对推车进行真空吸尘或抹布擦拭,或两者兼施。用抹布擦拭时,可从上向下行进,并使用合适的清洁溶液。应特别小心确保轮子的表面没有碎屑,否则碎屑可能粘到洁净室的地面上。将小推车推过粘垫,有助于清除粘在轮子上的碎屑。

**(8) 危险工艺表面**

在开始例行的洁净室清洁规程前,先执行可消除现存危害的规程,再采用适用的清洁技术清洁其表面。

**(9) 跨凳、物品及洁净服供应柜、衣柜及格架的表面**

先真空吸尘,再擦拭,就可有效地清除裸露表面的污染。格子应定期腾空,以清洁其内部。

**(10) 垃圾桶和容器**

可在垃圾桶和容器内部衬以塑料袋,以便于清除废物并保护容器表面。垃圾要及时清除,不要堆积过多。禁止在邻近关键区的地方取出塑料袋或内衬。所有垃圾桶都应先移到普通的非关键区后,再清走垃圾。可根据情况的需要或是在每班结束时清除垃圾。垃圾桶应清空、清洁、加衬后再放回。

**(11) 洁净室用地垫和粘垫**

在正常工作日内应定期清洁或维护洁净室的地垫和粘垫。

应根据需要的频度按制造商的说明进行维护。表面可重复使用的地垫应频繁清洁。采用湿法拖擦后，用橡胶滚把污物和水推挤到边沿处，用拖布吸干。也可用带滚头的湿式真空系统进行清洁。

表面可取下的粘垫，应先慢慢地剥离四个角，再将薄膜向垫子中间卷，直至将其剥下。

### 3.1.3.6 洁净室表面处理

某些特殊的洁净室在使用过程中需要对表面进行某种处理或加饰面，使其具备普通情况下不具备的特性。这些处理虽可保护洁净室正在生产的产品，但要慎重对待。如有可能应尽量避免清洁后对表面进行处理或加饰面。这些处理随时间而老化，对洁净室的洁净度不利。此外，这些经过处理的表面如果使用或维护不当，还会给工艺或产品带来风险。对处理过的表面应定期进行检验或测试，确保其不会影响洁净室，并在出现异常时有补救措施。

**(1) 抗静电处理**

可在表面上涂覆抗静电材料，以减少静电荷的聚积。使用抗静电剂处理表面时要小心，使用不当会导致抗静电特性不均匀，其残留物还可能成为污染源。涂层应既要厚到有效，但又薄到不剥落、不产生污染。一般只要改变洁净室送风的湿度，表面抗静电特性即可达到要求。

**(2) 消毒**

彻底的清洁过程有助于控制微生物污染，但某些行业和管理部门可能要求在常规的清洁程序中附加消毒程序，此时应确定所用消毒剂和消毒方法对每间洁净室的有效性。一般来说，消毒剂的类型、浓度、温度及其与被消毒表面的接触时间，决定其消毒效力。某些消毒剂未被完全清除的话，会损害洁净室的表面（如氯基化合物损害不锈钢）；有些如沉积在产品上可能具有毒性。此外，消毒剂不仅与产品直接接触时可能有毒性，残留在表面上时也可能有毒性。因此，应适当地冲洗表面，以清除残留物。消毒剂若使用不当，还会对人有害。具体操作见 3.1.4。

### 3.1.3.7 清洁操作人员

应为所有参与清洁工作的人员制定一个专门的培训计划，清洁计划中的各部分工作都要指派专人负责。通常是指派专业化的清洁人员进行洁净室清洁，但也常指派受过适当培训的操作者进行工作表面的清洁工作。

### 3.1.3.8 清洁计划

**(1) 制订清洁计划**

制订清洁计划时，应先了解不同类型洁净室表面的级别及其被污染的速率。为维持洁净室所要求的洁净度，所规定的清洁计划应确保清洁工作有充分的频繁度。对表面污染的检测和评估有助于拟定工作计划。应按洁净室工艺和产品的要求，分别确定每日、每周或其他间隔期需要完成的清洁任务。

应按下述步骤拟定清洁计划：

① 将所有表面分类为关键表面、一般表面或其他表面；
② 确定达到所需洁净度水平的最佳清洁方法与表面处理方法；
③ 确定将每种类型表面维持在要求的洁净度时所需的清洁频繁度；

④ 确定在正常工作时间内可完成何种清洁作业；
⑤ 制订清洁工作日程表；
⑥ 在清洁工作安排中确定哪些部分由操作者完成，哪些部分由清洁人员完成；
⑦ 针对规定的方法正确选择材料、机器、清洁剂和表面处理方式；
⑧ 按参与清洁工作的程度对各种人员进行培训；
⑨ 为所需的清洁材料准备足够的存放设施；
⑩ 确定如何监测清洁效果及如何处理不合格情况；
⑪ 统筹所有的文件和日程安排，以便对其进行有效的审核和管理。

**(2) 清洁计划的工作安排**

大部分清洁作业都应定期、经常进行。另外一些无需经常进行的清洁作业应定期进行。有些直接针对污染事件的清洁作业，应迅速实施，不能依照常规的工作安排。下面列出的清洁频繁度可作为指导，但应按风险评定与清洁工作评估所得出洁净室的需求予以调整。

**(3) 常规清洁**

为降低污染转移到关键表面的风险而以适当的频繁度进行的所有清洁工作，都属于常规清洁。依据风险评定的情况，洁净室的常规清洁工作可一天几次，一天一次，或几天一次。工作时间在更衣区、通道和走廊等公共区内可做的事情很多，如清除垃圾、真空清洁、拖擦地面和擦拭表面。洁净室的每个房间需要按其洁净度对产品或工艺的重要性，编写出专门的清洁计划。

更衣和缓冲区应每日至少清洁一次。这些区域因人员活动频繁，可能被严重污染，因此需要比运行中的洁净室更经常地进行清洁，以控制洁净度并降低污染传播的机会。常规清洁将提高一般洁净室区域的洁净度，应按 3.1.3.4 小节中（2）、（3）中描述实施彻底的真空清洁与拖擦程序。洁净室地垫和粘垫应按 3.1.3.5 小节中（11）的规定进行维护，并且应更加频繁，以防止污染迁移到洁净室内。

**(4) 定期清洁**

不做常规清洁的表面应定期进行清洁。为保证清洁过程中产品不受影响，可能需要采取特殊的预防措施。

许多表面应每周清洁一次（即至少 7 天一次）。清洁时，可能需将产品覆盖或从该区移出。

风险较小的表面清洁次数可减少。这种低频繁度的清洁应每月或更长时间进行一次，工作安排中应反映出这类较低频繁度清洁的间隔期。

应按工作安排从上到下彻底地清洁全部设施。需彻底清洁的地方包括存放区、服务区、管道和配件。在较长的停工期内或周末、假日或计划内的设施停工期，通常最宜对设施进行彻底的清洁。连续运行的洁净室只是偶尔停运，可进行彻底清洁的时间不多。为在限时内完成任务，此时应强化清洁工作。

**(5) 建造或维护期间及其后的清洁**

洁净室建造期间，进行有效的清洁，对控制并消除其后可能影响洁净室运行的污染源至关重要，关于工作计划、实施及文件编制，可参考 3.1.3.9（3）中的 10 阶段（表 3-2）清洁工作安排。

**(6) 大型设备进入洁净室的清洁**

① 计划　设备进入洁净室的过程不应增加污染。进入"空态"或"静态"洁净室的设

备应正确地拆包与清洁，否则事后要进行大量的清洁工作。而将设备移入"动态"洁净室前应有特殊考虑，否则不仅使洁净室面临被污染的风险，还可能危及正在加工的产品。这样不仅将加大清洁工作，还可能要按 GB/T 25915.2—2010 的规定对洁净室再鉴定。应制定适当的策略以避免出现问题。

② 检查并拆除非洁净包装　应检查所有设备在运输中有无损坏，存疑的或已损坏的货物应在洁净室外隔离或保护起来，等待适当处理。应尽量在邻近洁净室的非受控环境中拆封板条箱等运输包装。在运进受控环境前，都应先拆除所有硬纸板和严重脱屑的材料。如果不带外包装，则设备的所有表面都应进行预清洁。如果设备过大，需要采取专门的安装规程，最好将设备移入专用的缓冲区内对其进行清洁，并应采用临时墙板将该缓冲区与周边的洁净室或其他受控区隔离。

③ 拆除洁净包装　设备应按步骤进行拆包，以防止污染传入洁净室。设备移入洁净室前，可在洁净室附属的受控缓冲区或在临时修建的专用辅助房间内，拆除最外层的薄膜包装材料，并进行清洁工作。

以下是拆包过程中应遵循步骤举例：

a. 对外保护层进行真空清洁，从顶部表面开始向下侧进行。

b. 用适当的清洁剂擦拭保护层。

c. 应从外层包装膜的顶部切开一个"Ⅰ"型的口子，从顶部向底边剥离。其后把包装膜的底边提起，和侧面的包装膜一起剥下。

d. 对其他各层包装膜都应重复 b 与 c 的步骤。设备的所有外表面都应彻底清洁。

e. 所有从洁净室进入缓冲区的人员都应穿着适当的洁净服。

f. 应按④"运输设备"的规程在缓冲区内清洁所有可移动与搬运用设备。

g. 为将设备运入洁净室，在打开缓冲区靠洁净室一侧的门之前，应先清洁缓冲区。

④ 运输设备　如有可能，大型设备应拆卸到能安全移入的尺寸，使其对人员和现有洁净室的风险最小。若这些大型部件与固定表面及其他工具接触，可能会造成物理损伤和污染。

任何用于大型设备的提升、牵引或定位的专用设备，应彻底清洁方允许进入洁净室。通常这类设备可能不是专为洁净室所设计并受到相应维护的，因此应彻底检查有无脱屑、表面剥落现象，或有无不宜进入洁净室的材料。常采用适合于洁净室的塑料薄膜或带子将这些设备包缠、密封起来，使其适合洁净室使用。可用洁净室专用胶带包住软橡胶轮，以免在地面上留下橡胶或塑料的粒子。

⑤ 安装规程　洁净室的设计和用途决定设备的安装方法。理想的方法是在设备安装期间关闭洁净室，并留有一扇足够宽的门或在墙板上预留通道，以让新设备通过并进入洁净室。为防止安装期间邻近的洁净室区域受到污染，应采取防护措施。这样可简化为确保洁净室仍符合其洁净度要求所需的后续清洁和检测工作。

若设备安装期间洁净室的工作不能停，或有结构需要拆除，则应将正在运行的洁净室与工作区有效隔离。为此，可用临时隔离墙或隔断围住设备。为不妨碍安装工作，设备周围应留下足够的空间。

a. 如有可能应通过服务通道或其他非关键区进入隔离区；如不可能，应采取措施尽量降低建造工作所产生的污染的影响。该隔离区应维持等压或负压，以免污染向工作区外扩散。

b. 完全密封的隔离区内部不应加压，否则污染有可能穿透屏障，影响周围的洁净室。隔离区内应切断洁净送风，避免对周围的洁净室形成正压。如果只有通过相邻的洁净室才能进入隔离区，则应采用粘垫，清除鞋上携带的污物。一旦进入隔离区后，可使用一次性靴子或套鞋及连体工作服以免污染洁净服。离开隔离区前应脱下这些一次性物品。

c. 应制定对隔离区周围区域监测的方法并确定监测频繁度，确保探测到可能泄漏至相邻洁净室的任何污染。

d. 然后再架设备种所需公用服务设施，如电、水、气体、真空、压缩空气和废水管道。应注意尽可能控制并隔离作业产生的烟尘和渣屑，避免因疏忽使其扩散至周围的洁净室，也便于拆除隔离屏障前进行有效的清洁。

e. 随后应采用认可的清洁规程（见 3.1.3.3～3.1.3.6）对整个隔离区去污。包括全部的墙、（固定的和可移动的）设备及地面在内的所有表面，都要进行真空清洁、擦拭和拖擦。

f. 要特别注意清洁设备护板后面及设备下面的区域。

g. 至此可进行一些内部的准备工作及设备性能的初步测试，但最后的验收检测可能要在完全具备洁净室条件时进行。

h. 现在可开始小心地拆除隔离墙。如已关闭洁净送风，则将其重新启动，应仔细选定进行这一步工作的时间，以尽量减少对洁净室正常工作的干扰。此时可能需要测量空气悬浮粒子。

i. 设备内部及关键的工艺腔室的清洁与准备工作，应在正常的洁净室条件下进行。

j. 与产品接触或与产品输送有关的所有内腔室及所有表面都要进行擦拭，使其达到要求的洁净程度。设备的清洁顺序应是从顶到底，如有粒子扩散，较大的粒子因重力将落到设备的底部或地面上。

k. 清洁设备的外表面，顺序也是从顶到底。

l. 必要时，应对产品或工艺要求属关键性的区域，进行表面粒子检查。

⑥ 维护和维修　设备如不维护，将随时间的推移而磨损、变脏或散发污染，预防性维护可确保设备不会成为污染源。维护和修理设备时不能污染洁净室。良好的维修应包括对外表面的去污，若工艺要求，还需要对内表面去污。不仅应让设备处于工作状态，清除其内外表面污染的步骤也应与工艺要求相符。

下述措施有助于控制固定设备维护时产生的污染：

a. 应尽可能将需维修的设备移出所在区域后再维修，以降低造成污染的可能。

b. 若有必要，应将固定设备与周围的洁净室适当隔离后，再进行重大的修理或维护工作；或者，已将所有加工中的产品移到适当的地方。

c. 应适当监测与所维修设备相邻的洁净室区域，确保控制污染有效。

d. 在隔离区内工作的维修人员不应与正在执行生产或工艺规程的人员接触。

e. 在洁净室内维护或修理设备的所有人员都应遵守为该区域所制定的规章，其中包括穿着批准用于洁净室的合适防护服，维修完成后对该区及设备进行清洁。

f. 当技术人员需仰卧在或爬到设备下面进行维修时，应先弄清情况。应在工作前先对化学品或生物危险品的情况进行有效的处置。

g. 应采取措施保护洁净服不与润滑油或工艺用化学品接触，还应避免被锐边撕裂。

h. 维护或修理工作所用的全部工具、箱子和小推车，进入洁净室前应彻底清洁。不允许带入生锈或被腐蚀的工具。如在生物洁净室中使用这些用具，可能还需要对它们进行灭菌或消毒。

i. 技术人员不应将工具、备用零件、损坏的零件或清洁用品，放置在为产品和工艺材料准备的工作表面附近。

j. 维修时应注意随时进行清洁，防止污染聚积。

k. 应定期更换手套，避免因手套破损使裸露的皮肤接触洁净的表面。

l. 如需要使用非洁净室用手套（如耐酸、耐热或耐割型的手套），这些手套应适合于洁净室，或外面再套上一副洁净室手套。

m. 进行钻、锯作业时，应使用真空吸尘器。维修和建筑作业通常都要使用钻、锯，可采用专用遮罩将工具及钻、锯作业区遮护起来。

n. 地面、墙、设备侧面或其他这类表面上钻孔后留下的开敞孔洞应正确地密封，防止污物进入洁净室。密封方法包括使用填堵料、黏合剂和特制密封板。维修工作完成后，或有必要验证那些经过修理或维护的设备表面的洁净度。

⑦ 设备的运出　固定设备从洁净室运走时，日常清洁不到的内部或表面的污物往往被扰动起来或散落下来。在设备运出前必须拆卸的，更是如此。应在运出前和运出过程中对这类设备采取隔离、清洁和包覆等措施，以免污染周围的洁净室。

若污染物具有危害性，会涉及法规的规定。

**(7) 紧急情况下的清洁**

应制定相应规程以确保在发生大量污染的情况下，不会危及正在进行的工作、工艺以及洁净室环境。应配备随时可用的工具和材料，以解决或控制任何可能发生的有害情况。认为存在风险的区域，工作应暂停，直至洁净度达到满意的程度为止。可能需要专门清洁的情况包括：环境事故（如公用设施故障、溅洒、主要设备故障、产品破损、生物危害等）；例行的清洁规程失效，使污染加重到不合格的程度；监控发现设施出现不能接受的污染状况。

以下对于实验室危险物质的溢洒处理进行简单介绍：

① 溢洒处理工具

溢洒处理工具包通常包括：

a. 对感染性物质有效的消毒灭菌液，消毒灭菌液需要按使用要求定期配制；

b. 消毒灭菌液盛放容器；

c. 镊子或钳子、一次性刷子、可高压的扫帚和簸箕或其他处理锐器的装置；

d. 足够的布巾、纸巾或其他适宜的吸收材料；

e. 用于盛放感染性溢洒物以及清理物品的专用收集袋或容器；

f. 橡胶手套；

g. 面部防护设备，如面罩、护目镜、一次性口罩等；

h. 溢洒处理警示标识，如"禁止进入""生物危险"等；

i. 其他专用的工具。

② 撤离房间

a. 发生生物危险物质溢洒时，立即通知房间内的无关人员迅速离开，在撤离房间的过程中注意防护气溶胶。关门并张贴"禁止进入""溢洒处理"的警告标识，至少 30min 后方可进入现场处理溢洒物。

b. 撤离人员按照离开实验室的程序脱去个体防护装备，用适当的消毒灭菌剂和水清洗所暴露皮肤。

c. 如果同时发生了针刺或扎伤，可以用消毒灭菌剂和水清洗受伤区域，挤压伤处周围以促使血往伤口外流。如果发生黏膜暴露，至少用水冲洗暴露区域15min，立即向主管人员报告。

d. 立即通知实验室主管人员。必要时，由实验室主管人员安排专人清除溢洒物。

③ 溢洒区域的处理

a. 准备清理工具和物品，在穿着适当的个体防护装备（如鞋、防护服、口罩、双层手套、护目镜、呼吸保护装置等）后进入实验室。需要两人共同处理溢洒物，必要时，还需配备一名现场知道人员。

b. 判断污染程度，用消毒灭菌剂浸湿的纸巾（或其他吸收材料）覆盖溢洒物，小心从外围向中心倾倒适当量的消毒灭菌剂，使其与溢洒物混合并作用一定的时间。应注意按消毒灭菌剂的说明确定使用浓度和作用时间。

c. 到作用时间后，小心将吸收了溢洒物的纸巾（或其他吸收材料）连同溢洒物收集到专用的收集袋或容器中，并反复用新的纸巾（或其他吸收材料）将剩余物质吸净。破碎的玻璃或其他锐器要用镊子或钳子处理。用清洁剂或消毒灭菌剂清洁被污染的表面。所处理的溢洒物以及处理工具（包括收集锐器的镊子等）全部置于专用的收集袋或容器中并封好。

d. 用消毒灭菌剂擦拭可能被污染的区域。

e. 按程序脱去个体防护装备，将暴露部位向内折，至于专用的收集袋或容器中并封好。

f. 按程序洗手。

g. 按程序处理清除溢洒物过程中形成的所有废物。

### 3.1.3.9 清洁效果的监测及检测

**(1) 粒子污染**

洁净室的设备、器具或表面在清洁后，可能需要进行洁净度检测和监测。用户负责选择合适的洁净度验证方法。对影响洁净室产品及工艺的各个因素或性能，都应确定其合格的洁净度。用户应规定检测的限值，如可能，建议采用检测方法通过实际测量以确定限值。应详细规定并实施例行的表面污染检查，以确保其保持在规定的水平。

可采用目视检查法确定表面的清洁度。目视为清洁的表面，即不用放大镜看不到污染的表面。用或不用高强度斜射白炽光或紫外光，均可完成目视检查。抹布检查法是用一块干净的抹布擦过已清洁的表面，再目视检查该抹布的表面。这种方法有助于检测可能粘附在抹布表面的可视污染，并以此判定是否需要清洁。有些供应商提供彩色抹布，这可能有助于发现某些类型的污物。其他可考虑的方法还有胶带粘取法和表面粒子探测器法。

**(2) 微生物污染**

检测洁净室内微生物污染的方法及采样方法有多种。最常用的2种方法是接触碟法（用于平坦表面）和表面擦拭法（用于非平坦表面）。

**(3) 建造阶段的清洁计划**

依据用户的要求，可采用10阶段清洁计划（见表3-2），为不同建造阶段中的清洁工作有效地安排时间、分派任务并提供文件。

表 3-2  各建造阶段的清洁工作

| 阶段 | 目的 | 责任方 | 方法 | 标准 |
|---|---|---|---|---|
| 第1阶段：拆除或建造初期（如为安装墙壁立框架）的清洁 | 防止建造工作后期多余的尘埃积聚在某些难以触及的地方 | 承包商。如果承包商在洁净室的清洁方面无相关经验，建议雇用专业的洁净室清洁承包商 | 完工时进行真空清洁 | 目视检查清洁 |
| 第2阶段：安装动力设施期间的清洁 | 清除因电、气、水等的安装工作造成的污染 | 安装工程师 | 完工时进行真空清洁；用半干的抹布擦拭管道和固定件，应使用真空清洁和（或）其他清洁材料 | 目视检查清洁 |
| 第3阶段：早期建造时的清洁 | 建造和安装工作完成后，清除顶棚、墙面、地面（过滤器支架）等上面可见的污染 | 清洁承包商 | 真空清洁；用半干抹布擦拭管道和固定件；地面防护密封剂的施工一般是一项产尘工作，应在此时进行 | 目视检查清洁 |
| 第4阶段：准备安装空调管道 | 安装管道前，将上面所有的污垢用真空吸尘器和抹布清除掉；同时，洁净室内应形成正压 | 安装工程师与清洁承包商 | 真空清洁；用半干抹布擦拭 | 抹布擦拭清洁 |
| 第5阶段：安装空气过滤器之前的清洁 | 清除顶棚、墙和地面上沉积的或吸附的尘埃 | 清洁承包商 | 用半干擦拭物擦拭 | 抹布擦拭清洁 |
| 第6阶段：将HEPA/ULPA过滤器安装到空气系统中 | 清除可能因安装作业造成的污染 | 洁净室HVAC过滤器工程师/技术人员 | 清洁各个表面上所有的边沿 | 抹布擦拭清洁 |
| 第7阶段：空调设备调试 | 清除气流中的悬浮污染物，创建带有过滤器的正压环境 | 洁净室HVAC过滤器工程师/技术人员 | 空调通风吹扫 | 抹布擦拭清洁 |
| 第8阶段：把房间升级到规定的洁净度等级 | 清除每个表面上沉积的或附着的污垢（顺序：顶棚、墙、设备、地面） | 在法规、规程和行为等方面受过专门指导的洁净室专业清洁人员 | 用半干抹布擦拭 | 抹布擦拭清洁 |
| 第9阶段：安装通过 | 按规定的设计技术要求验证洁净室，需方验收 | 安装工程师与认证工程师 | 监测空气中悬浮的和表面的粒子以及风速、温度和湿度 | 抹布擦拭清洁，结果要与商定的设计标准相符 |
| 第10阶段：每日及定期的清洁 | 使洁净室与设计的等级长期保持一致。生物洁净室开始进行微生物清洁与检测 | 洁净室经理/清洁承包商 | 列于3.1.3.2～3.1.3.8小节 | 根据生产工艺和需方的具体要求而制定的洁净室清洁计划，对关键运行参数进行常规检测 |

注：1. 第4～10阶段中，所有高效和超高洁净部件，如过滤器、风管等，其两端都应在塑料膜或金属箔包覆着的状态下到场，只有在即将使用时才可去掉包覆物。

2. 第6～10阶段中，所有活动都应穿着规定的洁净服。

### 3.1.3.10 清洁剂的选择

**(1) 清洁剂的选择**

主要考虑对残留物的溶解性，应能有效地溶解残留物，有较好的去除效果，并且不腐蚀设备，且本身易被清除。随着环境保护标准的提高，还应要求清洁剂对环境尽量无害或可被无害化处理，满足以上要求并且应尽量廉价。根据这些标准，对于水溶性残留物，水是首选的清洁剂。

**(2) 清洗剂应当具有足够的质量稳定性**

从验证的角度，不同批号的清洁剂应当有足够的质量稳定性。因此不宜提倡采用一般家用清洁剂,因其成分复杂、生产过程中对微生物污染不加控制、质量波动较大且供应商不公布详细组成。使用这类清洁剂后,还会带来另一个问题,即如何证明清洁剂的残留达到了标准。

**(3) 尽量选择简单、成分确切的清洁剂**

根据残留物和设备的性质,企业还可自行配制成分简单、效果确切的清洁剂,如一定浓度的酸、碱溶液等。企业应有足够灵敏的方法检测清洁剂的残留情况,并有能力回收或对废液进行无害化处理。

① 一般区

a. 一般区包括外包装、中药前提取等区域。

b. 一般区无洁净度的要求,清洁剂主要以饮用水为主。其中中药提取区域应考虑产品的特殊性,提取后可能为较黏稠的稠膏状态,可选用能够溶解产品的溶剂对局部脏物残留进行去除(如乙醇、丙酮等),再使用饮用水进行整体清洁。

② D级区域

a. D级洁净区一般包括口服固体生产区(称量、制粒、总混、压片、包衣、铝塑、分装等区域)、微生物实验室(内毒素检测、无菌检测等区域)、辅助区域(清洗、洗衣、人员通道、物流通道等区域)等。

b. 生产区域:不同操作区域的清洁方式及清洁方法基本相同,根据产品特性,在清洁过程中使用的清洁剂种类及用量有所差异;清洁剂的选择与产品特性有关,如产品可溶于水,使用水可有效清除,即选用水作为清洁剂,D级洁净区清洁用水建议为纯化水,若考虑清洁过程需要使用大量水,为减少能源消耗,可先使用饮用水进行清洁去除脏物,再使用纯化水进行全面清洗;如选择酸碱溶液或配方清洁剂用于清洁,清洁后也需要使用纯化水进行清洗,以去除清洁剂的残留。

c. 清洗区域:在清洗岗位,设置有器具清洗房间,大量使用清洁水进行脏器具的清洗,操作完毕后的清洁应重点关注,去除器具带来的污染物质,且对清洗过程中浸湿的区域进行干燥。在清洗后设置存放间,存放较多已经清洁的器具,在该区域的清洁重点是保持环境的洁净,保证其干燥受控。

d. 洗衣/人流/物流区域:因不涉及产品,故清洁剂主要以纯化水为主;其清洁程序应关注水池、地漏、管道等的清洁。人员通道存在更衣前的脏区和更衣后的净区的划分,需规划清洁次序,人员按照退出的程序逐级进行清洁。

e. 分装/铝塑区域:这些区域的清洁与批次关联性较强,一般会在产品包装结束后进行环境的清场。因为在包装过程中,有大量包材进入洁净区域,对环境的粒子影响波动较大。这些区域使用的产品物料为中间体,生产后的清洁不需要对产品特性进行过多的考虑,清洁剂主要以纯化水为主。

③ C级区域

a. C级洁净区一般包括无菌制剂生产区(称量、配液、轧盖等区域)、阳性实验区(阳性操作、菌种鉴别等)、生化实验区(细胞活性操作、细胞活性检测等)、辅助区域(清洗、洗衣、人员通道、物流通道等区域)等。

b. 称量、配制区域:使用较多粉状物料,有称量、投料操作,在该过程中有粉尘的污染风险,该区域应在每次操作后进行设备、工作区域的清洁,去除颗粒污染。

c. 辅助区域:不同洁净级别辅助区域的清洁主要考虑清洁周期的差异,清洁剂主要考虑产品的特殊性。

④ B级区域

a. B级洁净区一般包括无菌制剂灌装区等。

b. 无菌操作生产区：无菌产品过滤后的操作区域，在该区域应严格控制微粒和微生物，每次清洁后应严格执行灭菌（消毒）程序。典型应用：除菌过滤后液体的储罐存放区、无菌原料药干燥设备的操作房间等。

⑤ A级区域

一般洁净房间不会设计成A级区域，因其控制要求高，环境控制难度大，如确需A级环境操作，一般会在低于A级的背景环境下安装具有A级环境的隔离装置的设备，如超净工作台、无菌隔离系统等，具体介绍见3.2节。

### 3.1.3.11 清洁注意事项

a. 总是以重叠的长直线方向擦拭，而不要做转圈的刮擦动作。

b. 总是从最干净的区域向最脏的区域清洁。

c. 总是按气流方向由过滤器向外、向下清洁。

d. 每擦一次都应将抹布折叠，用干净的一面擦拭。

e. 清洁液应倒在抹布上，而不应倒或喷在待清洁的表面上。

f. 清洁时应特别注意不要损伤HEPA或其他敏感设备。

g. 粗的污物通常用装有HEPA的吸尘器从所在区域除去，然后用蘸有适宜清洁剂的湿的或潮湿的抹布擦或拖布拖。

h. 只有已清洁过的表面才能进行消毒。

i. 清洁控制面板及电器元件时，所有电源均应关闭。

j. 除非特许，清洁剂绝不允许流入设备。

k. 所有用过的清洁剂在用后须倒掉。

l. 厂房清洁涉及登高操作，使用步梯前确认步梯的稳定性。

m. 使用酸、碱溶液清洁剂，应戴防腐蚀手套、防护眼镜以避免皮肤接触清洁剂，造成人身伤害。

n. 若房间内存在高温操作生产，要等生产结束设备温度降低后再进行清洁操作，以免人员受伤。

## 3.1.4 消毒程序

### 3.1.4.1 背景及概述

被微生物污染的药物存在安全隐患，因此通过易感途径给药（如注射）或身体脆弱部位（如眼睛）使用的药物是作为无菌产品生产的。微生物除了引发感染外，还可以通过化学方法对活性成分或辅料进行分解，例如生物碱（阿托品）、镇痛药（阿司匹林、扑热息痛）、沙利度胺、巴比妥酸盐、类固醇酯等都可以被代谢并作为生长的底物，从而导致产品腐败。这可能导致产品强度不足，理化性质不稳定，或可能被有毒物质污染。因此，药品生产相关人员必须负责安全、卫生的生产。

微生物是一切肉眼看不见或看不清的微小生物的总称。它们都是一些个体微小（一般＜0.1mm）、构造简单的低等生物。其成员庞杂，主要可分为原核类的细菌、放线菌、蓝细菌、支原体、立克次氏体和衣原体，属于真核类的真菌（酵母菌、霉菌和蕈菌）、原生动物和显微藻类，以及属于非细胞类的病毒和亚病毒（类病毒、拟病毒和朊病毒）。

微生物体积极其小，使其具有与之相关的 5 个重要特征：

① 体积小，面积大，比表面积大，因而有一个巨大的营养物质吸收面、代谢废物的排泄面和环境信息的交换面，其余 4 个特征也与此相关。

② 吸收多，转化快。有研究表明大肠杆菌 1h 内可分解其自重 1000～10000 倍的乳糖，这个特征为微生物的高速生长繁殖和合成大量代谢产物提供了充分的物质基础。

③ 生长旺，繁殖快。如大肠杆菌在合适的条件下细胞分裂一次仅需 12.5～20min，若按 20min 一次计算，一昼夜产生的后代总重可达 4722t。但实际上由于受到营养、空间和代谢产物等条件的限制，微生物呈几何级数的分裂速度只能维持数小时。

④ 适应强，易变异。这是因为其具有极其灵活的适应性或代谢调节机制，这是任何高等动物、植物都无法比拟的。

⑤ 分布广，种类多。微生物不仅存在于动植物体内外，地球上的土壤圈、水圈、大气圈，甚至岩石圈都有它们的踪迹。目前已知的微生物种类约 10 万种，每年发现的种类仍在增加。

对于进行药品生产的洁净室环境来说，微生物的存在是对产品质量巨大的威胁和挑战。其体积小、不可见的特点导致其极难控制，而繁殖快又存在极易放大防控缺失的风险。因而各国（或地区）GMP 相关法规都对洁净区消毒有严格的要求，应保证洁净区微生物水平符合相应法规要求。

洁净区的消毒包含人员的手消毒、物体表面消毒和空间消毒三个环节，相关内容会分别予以展开，本节主要介绍物体表面消毒和空间消毒。消毒过程中需要使用化学消毒剂，常见化学消毒剂及其对微生物的作用机理见表 3-3。

表 3-3 常见化学消毒剂及其对微生物的作用机理

| 消毒剂种类 | 作用机理 | 示例 |
| --- | --- | --- |
| 醇类 | 破坏细胞膜,蛋白质变性,细胞溶解 | 乙醇,异丙醇 |
| 醛类 | 与氨基酸反应 | 甲醛,戊二醛 |
| 胍类 | 破坏细胞膜,蛋白质凝结 | 洗必泰(双氯苯双胍己烷) |
| 卤素类 | 与巯基和氨基反应引起蛋白质变性 | 次氯酸盐,碘化物 |
| 氧化性物质 | 氧化微生物细胞 | 过氧乙酸,过氧化氢 |
| 季铵盐类 | 细胞溶解,破坏细胞膜,细胞质流失 | 苯扎氯铵,苯扎溴铵 |
| 烷基类 | 羟基取代氢原子,影响细胞代谢 | 环氧乙烷 |

作为被消杀的对象，不同的微生物对消毒因子的敏感程度也不同。常见微生物种类对消毒因子的敏感程度如表 3-4 所示。

表 3-4 常见微生物种类对消毒因子的敏感程度

| 序号 | 微生物种类 | 示例 |
| --- | --- | --- |
| 1 | 亲脂病毒(包膜病毒) | 流感病毒,冠状病毒 |
| 2 | 革兰氏阳性菌 | 葡萄球菌 |
| 3 | 革兰氏阴性菌 | 假单胞菌 |
| 4 | 酵母菌 | 白色念珠菌 |
| 5 | 霉菌 | 黑曲霉 |
| 6 | 亲水病毒(非包膜病毒) | 脊髓灰质炎病毒 |
| 7 | 分枝杆菌 | 结核杆菌 |
| 8 | 细菌芽胞 | 枯草芽胞,炭疽芽胞 |
| 9 | 朊病毒 | 克-雅氏综合征 |

注：表中按一般微生物对消毒因子的敏感性从高到低顺序排列。

对于制药洁净室来说，可能存在的微生物包括细菌（革兰氏阴性菌、革兰氏阳性菌）、酵母菌、霉菌和细菌芽孢。一个良好的消毒方案一方面应该能有效预防这几种微生物，确保环境微生物水平在警戒限以下；另一方面又应该是环境友好的并具有良好的经济性和可适用性。

#### 3.1.4.2 消毒剂的选择

选择合理的消毒剂对于微生物防控有很大帮助，PDA Technique Report（美国注射协会技术报告）和 USP（美国药典）中对于消毒剂的选择提出了新的要求，主要有消毒剂的轮换、消毒剂的效力和消毒剂的质量要求。

关于消毒剂轮换的目的，有的说是避免耐受菌的产生，但这种说法的争议很多。例如：PDA Technique Report 70 中，对于微生物可能对清洁剂、消毒剂和杀孢子剂产生耐受性，多年来存在较大争议。迄今为止，尚无已发表的结论性实验资料来证明微生物会对这些产品产生耐受性。对抗生素的耐受性通常是通过对一个单一基因的修饰获得（或获得一个单一的基因），从而阻断了抗生素的特定作用。而洁净室中使用的这些试剂持续有效，因为其对细胞的一系列生理活动有多种作用。这意味着洁净室发现的少量微生物需要在较短时间内（如 5min 接触时间）完成多次变异，以克服这些试剂的不利作用。因此，考虑到环境因素和较低的微生物数量，微生物对消毒剂产生耐受性是极不可能的。

USP <1072> 中，微生物对抗生素产生耐受是一种常见现象。微生物对消毒剂产生耐受性则不大可能，因为消毒剂对微生物的杀灭作用要远强于抗生素，在应用时是高浓度消毒剂作用于少量的微生物，因此产生耐药性的选择性并不高。

这里我们接受 PDA 和 USP 的观点。另外，不同微生物对消毒因子的敏感程度不同，不同的消毒剂杀菌谱也不一样，故存在某种消毒剂对某一类微生物无效的情况（例如酒精无法杀灭细菌芽孢）。因此，轮换的目的在于通过组合不同的消毒剂以有效地防控洁净区内可能存在的各种微生物（细菌、酵母菌、霉菌和细菌芽孢），同时兼顾经济性和可适用性。同时，各种法规对杀孢子剂（能有效杀灭细菌芽孢的消毒剂）的使用也非常重视，国内制药企业在实际生产中也越来越重视杀孢子剂的应用，以更好地防控细菌芽孢。需要强调的是，即使是在已经证明行之有效的、管理良好的洁净室消毒方案中，仍然有必要定期使用杀孢子剂，这对消毒方案来说是一种审慎甚至必要的补充。但是，由于杀孢子剂多数为强氧化性产品，材料相容性较差，不建议高频率使用。

越来越多的文献和应用推荐的轮换方案是：选择一种常规使用的消毒剂（有效防控细菌、酵母菌和霉菌）日常使用，再配合一种杀孢子剂定期使用。这种轮换方式要远优于采用两种常规消毒剂（如酚类、醛类）的方法。

#### 3.1.4.3 物表消毒

物表消毒的对象是洁净区内的设备、厂房设施、人员手套等所有物体的表面，是日常进行的工作，也是洁净区微生物控制的基础和核心工作。它不仅是控制微生物污染的手段，也是发生污染或环境失控时的纠正措施。

物表消毒工作完全由人工完成，无法实现机械化，因而劳动强度高，依从度低，可重复性差；操作本身对环境的影响大。

从表 3-5 数据可看出人员动作释放粒子的情况。

表 3-5 人员动作释放粒子的情况

| 人员动作 | 0.3μm 颗粒数/min |
|---|---|
| 坐 | 100000 |
| 活动头部、胳膊、腿 | 500000 |
| 迈步 | 1000000 |
| 移动速度 2mile/h | 5000000 |
| 移动速度 5mile/h | 10000000 |

注：1mile（英里）=1.609km。

为了更好地完成消毒工作，需要强化以下几方面：
① 系统、完善、可实施的文件体系，如消毒方案、相关操作的 SOP 等；
② 系统、全面、高频率的培训，强化人员的依从性；
③ 优良的产品，包括消毒剂、清洁工具等。

**(1) 消毒剂的配制**

消毒剂的浓度对杀菌效果有直接影响，因此其浓度必须配制准确。配制时应做好个人防护，通常使用常温水配制，消毒剂应做到当天使用当天配制，避免消毒剂有效成分损失或被外界环境污染，如需存储应有书面文件明确可存放的时间，存放的容器应符合相应级别洁净区的要求。

**(2) 消毒操作**

洁净区内主要有两种物体表面（简称物表），一种是设备、台面等"小表面"，另一种是地面、墙面和天花板代表的"大表面"。通常人们在消毒时关注的是被消毒对象而忽视操作本身对环境的不利影响，如人员自身活动向环境中释放的微生物或粒子，因此操作时应避免剧烈动作，保持动作幅度平缓，同时应使用最少的人力最高效地完成。

小表面的消毒通常采用抹布擦拭（图 3-12）或喷洒的方法进行消毒，优先使用擦拭的方法，擦拭动作带有机械力，可以清除物表的污物和颗粒等。喷洒应用于难以接触的表面。擦拭时应注意：
① 抹布应折叠整齐且润湿后再进行擦拭；
② 抹布单向运动，擦拭痕迹之间保持约 20% 的重叠；
③ 除抹布外，操作人员其他身体部位避免接触到物表；
④ 擦拭后能在物表形成一层均匀的消毒剂薄膜，避免过量使用消毒剂；
⑤ 腔体结构的物表采取从上到下、从里到外的顺序进行消毒。

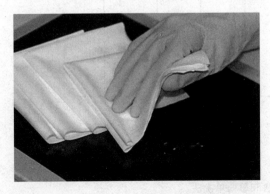

抹布使用要点：
① 一般对折两次以便于操作；
② 折叠后每一面擦拭一次；
③ 单向擦拭，从远离身体处擦向靠近身体处；
④ 擦拭路线长度约一臂；
⑤ 相邻擦拭痕迹约有 20% 重叠

图 3-12 抹布擦拭

大表面消毒采用拖布擦拭的方法进行消毒,为降低劳动强度,提高依从性并降低不同人员操作产生的差异性,可配合使用适当的工具。常见的两种绞拧器推车形式分别是两桶式和三桶式(参见图 3-13 和图 3-14)。

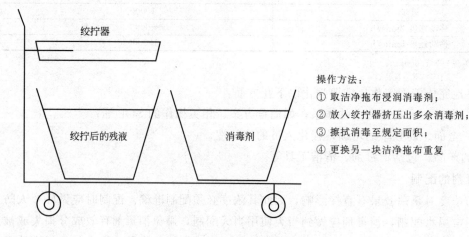

操作方法:
① 取洁净拖布浸润消毒剂;
② 放入绞拧器挤压出多余消毒剂;
③ 擦拭消毒至规定面积;
④ 更换另一块洁净拖布重复

图 3-13 两桶式推车

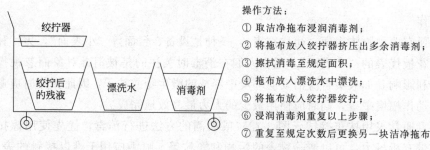

操作方法:
① 取洁净拖布浸润消毒剂;
② 将拖布放入绞拧器挤压出多余消毒剂;
③ 擦拭消毒至规定面积;
④ 拖布放入漂洗水中漂洗;
⑤ 将拖布放入绞拧器绞拧;
⑥ 浸润消毒剂重复以上步骤;
⑦ 重复至规定次数后更换另一块洁净拖布

图 3-14 三桶式推车

操作时应针对不同级别洁净区选择合适的方法,以避免交叉污染。SOP 中应明确消毒剂的用量、拖布的数量、每块拖布擦拭的面积以消除人员之间的操作差异。

使用拖布进行擦拭消毒可采用两种方法(见图 3-15),分别为"8"字法和单向单次法。

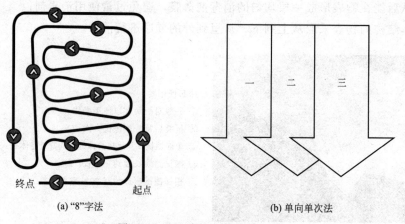

(a) "8"字法　　(b) 单向单次法

图 3-15 "8"字法和单向单次法

无论采用何种方法,拖布的运动方向都是单向的,不能往复推拉拖布;每块拖布的擦拭面积是固定的,要及时更换;根据规定的拖布擦拭面积分解被擦拭区域,准备足够数量的拖布。

为了更好地完成消毒工作,需要强化以下几方面:

a. 系统、完善、可实施的文件体系,如消毒方案、相关操作的 SOP 等;

b. 系统、全面、高频率的培训,强化人员的依从性;

c. 优良的产品,包括消毒剂、清洁工具等。

**(3) 消毒频率**

不同级别洁净区微生物控制水平不同,不同物表对消毒要求也不同。通常级别越高的洁净区消毒频率越高,风险越高的表面、与人员有接触的物表消毒频率越高,表 3-6 可供参考。

表 3-6  不同物表对消毒的要求

| 物表 | 洁净级别 | | | |
|---|---|---|---|---|
| | A/B 级 | B 级 | C 级 | D 级 |
| 垃圾桶 | N/A | D | D | D |
| 水池 | N/A | D | D | D |
| 灯开关/门把手 | D | D | D | D |
| 操作台面 | D | D | D | D |
| 层流设备内壁 | D | D | D | D |
| 托盘、柜子外表面 | N/A | D | W | W |
| 灭菌设备外表面 | D | D | W | W |
| 储罐外表面 | N/A | D | W | W |
| 地漏 | N/A | N/A | 3/W | 3/W |
| 地面 | D | D | 3/W | 3/W |
| 门 | D | D | W | W |
| 管道 | W | W | M | M |
| 墙面玻璃 | W | W | H/Y | H/Y |
| 照明灯 | M | M | H/Y | H/Y |
| 天棚 | M | M | H/Y | H/Y |

注:表中 D 代表每天一次;W 代表每周一次;M 代表每月一次;H/Y 代表半年一次;3/W 代表每周三次;N/A 代表不适用。

**(4) 物表消毒注意事项**

① 污染严重的物表在消毒前应先清洁(见图 3-16);

图 3-16  污染严重的物表

② 注意清洁剂与消毒剂、消毒剂与消毒剂之间的反应，如季铵盐类、胺类消毒剂是阳离子型表面活性剂，故在选用清洁剂时避免使用阴离子型表面活性剂；醛类消毒剂会与胺类或次氯酸类消毒剂发生变色反应。

③ 注意材料相容性，如常用的醇类消毒剂应避免长期用于有机玻璃表面，容易使有机玻璃溶胀，产生裂纹。

④ 定期清洁消毒剂残留。用于地面、墙面、天花板消毒的消毒剂通常是季铵盐类、胺类、酚类等有残留的消毒剂，需要定期清除其残留，清除频率视其残留情况而定（残留量与消毒剂的种类和用量相关）。

#### 3.1.4.4 空间消毒

**(1) 空间消毒方式**

空间消毒是采用不同方式，将消毒介质分布于空气中，在一定温度、湿度和试剂浓度的情况下，作用于物体表面从而使表面微生物下降至一定水平（一般来说为 3～6 个对数值）的表面消毒方式。

① 甲醛熏蒸　甲醛是一种无色、有强烈刺激性气味的气体，易溶于水、醇和醚。甲醛中含有的碳氧双键能够与蛋白质发生化学反应，导致其失活，从而起到杀灭微生物的作用。由于甲醛在低浓度下也有消毒作用，且扩散性好，因此甲醛熏蒸消毒长期以来一直是我国制药企业广泛采用的车间消毒方法。

甲醛熏蒸时需要一定的温度和相对湿度，通常要求温度在 24～40℃，相对湿度在 65% 以上，因此为保证消毒效果，必要时需要对车间进行加湿。甲醛熏蒸时可以采用电炉将甲醛溶液加热蒸发（一般采用高锰酸钾为催化剂），也可以采用甲醛发生器，以提升操作便利性，每立方米需甲醛溶液约 10mL（36% 质量浓度）才能达到有效的（>3 个对数值）芽孢杀灭效果。当所需的甲醛完全蒸发后，应保持车间密闭 12h，随后开启通风系统置换甲醛蒸气，最少需要通风 24h。

虽然甲醛杀菌能力很强，但其对人体的危害很大，世界卫生组织国际癌症研究机构于 2004 年将甲醛上升为第一类致癌物质。因此，一些新技术，如过氧化氢正在逐步取代甲醛熏蒸，更好地保护人员和环境。

② 臭氧熏蒸　臭氧是天蓝色腥臭味气体，是一种强氧化剂。臭氧在常温、常压下分子结构不稳定，很快自行分解成氧气和单个氧原子；后者具有很强的活性，对细菌有极强的氧化作用，臭氧氧化分解了细菌内部氧化葡萄糖所必需的酶，且臭氧能破坏细菌的细胞膜，将它杀死，多余的氧原子则会自行重新结合成为普通氧分子，不存在任何有毒残留物。这种杀菌具有广谱性，可杀灭细菌、霉菌、芽孢和病毒。

从环境控制的角度来说，臭氧熏蒸的作用是通过中央空调净化系统对制药厂洁净区进行熏蒸消毒。将臭氧发生器直接放在空调净化系统的风道中，称为内置式臭氧发生器。臭氧随着通风管道送入各洁净区，实现对洁净区的消毒，剩余臭氧吸入回风口，由中央空调带走。也可以将臭氧发生器放在中央空调风口的外面，将臭氧打入中央空调的风道中，然后送入各洁净室，称为外置式臭氧发生器。外置式臭氧发生器安装检修方便，但制造成本要高一点。两种方法消毒效果都是一样的。通常对空气消毒的臭氧浓度是 $5\mu g/mL$，但事实上，洁净区的消毒不仅是对空气的消毒，实际上还包括了对物体表面的消毒，因此臭氧的浓度应大于 $10\mu g/mL$。

臭氧熏蒸特别适合大空间洁净室熏蒸消毒，例如 C/D 级洁净区日常环境的维护。但由于臭氧熏蒸的效力较弱，无法达到高水平的芽孢杀灭效果，一般只作为常规环境维护手段，且臭氧对橡胶制品有较强的腐蚀性，容易造成密封件和管路老化，应注意及时更换。

③ 二氧化氯熏蒸　二氧化氯常温下是黄绿色或橘红色气体，二氧化氯蒸气在外观和味道上酷似氯气，有窒息性臭味；二氧化氯杀菌作用机理是氧化反应，而不同于氯制剂的取代反应，其杀菌能力是氯气的 5 倍，是次氯酸钠的 50 倍以上，它可以有效杀灭细菌繁殖体、分枝杆菌、病毒、芽孢等。在使用二氧化氯对洁净区进行熏蒸时，需将相对湿度控制在 65% 以上至少 30min，二氧化氯浓度需达到 500μg/mL 以上。

尽管二氧化氯熏蒸有很多优点，但在我国制药行业的应用非常少见。主要原因如下：

a. 二氧化氯不稳定，受热或遇光易分解成氧和氯，易引起爆炸；

b. 二氧化氯气体浓度在空气中大于 10%（体积分数）时，易发生低水平爆炸；

c. 难以压缩和储存二氧化氯气体，只能现场制备，安全隐患高。

④ 过氧化氢熏蒸　为应对上文提到的几种熏蒸方式的不足，一些新的洁净室空间消毒技术不断发展起来。目前使用较多的是以过氧化氢和过氧乙酸为熏蒸试剂进行空间消毒，这两种消毒介质对人员和环境更友好。但不同的试剂采用的熏蒸技术路线亦有差别。

a. 闪蒸法　该方法使用的消毒介质是高浓度过氧化氢溶液（通常 30%～35% 浓度）。该方法是将过氧化氢溶液滴到一块加热过的闪蒸板上（>100℃），少量的过氧化氢溶液在吸收大量热后会汽化成过氧化氢蒸汽分布于环境中，随着过氧化氢蒸汽浓度不断提升，从而实现对微生物的杀灭。这种方法杀菌快速，但高浓度过氧化氢溶液具有很高的氧化性，因此容易出现材料相容性问题。该方法目前更多地用于密闭不锈钢腔体（传递舱、隔离器等）的消毒灭菌（微生物下降 6 个对数值）。

b. 压缩空气干雾法　该方法使用的消毒介质是过氧乙酸溶液。该方法以压缩空气为动力，将消毒介质通过极小的喷嘴喷射到环境中，其原理与人工使用手动喷壶喷洒消毒液相同。这种设备结构简单，成本相对较低。这种喷嘴产生的"干雾"粒径仍较大，因此"干雾"受到重力影响较大，影响其扩散效果，导致消毒效果不稳定。

c. 冷蒸发法　该方法使用的介质多数是低浓度过氧乙酸溶液，也有些设备供应商可以使用低浓度过氧化氢溶液（10% 左右）。该方法不需加热，通过高速风机提供的强劲风力，将消毒介质剪切喷射到环境中。这种方法的核心在于能否将消毒介质剪切为足够小的液体，提高扩散性，以达到稳定高效的微生物杀灭效果（微生物下降 6 个对数值）。该方式用的消毒介质浓度较低，因而具有相对较好的材料相容性。

#### 3.1.4.5　空间消毒循环开发

考察过氧化氢/过氧乙酸空间消毒效果是一项非常依赖经验的过程，通常需要进行循环开发。循环开发是通过使用化学指示剂（CI）和生物指示剂（BI）考察消毒过程和消毒效果，以确保开发出最优的消毒条件和相关参数。

除了使用设备自身的因素（例如产生的粒子粒径足够小、良好的设备能将消毒介质粒径控制在 1μm 以下）外，影响消毒效果的因素主要如下所述。

**(1) 空间结构和负载**

这直接关系到发生器的数量和摆放位置，要保证消毒介质有良好的扩散性，避免过度堆积。

**(2) 环境温度和湿度**

消毒前应考察环境温度和物表温度，避免物表有过冷或过热点；起始的相对湿度对消毒效果的影响更大，这些消毒介质中都含有大量水，其自身分解也会产生水，随着消毒介质不断被投送到环境中，相对湿度会不断提升，若初始湿度过高，容易出现冷凝现象。

**(3) 空间的密封性**

消毒前应关闭被消毒区域的空调系统，对人员通道、物流通道、鼠洞等进行必要密封，避免消毒介质逸散而无法达到消毒浓度。跨区域的隧道烘箱出口的密封如图 3-17 所示。

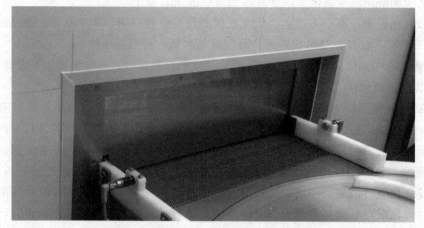

图 3-17 跨区域的隧道烘箱出口挡板应落下（无挡板时应使用胶带密封）

**(4) 特殊敏感性材料**

所使用的消毒介质都具有氧化性（浓度不同氧化性会不同），应考虑到特殊敏感材料的耐受性，为追求高的微生物下降对数值而不顾对材料的影响（特别是要长期使用的情况下）是不负责任的。在实际操作中发现，彩钢板是应特别注意的材质，应选择优质彩钢板，同时平衡好杀菌效果和材料的耐受性，避免出现腐蚀（见图 3-18）。

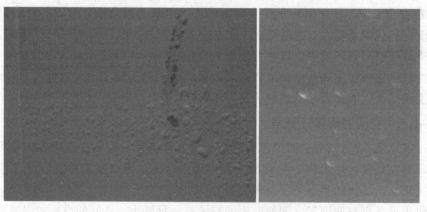

图 3-18 彩钢板被腐蚀起泡

化学指示剂（CI）的显色涂层在接触到过氧化氢后会变色，通过观察其变色情况来分析过氧化氢的扩散。化学指示剂变色快速直接，熏蒸后即可对气体扩散进行分析并进行必要的改进，无须等待生物指示剂的培养结果（见图 3-19）。

当确认消毒介质的扩散效果后，则需要用生物指示剂（BI）来考察消毒效果。BI 通常是一片载有一定数量微生物的不锈钢片（见图 3-20），外面被包裹一层特卫强®材质的半透膜，该半透膜具有透气隔菌的效果。

（蓝紫色）

（粉色）

图 3-19　CI 变色（蓝紫色→粉色）

图 3-20　载有一定数量微生物的不锈钢片

作为 BI 使用的菌种是嗜热脂肪芽孢杆菌，这是目前公认最耐受过氧化氢消毒的微生物，其最高载量可达 $10^6$ 以上。消毒时将 BI 放置在被消毒区域的各个位置，消毒后取出，将载片投入 TSB 液体培养基内进行培养（56℃，7 天），所有 BI 培养结果都是阴性则表明消毒效果合格（见图 3-21 和图 3-22）。

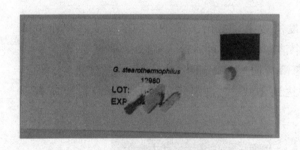

图 3-21　生物指示剂
（嗜热脂肪芽孢杆菌 ATCC12980）

图 3-22　生物指示剂培养后

BI 布点的主要依据：空间结构、消毒介质扩散难点、人员活动频繁区域、生产工作的核心区域及环境监测的历史数据。

### 3.1.4.6　空间消毒实例介绍

**(1) 管道式过氧化氢空间消毒系统**

该系统由大功率过氧化氢发生器、除湿系统、过氧化氢蒸汽输送管道和控制单元组成，该发生器通常采用闪蒸方式产生过氧化氢蒸汽，然后通过管道（一般为洁净区送风管道）将过氧化氢蒸汽输送到各个独立的空调控制区域，实现对该区域的消毒（见图 3-23）。

该系统的控制单元可与 BMS 系统集成，实现自动运行，节省人力和操作时间，同时一台发生器可通过管道连接多个洁净区，使用方便。

该系统对熏蒸时温湿度要求较高，相对湿度最好能低于 30%，以避免可能出现的冷凝，

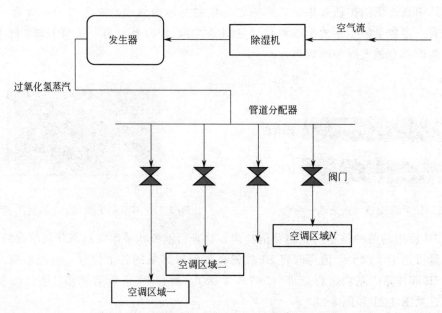

图 3-23 管道式过氧化氢空间消毒系统示意图

因此通常需要除湿后进行熏蒸;对于可能的冷点(如送风的空调管路),必要条件下需进行保温或加温处理。由于过氧化氢会降解,故其输送距离是有限制的,同时 HAVC 系统会介入熏蒸过程,提高了循环开发的难度。

**(2) 移动式过氧化氢空间消毒设备**

该类设备多采用压缩空气干雾法或冷蒸发法技术,适用于单个房间的空间过氧化氢消毒,或通过多台设备结合使用,以达到对整个洁净区的空间消毒(见图 3-24)。消毒时,一般将设备放置在房间内合适的位置,过氧化氢溶液通过雾化喷头喷出,生成超细微粒,均匀分散,进入气相直到饱和点,即相对饱和度达到 100%,过氧化氢微凝结薄膜覆盖所有表面,从而达到净化、杀菌的目的。

图 3-24 采用移动式汽化过氧化氢(VHP)发生器对洁净室进行空间消毒

该消毒方式对空间湿度要求较低,一般洁净室湿度范围均可满足,故灭菌前无需对洁净室进行除湿,消毒周期较短。

**(3) 消毒程序小结**

物表消毒和空间消毒都是洁净区微生物防控的手段,物表消毒是日常性工作,也是实现良好微生物防控的基础,良好的物表消毒不但可以降低污染风险,也可以降低空间消毒的频率。空间消毒是物表消毒的有益补充,特别是应对一些特殊情况,例如新厂房投入使用前、停产后复工等。但过分依赖空间消毒而忽视物表消毒工作的认识和做法是不可取的,微生物具有快速繁殖的特性,空间消毒的间隔期会成为污染暴发的高风险阶段。

### 3.1.4.7 基础文件体系

与消毒工作相关的基础文件主要包括消毒方案和消毒操作的 SOP。

**(1) 消毒方案**

消毒方案是洁净区消毒的总览性文件,主要包括以下内容。

① 明确方案适用的洁净区级别:不同级别的洁净区对微生物控制水平要求不同,不能一概而论。

② 消毒对象:即洁净区内需要消毒的物表,不能有遗漏。同时,有些物表会有特殊的要求,例如与产品接触的表面需要评估消毒剂和清洁剂的残留,因而在实际应用时一般使用异丙醇或复合乙醇这些可挥发的醇类消毒剂。

③ 消毒频率:不同物表消毒频率不同。关于消毒频率的确定有两种方式。一种是基于经验的环境监测数据的方式,这种方法本质上是回顾性和被动的,在决定是否要降低消毒频率时可参考环境监测数据;另一种是基于风险评估的方式,这种方式除了考察环境监测数据外,还要考虑产品暴露在环境和人员中的风险,以及该区域进行生产活动的类别,主要涵盖以下原则:

a. 消毒频率应与产品污染和交叉污染的风险相适应,如开放工艺还是密闭工艺、人员暴露的可能性等;

b. 无菌产品生产的洁净区要高于其他级别区域;

c. 每次更换产品时应进行清洁和消毒;

d. 微生物易侵入区域/表面和利于微生物生长的表面的消毒频率要高于其他区域/表面,如更衣气闸、门和地面;

e. 老旧厂房和厂房设计上难以消毒的"死角"的消毒频率要提高。

④ 操作方法:物表消毒通常采用工具擦拭或直接喷洒消毒剂的方式。

⑤ 消毒产品:包括产品名称、使用浓度和接触时间。

⑥ 操作者:即具体进行消毒操作的人员。

**(2) 消毒操作的 SOP**

消毒操作的 SOP 主要包括如下内容。

① 目的:明确 SOP 指定的目的。

② 适用区域:同消毒方案一样,每个区域应有专属 SOP。

③ 责任:明确相关人员责任。

④ 安全:化学消毒剂或多或少对人体都有刺激,应遵循供应商建议做好个人防护并了解急救措施。

⑤ 消毒剂：产品名称、配制方法、使用浓度、接触时间。
⑥ 设备/织物：标明需配套使用的清洁工具。
⑦ 准备工作：如何准备消毒剂和相应的工具。
⑧ 操作/技术：具体操作方法。
⑨ 后续工作：废弃消毒剂和清洁工具的处理文件、消毒操作记录文件。

#### 3.1.4.8 记录及标识

**(1) 记录**

① 根据中国 GMP（2010 年修订）第一百五十九条，与本规范有关的每项活动均应当有记录，以保证产品生产、质量控制和质量保证等活动可以追溯。记录应当留有填写数据的足够空格。记录应当及时填写，内容真实，字迹清晰，易读，不宜擦除。

② 厂房清洁应填写相关记录，记录内容包括但不限于清洁日期、清洁房间、清洁项目、清洁人员、产品名称、产品批号、所使用清洁剂、所使用消毒剂等。

③ 洁净区清洁消毒记录示例见表 3-7。

表 3-7 洁净区清洁消毒记录

| 产品名称 | | 产品批号 | |
|---|---|---|---|
| 清场房间 | | 清场日期 | 年　月　日至　月　日 |
| | | 清场时间 | ___时___分～___时___分<br>___时___分～___时___分 |
| 使用清洁剂 | 纯化水□ | 注射用水□ | ＊＊□ |
| 使用消毒剂 | 75%乙醇□ | 新洁尔灭□ | ＊＊□ |
| 清洁工具 | 丝光毛巾□ | 拖把□ | ＊＊□ |
| 清洁对象 | | 清洁标准 | |
| □天花板 □灯具 □墙面 □窗 □门 | | □表面洁净，无灰尘、无水渍、无异物<br>□已消毒，表面消毒剂已全部清除 | |
| □风口 | | □表面洁净，无灰尘、无水渍、无异物<br>□已消毒，表面消毒剂已全部清除 | |
| □洗手池 □水池 | | □水池（洗手池）内废物已清理干净<br>□表面洁净，无灰尘、无水渍、无异物<br>□已消毒，表面消毒剂已全部清除 | |
| □地漏<br>消毒剂　75%乙醇□<br>新洁尔灭□<br>＊＊□<br>依据实际情况填写 | | □地漏内废物已清理干净<br>□外盖、多孔盖及环形凹槽已清洁消毒<br>□地漏已用消毒剂液封（没过环形凹槽） | |
| 依据《洁净区清洁标准程序》进行清洁 | | | |
| 操作人/日期 | | 检查人/日期 | |
| 备注： | | | |

**(2) 标识**

厂房清洁消毒前、清洁消毒后均应悬挂相应的状态标识，以确认房间清洁状态，确认房间可以投入使用。

清洁状态标识主要包括待清场和已清场。不同状态标识也要进行颜色区分（颜色没有明确要求，以下标识颜色可供参考）。

① 待清场（黄色）：表明该房间尚未进行清洁，内容包括房间名称、房间编号、产品名称、产品批号、生产日期、操作人/复核人。

② 已清场（绿色）：表明该房间已清洁完毕，内容包括房间名称、房间编号、产品名称、产品批号、清洁日期、清洁有效期至、操作人/复核人。

标识图例分别见图3-25（a）和（b）。

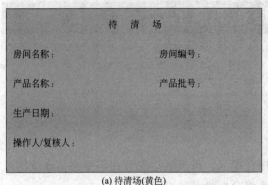

图3-25 待清场和已清场标识

## 3.1.5 地漏的清洁和消毒

**（1）简介**

地漏是连接排水管道系统与室内地面的重要接口，作为排水系统的重要部件，它的性能好坏直接影响室内空气的质量。

**（2）清洁**

从卫生学角度来说，废水处理很关键。洁净区必须避免污水阻塞或回流。地漏是车间与接排水管道系统的重要接口，作为车间排水系统的重要部件。尽管排水管道直径足够大，地漏太小也会导致阻塞。这也意味着必须有充足数量和足够大的地漏。地漏需满足以下基本要求：

① 整体采用不锈钢304（316、316L）材质制作，表面平整光洁。

② 面盖采用暗门式拉手，确保与整体地面的协调与平整。

③ 洁净地漏采用双重密封（气封和水封相互结合），确保其密封性。

④ 要求地漏材质不易腐蚀，内表面光洁，易于清洗，有密封盖，并应耐消毒灭菌。

⑤ 排水流量能够满足工艺要求。

停滞的、污染过的水或排水管道的空气倒灌入洁净区，会对洁净区环境造成污染，因此基于预防污染的考虑，地漏应该有足够的体积并且直接通向下水道的地方应该设置防倒吸装置。地漏仅限于C级和D级区域，地漏应有盖子，如有可能，应仅在使用时打开，随后重新盖上，因为其管道内表面不能保证被抗菌化学试剂完全湿润。相反，通常会在地漏下水管道内表面形成生物膜，制止了消毒剂的通过并与地漏表面接触。对于地漏的可见的外表面，可以用次氯酸钠、过氧乙酸和过氧化氢降低生物负荷，但这种生物负荷会在短时间内重新复原。常规钟罩式或扣碗式地漏已经被舍弃，应关注新型地漏的应用；对于常规钟罩式或扣碗式地漏在灌封消毒之前，需要对地漏进行必要的清扫，去除残渣；打开地漏，经常被人质疑会导致洁净室内外贯通，污染洁净室；应注意有效水封的高度不低于50mm。

洁净区地漏的清洁流程：各工序清场应避免过多积水，操作人员应及时将污水用拖把导入地漏，并清除可见固体物，以防堵塞地漏，然后每天用清水和工具洗刷地漏，用消毒液消毒、液封。液封的目的是防止滋生细菌。液封液体一般为消毒液，并随消毒剂交替使用来周期性地更换消毒液种类，防止产生消毒液耐药性。

# 3.2 洁净设备的清洁

## 3.2.1 设备介绍

### 3.2.1.1 层流罩

**(1) 简介**

层流罩是一种可提供局部洁净环境的空气净化单元，可灵活地安装在需要高洁净度的工艺点上方，洁净层流罩可以单个使用，也可多个组合成带状洁净区域。

**(2) 工作原理**

将空气以一定的风速通过高效过滤器后，形成均流层，使洁净空气呈垂直单向流，从而保证了工作区内达到工艺要求的高洁净度。

**(3) 结构组成**

层流罩主要由箱体、风机、空气过滤器、阻尼层、灯具等组成（见图 3-26 和图 3-27）。

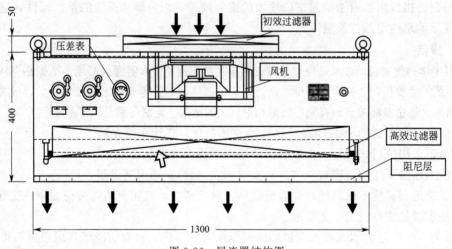

图 3-26 层流罩结构图

**(4) 用途**

层流罩可用于电子、生物、医药、食品、精密仪器等行业的无尘无菌操作环境，提供局部高洁净度工作环境。在制药厂房中主要用于洁净工作服整理、无菌制剂分装等。

### 3.2.1.2 负压称量罩

**(1) 简介**

负压称量罩是一种制药、微生物研究和科学实验等场所专用的局部净化设备，它提供一

图 3-27　层流罩实物图

种垂直单向气流，部分洁净空气在工作区循环，部分排出至附近区域，使工作区内产生负压，防止交叉污染，用于保证工作区的高洁净度环境。

**(2) 工作原理**

负压称量罩采用垂直单向流的气流形式，回风先要通过初效过滤器进行预过滤，将气流中的大颗粒粉尘粒子处理掉，经过预处理后的空气，再经过中效过滤器进行二次过滤，以起到充分保护高效过滤器的作用。在离心风机提供的压力下，通过高效过滤器，使之达到洁净要求。洁净气流被送至送风箱体内，90%通过均流送风网板，形成均匀的垂直送风气流，10%则通过风量调节板，排出设备。所有气流均经过高效过滤器处理，所以送风、排风均不带残余粉尘，避免了二次污染。由于在工作区域形成稳定的单向流，在此区域中散发的粉尘，会在单向气流的影响下，随着气流而被初、中效过滤器所捕集。设备带有10%的排风，从而形成相对于外部环境的负压，从一定程度上保证了此区域内的粉尘不会扩散至室外，起到保护外部环境的作用。

**(3) 结构组成**

负压称量罩由工作区、回风箱体、风机箱体、出风箱体及外箱体组成（见图 3-28 和图 3-29）。

**(4) 用途**

负压称量罩用于原辅料称量、干燥物料或产品取样等操作。

### 3.2.1.3　洁净工作台（超净工作台）

**(1) 简介**

洁净工作台是一种适用于生命科学实验，可提供洁净等级 ISO 等级 5（100 级）或者更高等级的局部操作环境的箱式空气净化设备。

**(2) 工作原理**

在特定的空间内，室内空气经预过滤器初滤，由小型离心风机压入静压箱，再经空气高效过滤器二级过滤，从空气高效过滤器出风面吹出的洁净气流具有一定的和均匀的断面风速，可以排除工作区原来的空气，将尘埃颗粒和生物颗粒带走，以形成无菌的高洁净度的工作环境。

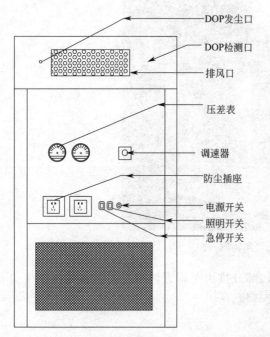
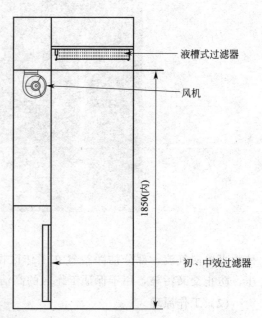

图 3-28　负压称量罩结构图

图 3-29　负压称量罩实物图

**(3) 结构组成**

洁净工作台由柜体、风机、高效过滤器、脚轮、照明灯、紫外线杀菌灯及控制系统组成。

**(4) 分类**

① 按照气流流型分类

a. 垂直单向流洁净工作台（见图 3-30 和图 3-31）；

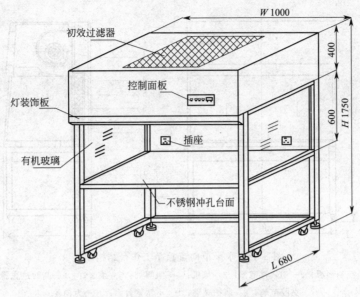

图 3-30　单面操作垂直单向流超净工作台结构图

图 3-31　单面操作垂直单向流超净工作台实物图

b. 水平单向流洁净工作台（见图 3-32 和图 3-33）。

垂直单向流工作台由于风机在顶部，所以噪声较大，但是风垂直吹，多用在制药工程中，这样能保证人的身体健康；水平单向流工作台噪声比较小，风向往外吹，所以多用在电子行业，对身体健康影响不大。

② 按照操作方式分类

洁净工作台可分为单面操作洁净工作台和双面操作洁净工作台两类。

**(5) 用途**

洁净工作台是一种提供局部无尘无菌工作环境的单向流型空气净化设备。适用于医药卫

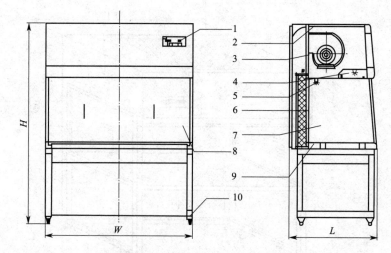

图 3-32 水平单向流超净工作台结构图

1—控制面板；2—初效过滤器；3—风机；4—照明灯；5—杀菌灯；6—高效过滤器；
7—夹胶玻璃；8—防护玻璃；9—不锈钢台面；10—万向轮

图 3-33 水平单向流超净工作台实物图

生、生物制药、食品、医学科学实验、光学、电子、无菌室实验、无菌微生物检验、植物组培接种等需要局部洁净无菌工作环境的科研和生产部门。在制药厂房中主要应用于无菌微生物检验、细菌内毒素检测、PCR 实验等。

#### 3.2.1.4 生物安全柜

**(1) 简介**

生物安全柜是能防止实验操作处理过程中某些含有危险性或未知性生物微粒发生气溶胶散逸的箱型空气净化负压安全装置。

**(2) 工作原理**

主要是将柜内空气向外抽吸，使柜内保持负压状态，通过垂直气流来保护工作人员；外界空气经高效空气过滤器（high-efficiency particulate air filter，HEPA 过滤器）过滤后进入安全柜内，以避免处理样品被污染；柜内的空气也需经过 HEPA 过滤器过滤后再排放到大气中，以保护环境。

**(3) 结构组成**

生物安全柜由柜体、风机、高效过滤器、脚轮、照明灯、紫外线杀菌灯及控制系统组成。

**(4) 分级**

生物安全柜可分为Ⅰ级生物安全柜、Ⅱ级生物安全柜和Ⅲ级生物安全柜。

① Ⅰ级生物安全柜：房间空气从前面的开口以 0.38m/s 的低速率进入安全柜，空气经过工作台表面，并经排风管排出安全柜。定向流动的空气可以将工作台面上可能形成的气溶胶迅速带离实验室工作人员而被送入排风管内。操作者的双臂可以从前面的开口伸到安全柜内的工作台面上，并可以通过玻璃窗观察工作台面的情况。安全柜的玻璃窗还能完全抬起来，以便清洁工作台面或进行其他处理（见图 3-34）。

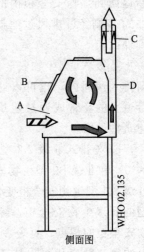

图 3-34 Ⅰ级生物安全柜原理图
A—前开口；B—窗口；C—排风 HEPA 过滤器；D—压力排风系统

安全柜内的空气可以通过 HEPA 过滤器按下列方式排除：排到实验室中，然后再通过实验室排风系统排到建筑物外面；通过建筑物的排风系统排到建筑物外面；直接排到建筑物外面。HEPA 过滤器可以安装在生物安全柜的压力排风系统中，也可以装在建筑物的排风系统中。有些Ⅰ级生物安全柜装有一体式排风扇，而其他的则是借助建筑物排风系统的排风扇。

② Ⅱ级生物安全柜：它有四种不同的类型，分别为 A1、A2、B1 和 B2 型。

a. Ⅱ级 A1 型生物安全柜（见图 3-35）。内置风机将房间空气（供给空气）经前面的开口引入安全柜内，并进入前面的进风格栅。在正面开口处的空气流入速度至少应达到 0.38m/s。然后，供气先通过供风 HEPA 过滤器，再向下流动通过工作台面。空气在向下流动到距工作台面 6～18cm 处分开，其中的一半会通过前面的排风格栅，而另一半则通过后面的排风格栅排出。所有在工作台面形成的气溶胶立刻被这样向下的气流带走，并经两组排风格栅排出，从而为实验对象提供最好的保护。气流接着通过后面的压力通风系统到达位于安全柜顶部、介于供风和排风过滤器之间的空间。由于过滤器大小不同，

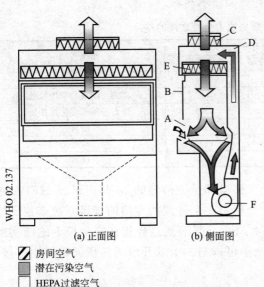

图 3-35 Ⅱ级 A1 型生物安全柜原理图
A—前开口；B—窗口；C—排风 HEPA 过滤器；D—后面的压力排风系统；E—供风 HEPA 过滤器；F—风机

大约70%的空气将经过供风HEPA过滤器重新返回到生物安全柜内的操作区域，而剩余的30%则经过排风过滤器进入房间内或被排到外面。

Ⅱ级A1型生物安全柜排出的空气可以重新排入房间内，也可以通过连接到专用通风管道上的套管或通过建筑物的排风系统排到建筑物外面。

b. 外排式Ⅱ级A2型、Ⅱ级B1型（见图3-36）和Ⅱ级B2型生物安全柜。它们都是由Ⅱ级A1型生物安全柜变化而来，这些不同类型的Ⅱ级生物安全柜，综合了Ⅰ级和Ⅲ级生物安全柜的特点，见表3-8。生物安全柜设计上的每一种变化可以使不同的类型适用于特定的目的。这些生物安全柜相互间有一定的差异，包括从前面的开口吸入空气的速度、在工作台面上再循环空气的量以及从安全柜中排除空气的量、安全柜的排风系统（是通过专门的排风系统，还是通过建筑物的排风系统？是排到房间内还是排到建筑物的外面？）以及压力装置（安全柜是负压状态下的生物学污染管道和压力通风系统，还是有负压管道和压力通风系统所包围的生物学污染管道和压力通风系统？）。

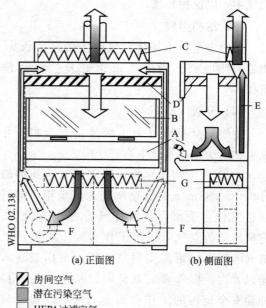

图3-36 Ⅱ级B1型生物安全柜原理图
A—前开口；B—窗口；C—排风HEPA过滤器；
D—供风HEPA过滤器；E—负压压力排风系统；
F—风机；G—送风HEPA过滤器

表3-8 Ⅰ级、Ⅱ级以及Ⅲ级生物安全柜之间的差异

| 生物安全柜 | 正面气流速度/(m/s) | 气流百分数/% 重新循环部分 | 气流百分数/% 排除部分 | 排风系统 |
| --- | --- | --- | --- | --- |
| Ⅰ级 | 0.38 | 0 | 100 | 硬管 |
| Ⅱ级A1型 | 0.38～0.51 | 70 | 30 | 排到房间或套管连接处 |
| 外排式Ⅱ级A2型 | 0.51 | 70 | 30 | 排到房间或套管连接处 |
| Ⅱ级B1型 | 0.51 | 30 | 70 | 硬管 |
| Ⅱ级B2型 | 0.51 | 0 | 100 | 硬管 |
| Ⅲ级 | NA | 0 | 100 | 硬管 |

③ Ⅲ级生物安全柜（见图3-37）。它的所有接口都是"密封的"，其送风经HEPA过滤，排风经过两个HEPA过滤器。Ⅲ级生物安全柜由一个外置的专门的排风系统来控制气流，使安全柜内部始终处于负压状态（大约124.5Pa）。只有通过连接在安全柜上的结实的橡胶手套，手才能伸到工作台面。Ⅲ级生物安全柜可以与一个双开门的高压灭菌器相连接，并用它来清除进出安全柜的所有物品的污染。

（5）用途

① Ⅰ级生物安全柜用于对人员和环境保护，不提供产品保护。

② Ⅱ级生物安全柜依赖气流形成的部分屏障系统提供人员、环境和产品保护。它可为细胞培养繁殖提供必要的无菌工作环境，也可用于制备非挥发性抗肿瘤药物或化学治疗药物。

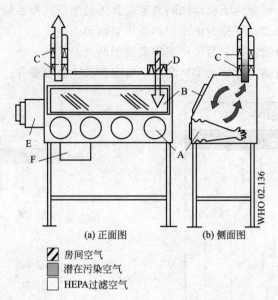

图 3-37 Ⅲ级生物安全柜（手套箱）示意图（注：安全柜需要有与独立的建筑物排风系统相连接的排风接口）
A—用于连接等臂长手套的舱孔；B—窗口；C—两个排风 HEPA 过滤器；D—送风 HEPA 过滤器；
E—双开门高压灭菌器或传递箱；F—化学浸泡槽

③ Ⅲ级生物安全柜专为高度传染性微生物媒介和其他危险操作设计，可为环境和工作人员提供最大的保护。

### 3.2.1.5 无菌隔离系统

**(1) 简介**

无菌隔离系统是完全密封的，它用于将药品、生物制品控制，并处理成无菌状态，从而将整个流程与可能的污染源彻底分开。

**(2) 工作原理**

将无菌的产品（容器、产品、封闭物）放入一个无菌环境，由于没有操作人员进入无菌隔离器，也没有非无菌物品带入无菌隔离器，这些物品在整个加工过程中能始终保持无菌。无菌隔离器是一个屏障，能将无菌产品与操作人员和外界环境相隔离，阻止产品与外界进行交换。无菌隔离器除通过物理密封阻隔外部污染物的进入外，还采用内室正压的方法达到有效密封的目的。

操作人员通过戴手套、穿防护服对物品进行熟练的操作。所有进入无菌隔离器的空气均通过空气预过滤系统和高效空气过滤器过滤。排出空气的典型出口是通过一个 HEPA 过滤器过滤。

**(3) 结构组成**

无菌隔离系统由密闭性舱体、灭菌系统、集成控制单元、进出风系统、空气过滤单元组成。

**(4) 分类**

无菌隔离系统可分为隔离器、开放式限制进出屏障系统（oRABS）（见图 3-38）和封闭式限制进出屏障系统（cRABS）（见图 3-39）。

① 根据屏护材质分类：可分为硬舱体型和软舱体型两类。

② 根据用途分类：可分为无菌检测隔离系统和无菌生产隔离系统两类。
③ 根据压力控制分类：可分为正压型和负压型两类。
④ 根据气流模式分类：可分为层流型和紊流型两类。
⑤ 根据操作模式分类：可分为手套型、半身服型及全身服型等。

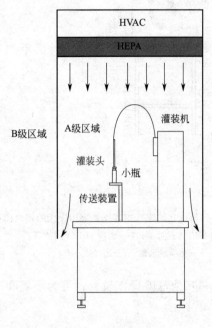

图 3-38　oRABS 结构图

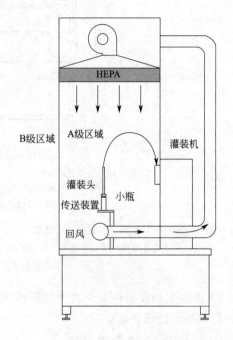

图 3-39　cRABS 结构图

**(5) 用途**

无菌隔离系统可用于无菌产品、有毒产品的生产。

### 3.2.2　清洁程序

**(1) 层流罩、负压称量罩及超净工作台的清洁方法**

① 主要以潮湿擦拭为主，不得用水冲洗，以免损坏设备电气元件，可用清洁布蘸取清洁剂进行擦拭清洁。
② 清洁顺序由设备内部从上到下，从里到外进行。
③ 先清洁设备内表面，再清洁外表面。
④ 定期清洁设备软帘，可使用擦布擦拭清洁，也可以将软帘拆下冲洗。

**(2) 生物安全柜的清洁方法**

① 微生物去污：当维护工作、过滤器更换和性能测试需要接触机柜任何被污染的部分时，必须进行空间去污。在进行认证测试之前和进行气体净化之前，所有工作表面和暴露的表面都应用合适的表面消毒剂进行去污。此外，如果生物安全柜中有指定为生物安全等级Ⅱ级的制剂，在进行认证测试之前，需要对整个机柜进行气体净化。如果机柜里有指定为生物安全等级Ⅲ级的制剂，也建议这样做。应由生物安全官员或合格的安全专业人员对可能受到生物制剂污染的机柜进行合格的安全和风险评估。在将生物安全柜移至另一地点之前，应进

行适当的去污（空间和/或表面）。此外，在研发制剂泄漏和飞溅后，受污染的表面应适当去污。

② 机柜去污：在机柜退役和回收前，在实际移动机柜前，以及在维护工作、过滤器更换或性能测试需要接触机柜任何受污染部分时，必须对生物安全柜进行去污。

③ 生物去污：表面去污可用二氧化氯或甲醛净化工作表面。用清水冲洗工作表面，然后擦干。使用甲醛气体或可接受的替代空间净化程序对 HEPA 过滤器和柜体内部空间进行净化。移除并丢弃所有 HEPA 过滤器和预过滤器。用清水冲洗工作表面并擦干。

④ 化学、放射性、石油或重金属去污：使用适当的消毒剂和/或清洁剂清洗可接触的工作表面。如果可能存在生物制剂，使用甲醛气体或可接受的替代空间去污程序。用清水冲洗工作表面并擦干，移除并丢弃所有 HEPA 过滤器和任何预过滤器。

**(3) 无菌隔离器的清洁方法**

无菌隔离器的清洁：通常使用不脱落纤维的抹布以酒精或者异丙醇润湿后进行擦拭。清洁的顺序是从高到低，从相对清洁的区域到相对脏的区域，从干燥的区域到湿的区域。每次擦拭使用抹布的清洁面，擦拭的路径有一定重叠。不能以圆周方式进行清洁。

无菌隔离器手套除了要进行完整性测试外，还要对手套进行清洁和消毒。可以将抹布用消毒剂润湿后对手套表面进行擦拭，从手的部分向袖套部分的方向擦拭，使用手套时也可用消毒剂喷洒在手掌，然后搓揉手套的手指部分表面，直到消毒剂干燥。

无菌隔离器的消毒灭菌：汽化过氧化氢灭菌是无菌隔离器最常用的灭菌方式。过氧化氢灭菌循环开发验证过程中的关键影响因素有灭菌前的无菌隔离器舱体的温湿度、过氧化氢溶液的浓度、过氧化氢的蒸发效率、总蒸发的过氧汽化量、汽化过氧化氢进入待灭菌舱体的温度、过氧化氢在舱体中的分布以及舱体中物品的摆放。

### 3.2.3 无菌隔离器与过氧化氢灭菌技术的应用

无菌隔离器从物理结构上避免了操作者与物品的直接接触，因此在工艺操作时可以避免产品和辅助设施被污染，广泛应用于制药行业无菌生产和无菌检测。当隔离器处于密闭状态时，内部为无菌的环境，仅仅能够在隔离器内部或者通过一个特殊的快速传递舱来传递物品。图 3-40 所示为 Telstar 4 手套无菌隔离器 PURA4+。

无菌隔离器灭菌通常搭载过氧化氢灭菌系统，过氧化氢的化学式为 $H_2O_2$，通常称为双氧水。$H_2O_2$ 具有很强的氧化性，是非常强的氧化剂，可以杀死高抵抗力的微生物，如孢子，它可以穿透微生物的细胞壁，作用于蛋白质、DNA 和细胞内的其他成分，从而让其失去活性。过氧化氢在使用后完全分解为水和氧气（见图 3-41），没有其他污染环境的分解产物，对操作人员和环境无危害，被公认为绿色消毒剂。

图 3-40　Telstar 4 手套无菌隔离器 PURA4+

图 3-41　$H_2O_2$ 分解

在无菌隔离器的灭菌工艺中，通常采用雾化，或汽化过氧化氢灭菌技术，其灭菌过程核心离不开如下三步。第一，加注阶段，向隔离器内部加注雾化或汽化过氧化氢，置换腔体内部的空气，使过氧化氢浓度迅速上升；第二，保压，维持灭菌所需 $H_2O_2$ 浓度；第三，通风排残，向隔离器内部腔体内通入新鲜空气，使内部的过氧化氢全部分解或排出，通常是将过氧化氢浓度减小到可接受的水平，即 $<1\mu g/mL$。

隔离器系统可以对内部腔体和装载物品表面进行快速有效的灭菌，是一种经过验证的技术，可以对病毒、孢子和真菌达到 6 个对数值（lg6）的杀灭效果。隔离器灭菌工艺参数的建立，称为灭菌循环开发。使用生物指示剂和特定的装载模式，进行灭菌循环参数的研究，建立最优灭菌参数。之后确认并验证所开发的灭菌循环参数可重复地降低生物负荷，称之为灭菌循环验证。

在工程实践中，通常使用过氧化氢化学指示剂和生物指示剂，生物指示剂选用接种量$>10^6$ cfu/片嗜热脂肪芽孢杆菌的不锈钢类型指示剂。指示剂布置需要结合特定的装载条件，基于风险评估的原则，并结合实际工作经验，进行指示剂点位的布置识别（见图 3-42）。通常认为，手套位置、样品表面、隔离器内部货架位置等为风险点。

图 3-42　用蓝色标签显示指示剂位置

灭菌合格标准：每次试验对照组回收菌量均大于 $1\times10^6$ cfu/片载体；阳性对照组有菌生长；测试组均无菌生长。

在消毒剂的选择上，传统技术通常使用 35% 过氧化氢溶液，而近年来越来越多的工程技术选择使用低浓度的溶液。低浓度的过氧化氢溶液的购买、运输、储存更方便，其使用也更加安全。

当灭菌剂接触眼睛时，可能会引起不可逆转的组织损伤，对皮肤、口腔、咽喉、胃肠道具有腐蚀性,所以在隔离器设备维护或保养时,务必做好防护。需要由经过专业培训的工程人员进行,并严格按照使用手册操作。

过氧化氢溶液储存时,要紧闭容器,不要储存在可燃物附近,温度低于25℃,且需要避光。

总结来说,过氧化氢灭菌作为一种重要的灭菌技术,因其具有无毒副残留、快速、易于验证、可靠安全等优点,在无菌隔离器中得到广泛应用。通过科学的验证手段、规范的灭菌工艺,得到了制药和医疗行业广泛的共识。

## 3.3 制药纯化水和注射用水质量控制与消毒

### 3.3.1 制药纯化水和注射用水微生物控制与消毒

#### 3.3.1.1 制药纯化水和注射用水的概述

水是一切有机化合物和生命物质的源泉,是人类赖以生存最基本宝贵的资源。不同的行业、不同的产品和设备对水质的要求各不相同,为此各行业都制定了相应的水质标准。如电子行业元器件生产和清洗用水为了保证产品的合格率,要求所用水的电导为18MΩ以上、总有机碳含量小于5ng/mL的超纯水;其无机和有机指标是该水的关键质量指标。电力行业的锅炉给水为了防止锅炉、汽轮机结垢、腐蚀、积盐,其给水为无盐水而非软化水,其无机指标,特别是硅离子含量是该水的关键质量指标。

水也是药品生产不可缺少的重要原辅材料,特别是用来制造药物产品的水(纯化水和注射用水)的质量,直接影响药物产品的质量。在医药生产中使用的纯化水和注射用水有三个质量指标:电导、总有机碳和微生物(包括内毒素)。如按照药典对纯化水与注射用水的水质标准作比较,它们的理化指标和总有机碳指标相同,所以"要达到水中适合的化学纯度相对容易,但始终维持微生物纯度要困难得多"。就目前药典许可的微生物检测方法,微生物的检测结果滞后于它的使用,这就给药品生产带来了很大的不确定因素,因此微生物指标是制药纯化水、注射用水最关键的质量属性,为此我们必须围绕这个质量属性在水的制备、储存、输送中控制微生物。

#### 3.3.1.2 纯化水和注射用水的制备、储存、分配

**(1) 天然水的基本知识**

制药工业所用的水源来自天然水,一般经过工业用水处理后达到"生活饮用水卫生标准"的质量后进入各制药企业。这种天然水源无论是地表水还是地下水都含有很多不同的杂质,这些杂质种类繁多,水处理工艺中按杂质粒度的不同分为三类,见图3-43。

① 悬浮物 凡颗粒粒径在 $10^{-4}$ mm(0.1μm)以上的杂质称为悬浮物,天然水中悬浮物的主要成分是泥沙、黏土,其次还有动植物、微生物、有机物等。在静止水中,密度大于1者下沉水底,如泥沙;密度小于1者呈悬浮状态。在动态水中,这些杂质均随水流悬浮游动,对于达到生活饮用水卫生标准的水,其中粗大的杂质已和水自然分离,因此在制药纯化水的制备工艺中去除的是那些粒径小于0.1mm的悬浮物颗粒。

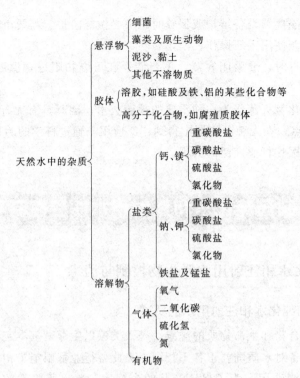

图 3-43　天然水中杂质的分类

② 胶体　凡颗粒粒径在 $10^{-6} \sim 10^{-4}$ mm（$0.001 \sim 0.1 \mu m$）范围内的杂质称为胶体，胶体颗粒是许多分子或离子的集合体，这种细小颗粒具有较大的比表面积，从而使它具有特殊的吸附能力，而被吸附的物质往往是水中的离子，因此胶体微粒就带有一定的电荷。同种胶体带有相同的电荷，从而使它们之间产生了电性排斥力，这就使胶体微粒在水中不易聚沉。此外，带电的胶体微粒还会吸引极性水分子，使其周围形成一层水化层，进一步阻止胶体微粒相互接触，使胶体在水中维持分散的稳定状态。天然水中的胶体主要为硅酸及铁、铝的某些化合物和高分子有机物如腐殖质等，也有一些在此粒径范围内的细菌、病毒等。天然水中的胶体大多带负电荷。

悬浮物和胶体是使天然水产生浑浊的主要原因。

③ 溶解物　溶解物的粒径在 $10^{-6}$ mm 以下（$0.001 \mu m$，最小的微生物 $0.018 \sim 0.02 \mu m$），它是以分子或离子状态存在的。溶解物可分为以下三类。

a. 盐类　又称为矿物质，均以电离状态存在于水中，主要的阳离子是 $Ca^{2+}$、$Mg^{2+}$、$Na^+$、$K^+$，其次还有 $Fe^{2+}$、$Mn^{2+}$ 等，主要的阴离子是 $HCO_3^-$、$Cl^-$、$SO_4^{2-}$，其次还可能有 $CO_3^{2-}$、$NO_3^-$、$HSiO_3^-$ 和 $PO_4^{3-}$ 等。这些离子大多来自地层中的矿物质，因此不同地区的水含有的离子成分和含量就各不相同。

b. 气体　主要是氧气和二氧化碳。天然水中的溶解氧来源于空气中的氧气，含量与水温、气压及水中有机物含量有关。天然水体中氧的含量一般为 $5 \sim 10$ mg/L，污染严重的水体含氧量会减少，地下水含氧量比地表水低，深层地下水含氧量几乎为零。天然水中的二氧化碳来源于水中有机物的分解及地壳的化学反应，地表水中有些是空气中的二氧化碳溶解于水中。一般地下水中 $CO_2$ 含量较高，地表水中含量较低。

c. 有机物　天然水中溶解的有机物主要为腐殖酸和富里酸，它们都是带聚羧酸的芳香族物质的大分子有机酸群。其他还有氨基酸、有机碱、糖类等。

当水源受到工农业废水的污染时，水中溶解物质的成分就变得更加复杂。

**（2）水纯化的处理方法**

① 多介质过滤（multimedia filter） 常用的过滤介质是石英砂和无烟煤，当水中锰、铁含量较高时，可以装填锰砂。它的主要功能是去除 30～50μm 的颗粒、悬浮物和胶体，也能拦截水中的浮游生物。如果长期不运行，过滤器内微生物会迅速增生。

② 预处理超滤（pretreatment ultra filtration） 超滤介于纳滤与微滤之间，它能截留分子质量为 500～500000Da 的分子。超滤的分离原理比较复杂，超滤膜的大孔径一端的分离可基本理解为筛分原理，而对于其小孔径的一端，由于超滤膜的孔径很小，受到粒子荷电性及其与荷电膜相互作用或亲疏水性的影响，其分离原理又类似于 RO 膜的扩散机理。

用于水预处理的超滤，其截留分子质量为 50000～100000Da（相应孔径为 0.015～0.03μm），在一定的压力下，当水流过膜表面时，只允许水、无机盐及小分子物质透过膜，而阻止水中的悬浮物、胶体、蛋白质和微生物等大分子物质通过，以达到水的净化。它可以有效过滤掉水中大分子的有机物而取代活性炭，且随着过滤水量的增加，超滤膜对有机物的截留率不会下降。但预处理超滤不能截留水中的热原。

预处理超滤的运行形式为错流过滤，见图 3-44，大部分的水透过了膜获得了净化水，小部分的浓缩水排出超滤。超滤是在含氯的状态下运行，有利于微生物的控制，此时原料水中的大部分微生物随浓缩水一起排出系统，因此超滤系统微生物总量得到了控制。

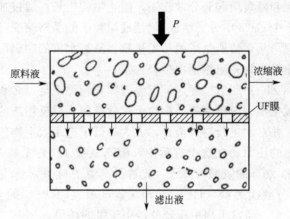

图 3-44 超滤的错流过滤

③ 微滤（micro filtration） 微滤通过筛分的作用来截留 0.1～1μm 的颗粒。在大于 0.07MPa 的有效推动力下，微滤膜允许一些大分子有机物和溶解性固体（无机盐）等通过，但能阻挡住悬浮物、细菌、部分病毒及大尺度的胶体透过。

折叠筒微滤往往作为反渗透的预处理，在大型水机上需要许多数量的滤芯，目前在大型水机上已被超滤所取代，仅在小型水机上作为预处理使用。

④ 粗过滤（coarse filtration） 又称保安过滤。以保护下游单元操作不受泄漏的床层颗粒和碎片的影响，在净化装置内的单元操作之间会配置粗过滤器，其孔径的最低要求为小于 10μm，通常使用的过滤孔径小于 5μm。目前最常用的粗过滤器为 PP 熔喷滤芯。随着过滤水量的增加，粗滤器产生的背压可能更多是由于生物膜堵塞，而不是碎屑负载造成的。

⑤ 活性炭过滤（active carbon filter） 活性炭含有大量的微孔和巨大的比表面积，具有

极强的物理吸附能力，它的功能是去除水中的游离氯、有机物胶体微粒。活性炭颗粒吸附了许多不同有机分子的丰富营养，在活性炭床层上的微生物就依靠这个营养源快速增生。如果在没有连续、控制地进行频繁反洗、快速正洗或热水消毒的情况下，碳床的有机去除能力可能会迅速丧失，并且碳床很快就会释放生物膜絮状体和先驱细胞，是下游过滤流程的高浓度污染源，特别是对反渗透膜的污染最为严重。微生物进入反渗透系统之后，找到了水中溶解性的有机营养物，这些有机营养物伴随反渗透过程的进行而浓缩富集在膜表面上，成为形成生物膜的理想环境与过程。膜元件的生物污染将严重影响反渗透系统的性能，出现进水至浓水间压差的迅速增加，导致膜元件发生"望远镜"现象与机械损坏，以及膜产水量的下降，有时甚至在膜元件的产水侧也会出现生物污染，导致产品水受污染。

⑥ 软化（softeners）和阻垢（antiscalant）  软化和阻垢的功能都是为阻止水中的难溶性无机盐在反渗透膜表面的沉淀、结垢，使水能顺利透过反渗透膜，防止膜的损坏。

除去水中硬度离子的过程称为软化。软化的方法有多种，如沉淀软化、热力软化、钠离子软化。钠离子软化是在软化器中装填钠型阳离子交换树脂，水中 $Ca^{2+}$、$Mg^{2+}$ 被 RNa 型树脂中的 $Na^+$ 置换出来后存留在树脂中，使离子交换树脂由 RNa 型变成 $R_2Ca$ 或 $R_2Mg$ 型树脂。树脂的再生是将转型后的树脂用食盐（NaCl）水还原，树脂中的 $Ca^{2+}$、$Mg^{2+}$ 又被 $Na^+$ 转换出来，重新生成 RNa 型树脂。它的缺点是相当高的 NaCl 消耗，有环境问题，也不经济，存在长生物膜的风险。特别不适合大型水机。

阻垢剂通过使 $Ca^{2+}$、$Mg^{2+}$ 等与螯合剂作用生成稳定的螯合物起到增溶作用；通过阻止成垢粒子间的相互接触和凝聚而起到分散作用，阻止垢的生长；通过加入分散剂吸附、包围成垢粒子（由成百上千个 $CaCO_3$ 分子组成），使成垢粒子的晶格畸变，阻止了成垢粒子在其规则的晶格点阵上排列，从而使所生成的污垢松软、易被水流的冲刷而带走。需要使用新配制的阻垢剂溶液，防止微生物在阻垢剂中生长繁殖。

⑦ 紫外线（ultra violet）照射  要保证反渗透膜长期稳定运行必须对反渗透进水中的有机物、胶体、硬度、微生物、游离氯等指标给予有效控制。对反渗透的进水通过紫外线照射就能脱除水中的游离氯并对水进行有效消毒，大大降低了进水微生物的负荷。

紫外线能被用于氯的还原，在这个过程中，游离氯被100%光解，紫外线光解游离氯，形成约80%的氯离子和20%的氯酸根离子，光解游离氯的典型紫外线剂量至少是标准消毒紫外线剂量的20倍。分解次氯酸（HClO）和次氯酸根（$ClO^-$）的光波分别为240nm和290nm，按此波长的需要，通常采用中压紫外线用于氯的还原。

其化学反应式：

$$2HClO + 2h\nu \longrightarrow O_2 + 2HCl$$

$$2ClO^- + 2h\nu \longrightarrow O_2 + 2Cl^-$$

DNA 中的嘧啶碱基最大限度地吸收波长为 240~280nm 的紫外线。吸收的能量使这些碱基发生反应，造成了 DNA 中相邻的嘧啶碱基共价结合，从而阻止微生物复制和蛋白质合成，最终杀死细胞。在适当的流速下，水流过了装有此类灯管的腔室，水与紫外线接触足够长的时间后，就可以杀死水中99.9%或更多的微生物。

紫外线对纯化水在分配和储存系统对微生物的控制将在后面章节中详细论述。

⑧ 反渗透（reverse osmosis）  反渗透是一种以压力作为推动力，通过选择性膜将溶液中的溶剂和溶质分离的技术。反渗透分离的机理有溶解扩散、优先吸附-毛细孔流动、形成氢键等模型。其中以溶解扩散机理来解释 RO 膜的运行用得最多。

工业上应用最广泛的反渗透材料是醋酸纤维素和芳香聚酰胺。近年来应用最多的是复合膜，可以分别使材料和制造工业达到最优化，从而实现最好的脱盐率、最高的透水速率以及制成超薄脱盐层，降低膜阻力，降低工作压力。图 3-45 所示为反渗透复合膜的结构。

最下面一层厚约 $120\mu m$，膜的主要结构强度由该聚酯增强无纺布提供；中间一层厚约 $40\mu m$，如超薄过滤层直接贴合在无纺布上时，表面太不规则，且孔隙太大，因此需要在无纺布上预先涂布一层高透水性微孔聚砜作为支撑层；最上面一层厚约 $0.2\mu m$ 的过滤层（聚酰胺超薄过滤膜或醋酸纤维素超薄过滤膜）。

反渗透屏障了微生物和内毒素穿透过滤膜，但验证膜组件的完整性很难；RO 膜对一些低分子量、一价离子的盐类的去除力有限。由此，反渗透膜最多为二级过滤，要达到更高要求的水质，需要采用离子交换或电子离子去除器来实现。

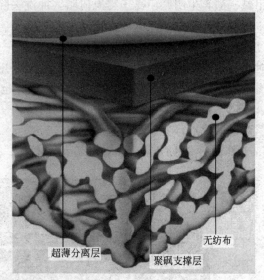

图 3-45  反渗透复合膜结构

在水处理工业上广泛使用螺旋卷式膜，其结构如图 3-46 所示。

图 3-46  螺旋卷式膜

反渗透装置是由 1 至多个螺旋卷式膜串联或并联组成，见图 3-47。

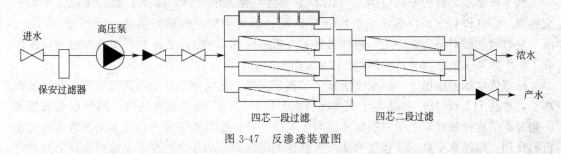

图 3-47  反渗透装置图

⑨ 电子去离子器或连续电子去离子器（electro deionization/continuous electro deionization，EDI/CEDI）  EDI 是将电渗析法与离子交换法结合起来，集中了两者的优点，克服了它们的缺点而形成的一种技术。

离子交换法的混床是将阴、阳离子交换树脂按一定比例混合起来，可用它来深度除盐，制备出纯度极高的水。但当它使用到一定程度后就要反洗，分层（分开阴、阳树脂），分别用碱、酸再生阴、阳离子交换树脂，冲洗去除剩余碱、酸，再混合起来使用。

电渗析是以直流电场为推动力，利用阴、阳离子交换膜对水溶液中阴、阳离子的选择透过性，使一个水体中的离子通过膜转移到另一水体中的物质分离过程。但当水中含盐量较低时，水的电阻率就较高，这时电渗析的极限电流值（$i_{lim}$）就较小，极易产生极化，所以电渗析的产水含盐量不能低于 10~50mg/L，也就是说它不能深度除盐。

EDI 是在类似电渗析的设备中同时将阴、阳离子交换树脂混合物填入除盐室，从而利用了两者的优点，克服了两者的不足。

图 3-48 是 EDI 设备构造和流程示意图。

图 3-48　EDI 设备构造和流程示意图

它是利用其中的阴、阳离子交换树脂（即混床中的树脂）来去除水中离子的，混床离子交换树脂被装在阳离子交换膜和阴离子交换膜之间的窄长的床室内，此室称为淡水室，简称 D 室，水的纯化就发生在这个树脂室内，其工作机理相当于传统的混合床离子交换。

两个淡水室之间的窄长空间室（比 D 室更薄）称为浓水室，简称 C 室。由阴、阳离子交换膜、C 室和 D 室（D 室中装有混合好的阴、阳离子交换树脂）组成一个膜对（Cell）。由一定数量的膜对叠合在一起，两端再各有一极室（称 E 室），电极外再加上紧固的设备即成了一个膜堆（或称膜块），这就是 EDI/CEDI 的单个设备。

在直流电场的作用下，淡水室中发生了离子交换，电流使水分子电离成氢离子和氢氧根离子，这些 $H^+$ 和 $OH^-$ 连续再生充填在淡水室内的阴、阳离子交换树脂；同时电流又使水中盐分离子连续通过阳离子交换膜和阴离子交换膜转移至浓水室中，而浓水室发挥普通电渗析的作用，即淡水室离子迁移过来受膜选择性的限制而不能迁出，使水中盐分浓度上升，可参见图 3-49。

经常再生的离子交换树脂床往往没有高的微生物数量。极端 pH 值会在树脂珠上和树脂珠中产生不利于微生物生长的条件。如果会形成黏性生物膜的细胞最近才吸附到这些树脂表面，并且没有开始产生 EPS 黏液，那么这些微生物很容易受到不利 pH 再生条件的影响，并可能被杀死。这种再生剂成为有效消毒剂的关键在于其使用频率。

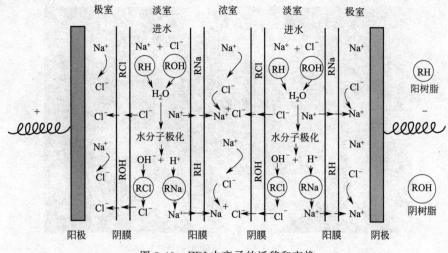

图 3-49　EDI 中离子的迁移和交换

当 EDI 运行时，水的电离就产生了 $H^+$ 和 $OH^-$，极端 pH 值就会发生在阴、阳树脂和阴膜、阳膜表面上，EDI 进水中的微生物就会被杀灭。但当 EDI 不工作时，这种极端 pH 值就在这些表面消失了。

为了对终端产水微生物进行控制，特别是对于非蒸馏制备的注射用水，CEDI 就替代了 EDI，在 CEDI 装置的各电解腔室内极端 pH 值是持续存在于带电树脂（阴树脂和阳树脂）和膜（阴膜和阳膜）的表面上。

⑩ 抛光超滤（polishing ultra filtration）　抛光超滤有极微小的孔道，能够过滤掉特定分子量的有机物。尤其是非蒸馏制备系统，对于 RO 或 CEDI 的产水，使用抛光超滤去除水中的内毒素已经相当普遍了，《日本药典》Ⅻ 信息章节 G8 引用了内毒素 6000Da 分子质量的切割值；然而，由于内毒素总是以凝聚的多分子状态存在于纯水中，高于 10000Da 或 20000Da 分子质量的切割值也会有效地用于去除内毒素。

⑪ 其他一些单元操作　纯化水制备流程中还会应用阴、阳离子交换技术来除盐，如采用大孔阴离子树脂交换技术去除有机物（又称有机物去除器，organic scavenqers），电子除垢（electric scale control）技术去除硬度（见图 3-50）。图 3-51 所示为电子除垢器在纯化水制备流程中的应用。该装置由一个金属圆筒和中心电极组成，水从圆筒顶部流向底部。在中心电极上连接直流电的正极，圆筒连接直流电的负极。因此，在中心电极和圆筒之间产生电场。电流在中心电极和圆筒之间流动。电流将水分解成 $OH^-$ 和 $H^+$。因此，在中心电极周围形成低的 pH 值，在圆筒周围形成高的 pH 值。圆筒内表面附近的高 pH 值将导致水垢从水中沉淀，聚集在阴极上，并沉淀到圆筒底部。

此外，在 ESC 内还生成了游离氯，其化学反应式如下：

$$Cl^- + H^+ \longrightarrow HCl$$
$$HCl + HCl \longrightarrow Cl_2 + H_2$$

产生的游离氯可控制除垢水的微生物，同时也可对除垢器进行在线消毒。

**(3) 纯化水的制备工艺流程**

制药所需要的纯化水中的电解质几乎完全去除，水中不溶解胶体物质与微生物、溶解气体、有机物等也被去除至很低的程度。制水系统的工艺流程应根据原水水质、药典标准及企

图 3-50 电子除垢器

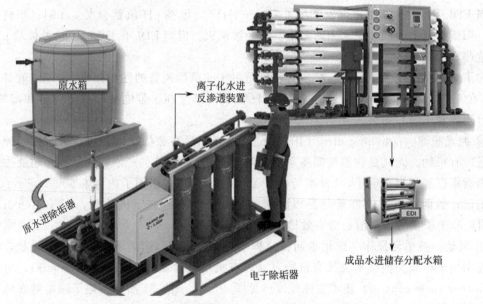

图 3-51 电子除垢器在纯化水制备流程中的应用

业对纯水质量的特殊要求来设计过滤方案,其过滤单元按照去除物质的粒径从大到小顺序排列。当原水中有机物含量比较高,在选择活性炭不能去除有机物时,过滤流程中还会增加有机物去除器;当原水电导非常高时,又要实施企业内控标准,在选择反渗透脱盐时,就会选择二级反渗透加 EDI 脱盐,而不是一级反渗透加 EDI 脱盐等。当为了满足某一段单元过滤的进水条件,还需要去除水中的某些物质,例如,为了保证反渗透膜不被化学氧化就要脱去水中的游离氯,在不使用反渗透脱盐时,制水工艺流程中就无须脱氯。因此制备出合格的纯化水就有了 3.3.2.2 小节所述的各个过滤单元通过不同的排列组合而组成不同的制水工艺,这些不同组合工艺归纳为以下三种类型。

① 吸附法工艺 图 3-52 为最传统的吸附法工艺,该工艺通过多介质过滤器截留水中大颗粒悬浮物后,由活性炭过滤器吸附水中的有机物,同时脱去水中的游离氯,水进入离子交换树脂后把无机盐类除去以获得所需纯化水。活性炭去除有机物保证了离子交换树脂不被有

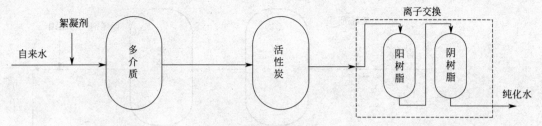

图 3-52 吸附法工艺流程（1）

机物所污染，特别是阴离子交换树脂最容易受到有机物的污染而使得装置产水量大幅度下降，甚至产水不合格。

水体中的有机物含量受地域、季节、突发事件等的影响而波动，随着过滤水量的增加，活性炭的吸附率下降。对于有机物波动大的情况，往往会在吸附法工艺流程（1）中增加有机物去除器（见图 3-53）。

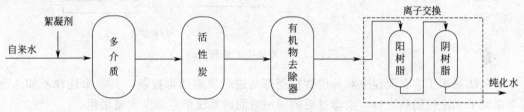

图 3-53 吸附法工艺流程（2）

吸附法工艺对微生物比较难控制。

② 半膜法工艺　随着反渗透膜性能的提高，大量消耗酸、碱并且污染环境的离子交换工艺逐步被反渗透工艺所替代，形成了反渗透膜前处理流程基本不变的半膜法制水工艺（见图 3-54）。

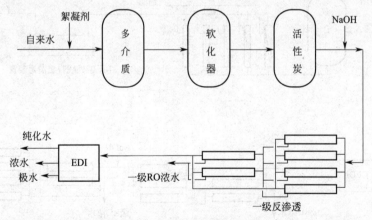

图 3-54 半膜法工艺流程（1）

对于高电导的原水，在一级反渗透后再进行二级反渗透过滤或再加电去离子器（EDI），此工艺的得水率低于吸附法工艺。

软化器的再生大量消耗食盐，所以在半膜法流程（1）的工艺上用加阻垢剂来替代软化器，特别是在大型水处理装置上，几乎不再使用软化器。其工艺流程见图 3-55。

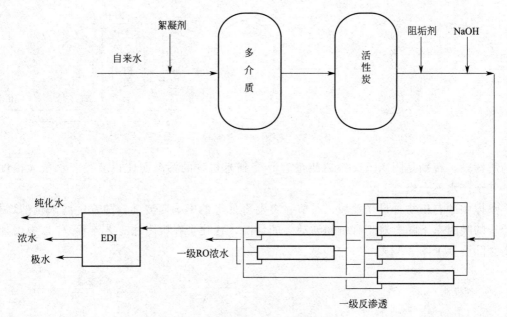

图 3-55 半膜法工艺流程（2）

半膜法制水工艺在流程中对微生物控制都是进行周期消毒控制，其效果往往不如人意，甚至是几乎无法控制微生物，消毒过后的很短时间内系统微生物又大量增生。

③ 全膜法工艺 预处理超滤作为屏障过滤对去除水中大分子有机物不像活性炭一样会随过滤水量而吸附率下降，其出水淤泥指数（SDI）能达到 1，远远低于淤泥指数小于 5 的反渗透进水条件，更有效地保护了反渗透，使膜的使用寿命更长。这样在半膜法流程（2）的基础上改进成全膜法制水工艺（见图 3-56）。

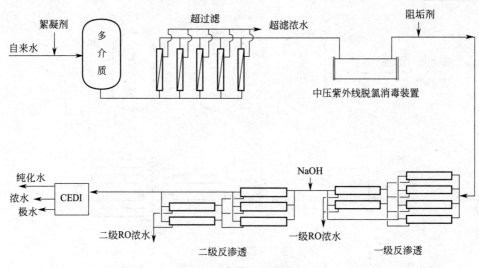

图 3-56 全膜法工艺流程

全膜法工艺是一种流动态制水工艺，在每个过滤流程中都要排浓水，微生物会随浓水而排出系统，使得制水系统的微生物随着过滤的进行呈下降趋势，特别是中压紫外线在脱氯的同时对水中的微生物有大于 6 个对数值的杀灭率，大大降低了生物膜在反渗透膜上快速的生成，遏制了微生物对膜的生物氧化破坏。

**（4）注射用水的制备**

注射用水与纯化水的质量指标在于微生物和热原的不同，无机和有机质量指标都相同。《中国药典》（2020年版）中规定：注射用水为纯化水经蒸馏所得的水。水在蒸馏系统通过加热蒸发、汽液分离和冷凝等过程达到去除化学物质和微生物的目的，蒸馏水机一般能达到的水平是将原水中的细菌内毒素下降2.5~3个对数单位。为了提高热能利用率，就有了单效、多效、热压等形式的蒸馏水机。

在欧洲、美国、日本的药典中允许除蒸馏以外的非蒸馏方法来制备注射用水。非蒸馏制备注射用水对制备过程中需要有更多、更严格的手段进行过程控制，特别是对生物膜的控制。

多效蒸馏水机在药厂广泛使用，图3-57为最常见的五效降膜蒸馏水机工作原理，降膜式蒸馏水机原料水从蒸发器的上部进入换热管的管程。

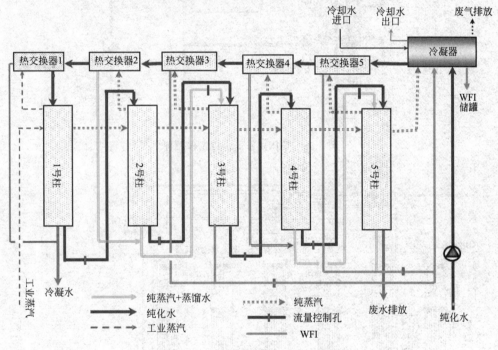

图3-57　五效降膜蒸馏水机工作原理

还有更为节能的热压式蒸馏水机，此类型的水机可以任意调节获得25℃的冷蒸馏水或85℃的热蒸馏水。图3-58为热压式蒸馏水机工作原理。

为了提高能源利用率，近年来又研发了升膜式多效蒸馏水机，升膜式蒸馏水机原料水从蒸发器的底部进入换热管的管程，在热力自升力的作用下自然形成升膜式蒸发。图3-59为升膜式多效蒸馏水机工作原理。

**（5）纯化水、注射用水储存分配系统**

从制备系统中生产出的合格的纯化水和注射用水进入储存分配系统，储存分配系统用于调节高峰流量需求与使用量之间的关系，使二者合理地匹配。储存分配系统必须维持进水的质量，以保证最终产品达到质量要求，其中控制微生物的滋生尤为重要。

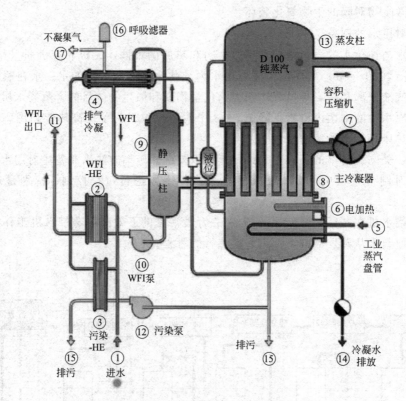

图 3-58 热压式蒸馏水机工作原理

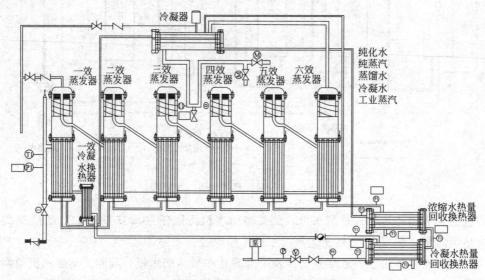

图 3-59 升膜式多效蒸馏水机工作原理

为此 GMP 要求,纯化水、注射用水的制备、储存和分配应当能够防止微生物的滋生。储罐的通气口应当安装不脱落纤维的疏水性除菌滤器;管道的设计和安装应当避免死角、盲管。纯化水可采用循环系统,注射用水可采用 70℃ 以上保温循环系统。应当按照操作规程对纯化水、注射用水管道进行清洗消毒。

纯化水和注射用水分配系统通过物理方法在运行期间来控制微生物,并对系统配以周期性的消毒控制。

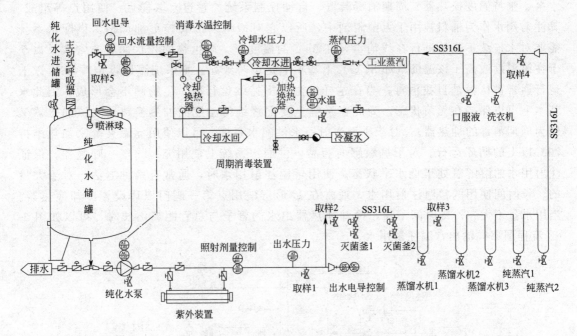

图 3-60 纯化水供配水系统流程图

① 纯化水供配水系统 纯化水供配水系统的流程见图 3-60,纯化水供配水系统是一个由纯化水储罐、纯化水泵、在线消毒装置(系统大部分配置紫外线消毒,见图 3-61)、周期消毒装置、自动控制系统、管道、取样点、使用点等组成的闭路循环供水系统。纯化水储罐上配有液位控制器来开启制水系统的进水,配有回水喷淋球,保持罐体内壁面润湿,防止半干半湿的壁面微生物的生长。纯化水储罐上配有进水、出水时的呼吸装置,呼吸装置上安装不脱落纤维的高效过滤器,防止空气中的微生物进入系统内,主动式呼吸器可更可靠、持久、稳

图 3-61 在线中压紫外线消毒装置

定地保证空气中的微生物不进入纯水中,并且更经济。在线紫外线消毒装置配有紫外线照射剂量显示和报警,使送出水的照射剂量值大于 $30mJ/cm^2$ 以上,也就是微生物的杀灭率大于 99.9%。回水流量仪控制纯化水泵,在全年 24h 内始终保持回水流量在设定流量值不变的情况下运行,如果保证了最大管径的高流速,也就保证了小管径有更高的流速,只有这样才能使水中活的浮游生物不被黏附到整条循环管道的管壁上并长成生物膜。当系统微生物接近设定警戒限时,启动周期消毒装置对系统进行消毒,纯化水供配水系统上常常配置巴氏周期消毒装置,也可以配置化学周期消毒装置。管道上配有回水电导仪,当回水受污染不达标时,回水就不再回到储罐,以免整个系统崩溃。

② 注射用水供配水系统　注射用水供配水系统的流程见图3-62，注射用水供配水系统的构成是与纯化水供水系统相类似的一个闭路循环供水系统，通常由注射水罐、注射水泵、维持温度换热器、周期消毒装置、自动控制系统、管道、取样点、使用点等组成。其注射用水作为辅料被用于无菌制剂中，所以它对微生物的管控更加严格。供配水系统需要对水连续不断地进行在线消毒，在65℃的温度下，微生物的死亡速度非常快，以至于在该温度或高于该温度（如80℃）下基本上是瞬时致死。把系统温度设定在65℃以上运行通常被认为是自我消毒；当在这样的温度下持续运行时，生物膜不会形成，因此水基本上可以保持在无菌状态。为此在系统上要配置维持温度的加热换热器（该加热器又作为周期消毒的加热器），对于小型注射用水供配水系统，可以使用储罐夹套来加热维持70℃以上的循环运行。对于氧敏感的药品，供配水系统上使用充氮（气）呼吸器，保证注射用水的溶解氧处于低水平状态。使用常温注射用水时，通常有两种方法，对于大量的、长时间使用的常温注射用水，通常在U形弯使用点第一阀门以后设置冷却换热器。当用水量不大、冷却时间不长，冷却换热器出水的管子与总管距离不长时，可以如图3-62流程图那样输出常温注射用水。

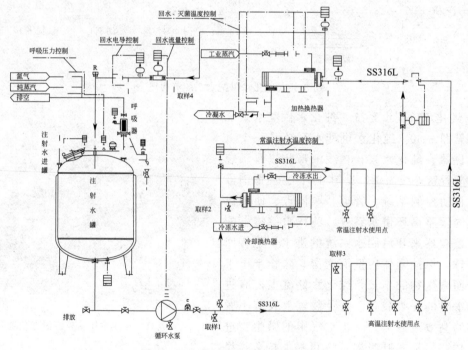

图3-62　注射用水供配水系统流程图

### 3.3.1.3　乏营养水中的微生物

在制药生产用水中无机物和有机物含量已经非常低，但这些水中仍有足够多的营养能支持多种微生物的生长，在水的纯化、储存和分配系统中，应对这些微生物的生长给予有效的控制，或在需要时阻止它们的生长。否则，水纯化装置可能无法按预期的要求运行，且制成的水可能不适宜或无法安全地用于制药、生物医药和医疗器械的生产，患者和消费者不能使用由这种水生产的产品。

我们有必要了解微生物如何能够在营养匮乏的环境中存活，如何来控制或防止这些微生物的生长，以及不阻止其生长所产生的后果。

**（1）生存在营养匮乏水中的微生物**

在纯水系统中微生物的营养主要是水中未完全去除的微量有机杂质，如通过呼吸过滤器进入水中的污染物，或从系统材料（如弹性隔膜片、密封件、塑料组件）中来的浸出物。这些有机分子同水系统的材料一样，既可以是亲水性的，也可以是疏水性的。这些有机分子通过其亲水或疏水相互作用吸附到水系统设备的表面上，导致营养分子在表面上的浓度比溶解在水中的要高。

能在低有机营养情况下生长的寡营养型水生微生物可以利用附着在这些表面上稍高浓度的营养物质，它们比水中的浮游菌更容易生长。因为溶解于水中的营养物质的浓度可能太低，而使无法被浮游菌利用，从而使其生长受到了抑制。微生物在这类表面生长产生的生物量所呈现形式和特征被称为生物膜。

浮游在水中的微生物可能随原水或者在日常维护期间进入到水系统中，这种微生物被称为假单胞菌（以假单胞菌家族命名），假单胞菌族的结构、遗传和生化特征导致其可在极低营养环境的纯水中繁殖。最初，它会随着水流浮游，并可能利用鞭毛移动。它通常无法利用溶解的低浓度有机营养物来生长，但可通过使用其有限的内部储存能量来维持其细胞的完整性和鞭毛运动。假单胞菌细胞壁表面的一种结构成分脂多糖（也称为内毒素，因其致热或发热特性而闻名），能使细胞表面具有轻微的疏水性和黏性，从而增强其黏附表面的能力。当一个假单胞菌靠近固体表面并黏附到这个表面时，水系统中的生物膜就从一个单一的细菌细胞开始形成了。

如果这个细菌细胞接触到一个表面，它的最初状态是松散和可逆地黏附在该表面上。通常，它会在附着面附近的水层上轻微移动，当这个移动与水中其他分子运动（布朗运动）叠加在一起施加在细胞上时，可以在细胞上产生一个比细胞最初弱的黏附力更强的剪切力，并几乎立即将细胞脱离表面回到流水中。细胞松散地黏附在表面上的时间越长（以秒至分钟为单位），布朗运动或水运动就越可能产生相反的效果，并实际"推动"更多的细胞表面与基体接触。这使得更多的弱吸附力发挥作用，使细胞更牢固地黏附在表面，从而使其不太可能从表面被剪切下来。它可以在那里停留足够长的时间，以使细胞检测到表面浓缩的营养物质的存在，从而触发一系列复杂的基因表达和抑制，为细胞在表面上的形成做好准备（那里的营养物质比水中的多）。其发生的过程可以如图 3-63 第 1、第 2 步骤所示。

图 3-63　生物膜的形成过程

细菌细胞吸收和代谢固定表面的特定营养物质后，基因表达产生酶和其他蛋白质，可将细菌细胞更牢固地固定在此表面上，这意味着即使是湍急水流的剪切力，也几乎不可能将细胞移出去，如图 3-63 第 3 步骤所示。

在最初黏附数小时至数天内，取决于微生物种类和表面的营养水平和类型，被代谢的营养为细胞复制补充能量并开始结块/富集，强黏附性的细胞数量就这样开始激增。

在同一时期，这些裸露的细胞在接下来的几天内也开始分泌出黏性的胶状物，主要是多糖外聚物，这种黏稠的细胞外聚合物（EPS，也称为糖萼，即多糖-蛋白质复合物）将细胞牢固地固定在基体表面，并随着细胞在保护性黏稠基体内增殖而继续产生胶状物。EPS 的黏性开始捕获颗粒碎屑和其他浮游细菌细胞。此外，EPS 可能会捕获絮状体或嵌有细胞的生物膜块，这些絮状体或生物膜块可能因流动水的湍流剪切力或其他系统振动而从表面上较厚生物膜的脆弱表面脱落。这些生物膜中的所有细菌都开始在局部营养丰富的群落中茁壮成长。已有的细胞废物及新的捕获的碎片成为营养物质，被添加到不断增长的生物膜群落中。

从上游生物膜位置脱落的碎片或多细胞絮状体开始沉积，可能在涡流或其他低流速的表面上形成新的生物膜；但一旦沉积，生长过程是相同的。

随着生物膜不断的生长，它的成长受到一些生物膜细胞群体感应产生的化学信号的复杂控制。这些信号在生物膜内产生的反应共同影响其形状、生长速率、生物膜内特定细胞的死亡，以及生物膜发育良好后向水中释放浮游生物先驱细胞。生物膜总是力求适应和生存在它所在的那个环境中，并分散到其他地方去，如图 3-63 第 4、第 5 步骤所示。

**(2) 水系统中微生物的种类与营养水平**

水系统中一个给定位置上出现生物膜的种类受到以下因素的影响。

① 该位置水域中存在的浮游生物　给定位置上的生物膜种类是由给水中的浮游生物决定的，给水是浮游生物的主要来源。浮游生物可能是在设备施工期间带入系统的；也可能是从更换床的填料，如吸附型介质（活性炭、阳离子树脂、阴离子树脂），或更换过滤器和化学添加剂（包括再生剂、阻垢剂和氯还原剂）时把浮游生物带入系统的。

② 适应利用局部位置上现有营养的能力　营养水平影响了生物膜的种类，如活性炭颗粒吸附了许多可作为营养物质的不同有机分子，在活性炭床层上的生物膜微生物就依靠这些营养源生长。生物膜微生物可能选择"最喜欢的食物"作为营养。可利用营养的多样性促进了生物膜微生物的差异。当生物膜的絮状体或生物膜的先驱细胞向下游扩散，进入营养物浓度更有限、营养类型更少的环境时，许多微生物可能找不到可选择的或对它们特殊需要的、适宜生长的有营养的表面或就地生物膜，这些细胞最终会饿死。适应性强、能利用多种营养物的微生物更有可能找到它们可以生长的表面或在现存的生物膜上生长，下游表面生物膜种类不同于上游表面的生物膜种类。

在制水的每个连续的纯化过程中都会发生这种择优的存活过程，甚至是在营养受限及营养多变的纯化水储存分配系统中。这些微生物很可能是最能适应各种各样营养状况并形成生物膜的微生物，因为它们必须依赖各种化学杂质及不同浓度下的营养物质才能存活和生长。

在纯化水储存分配系统中微生物生长的杂质营养来源有：系统中添加材料或部件所引入的杂质；储罐上的呼吸器过滤后空气中的杂质；更换呼吸过滤器或其他系统维护时进入的杂质；水在净化过程中未去除的杂质。

③ 水系统中微生物的种类与工艺流程　原水水质决定了纯化水的工艺流程，也影响了微生物的种类。能显著影响微生物多样性的因素包括：原水，通常最终的杂质由它引起，也

包括微生物；制水工艺流程中挑选和布置的单元操作；系统设计、安装和运行的质量。

**(3) 生物膜随水系统的运行和季节的变化而变化**

通常新水机系统中初始微生物数量可能非常低，随着水系统的运行，最初的微生物种群有机会发展成更大、更复杂的菌群。这种生物膜变化除上面所述的营养因素外，还有水机运行效率变化、水系统常规维护中有目的变化、运行中公用设施建筑物冷热温度发生变化以及循环泵的摩擦加热、紫外线装置产生的热量、大量或少量用水使水温发生变化等因素。

季节的变化会使城市饮用水的水温、水源地植物系发生变化（也可能随季节变化水源地也发生变化），这使得原水的化学性质、微生物种类发生了改变，这种变化也会导致生物膜发生变化。

这些共同的作用导致伴生生物膜的微生物密度、生长速率和菌落组成发生变化。变化中的生物膜一定有机会找到最适宜生长的位置，并在任何微生物控制措施下存活下来。

因此，没有两个水系统的生物膜是完全相同的。运行一段时间后的纯水系统与调试时观察到的菌群可能是不同的，并发生了一定程度的变化。在新水系统初始确认期间，微生物监测所采用的取样方法，可能不太适用于经批准投入运行的老水系统，有可能导致活的菌落数偏低或需要更长培养时间方能对菌落计数，应优化微生物计数方法以适应更成熟的系统菌群。

具有连续消毒分配系统的水系统不太可能显示微生物随着系统运行而发生的变化。

#### 3.3.1.4 生物膜的有害影响

生物膜对水的制备过程和最终水的质量都会产生不利的影响。生物膜会使水制备的单元操作引起过滤介质或填料表面的蚀变，使得过滤介质效率下降甚至损坏。在纯度非常高的水中通常能够生长的为假单胞菌属革兰氏阴性微生物，所有假单胞菌都含有毒性多糖，它通常被称为细菌内毒素。人们普遍认为任何给定时间内水系统中浮游生物仅代表了作为生物膜可能存在于系统表面的一小部分微生物，与在生物膜中存在的微生物相比，样品中捕获的浮游生物体可能会多出3~4个或更多的数量级。当这些革兰氏阴性菌的细胞在水系统消毒过程中被杀死，或者存在于最终灭菌的液体产品中时，这种内毒素能够随着分子完全从其细胞壁中释放出来。

如果生物膜生长在一个在净水过程中起功能作用的表面上，该表面的"活性"可能会改变。在制备水的单元操作上，生物膜存在的有害影响体现在以下几个方面。

**(1) 对预处理超滤的危害**

预超滤膜在运行中可使有机营养物质被膜截留而积聚在膜表面，水中微生物在这种环境中迅速繁殖，活的微生物连同其排泄物质，形成微生物黏液而紧紧黏附于膜表面，这些黏液与其他沉淀物相结合，构成了一个复杂的生物膜覆盖层，膜产生了不可逆的污堵，其结果使膜的透水量很快下降。在这种情况下，膜已经正常产水，必须用化学药剂进行清洗，在频繁、极端pH药剂清洗的影响下，膜的过滤层受到损伤，膜的使用寿命大大降低。

**(2) 对反渗透膜的危害**

同样如此，水中溶解性的有机营养物质伴随反渗透过程的进行而浓缩富集在浓水侧膜表面上，这些有机物作为微生物的营养，使得微生物大量繁殖，并在膜表面形成凝胶性生物膜层，出现进水与浓水间压差的迅速增加，导致膜元件发生"望远镜"现象。在这种膜面上水将无法自由渗透，从而有效堵塞或污染膜，导致渗透流量减少。如果通过增加压力进行补偿，则会导致产出水质量变差。有时甚至在膜元件的产水侧也会出现生物污染，导致产品水受污染。

**(3) 对离子交换树脂的危害**

生物膜长在离子交换树脂表面上，则水和水中离子态杂质不能轻易到达树脂珠表面和内部的活性部位，从而有效降低了离子交换效率。这种表面堵塞也可能显著减缓任何再生化学品的渗透，并阻碍了再生后的冲洗；进一步损害了起交换水中离子功能的树脂表面。

**(4) 对活性炭床的危害**

在颗粒活性炭（GAC）床内生长生物膜是常见现象。活性炭床被用于去除水中的有机化合物，这些化合物是生物膜生长的营养源。活性炭还可以去除游离氯，氯对裸露的先驱细胞具有适度的抗菌活性，但对外面包裹着EPS的生物膜几乎没有作用。每个活性炭颗粒的表面和内部都有巨大的表面积，有机养分集中在这些表面上，这时没有氯存在，一个活性炭过滤床提供了一个巨大的、理想的适合生物膜生长的空间。

如果在没有连续、控制的进行频繁反洗、快速正洗或热水消毒的情况下，炭床的有机物去除能力可能会迅速丧失，活性炭会随着水流而向下游扩散，炭床很快会释放生物膜絮状体和先驱细胞，它们是下游过滤流程的高浓度污染源。

**(5) 对成品水使用的潜在危害**

当生物膜出现在分配系统中并且不断增生，生物膜从系统表面逐渐脱落到水流中，并在使用点处离开供水系统进入需要使用的水中。如果使用了这些水，会受到这些生物膜衍生物或其副产品的危害。

如果该产品是一种非无菌的液体制剂，并且被脱落絮状物污染，而这个絮状物里的生物膜微生物包埋在带有保护性的EPS中。这些污染物可能会规避掉制剂产品或防腐剂对"裸露"微生物的杀灭作用。这些微生物能存活很长一段时间，甚至在产品中大量繁殖，因此，在用于非无菌液体制剂的制药用水系统中，应适当控制生物膜。

如果控制不当，特定生物膜衍生物种的存在也可能对使用该剂型的患者有害，尤其是当该剂型是：

① 直接给药或接触敏感组织，如呼吸道、皮肤擦伤/发炎、黏膜；

② 用于基础疾病或医学治疗损害正常免疫力的情况；

③ 用于年龄较大或免疫系统不发达的患者，如幼儿和非常年老的患者，使他们更容易感染。

大多数水生生物膜微生物无法在宿主中生存或致病。少数适应性强的菌类被认为是致病性微生物，如铜绿假单胞菌（*Pseudomonas aeruginosa*，以引起肺炎、烧伤感染和新出现的致病性微生物而闻名）和洋葱伯克霍尔德菌，因为它们在数量相对较多时会导致患者接触感染，尤其是对免疫功能低下的个体。这些微生物通常来自受污染的水系统，它们出现并生活在水系统生物膜中，也可以在看似保存完好或不利于这类微生物的产品配方中生长或存活。

最易受水系统生物膜影响的产品是肠外产品。它们是无菌产品，且应用它们时所使用的水也必须不含细菌的成分，如革兰氏阴性生物膜细菌细胞壁中的脂多糖。热原在极低浓度下仍具有药理活性，因此，在用于敏感制剂的水中热原应处于极低水平或不存在热原。

由生物膜细菌将这种热原性细胞壁成分释放到微生物周围的黏性EPS以及生物膜外的水中。杀灭生物膜中产生这种脂多糖的微生物不会破坏脂多糖，当随着被杀灭的细胞溶解或不再保持细胞完整性时，可能会导致更多的热原性脂多糖释放到水中。有效控制水中此类有害化合物的最佳方法是防止配水系统中生物膜的形成，并确保原水和预处理系统中存在的任何热原都不会进入纯化水。当采取此类预防措施时，生产的低含量或无内毒素的水就可能适用于生产注射剂。

我们应该尽量对制药用水的制备、储存、使用进行控制，并尽量减少它可能造成的损害。

#### 3.3.1.5 微生物和生物膜的控制

制药用水的纯化制备和储存分配系统是一个连续的工艺系统，有别于药品生产的"批"概念，其清洁生产管理的方法也不同。首先通过纯化的工艺流程得到"清洁水"，然后送入储存分配系统"保持水的清洁"，从"清洁水"到"保持水的清洁"维持微生物的纯度要比维持化学纯度困难得多。为此控制微生物和生物膜是高纯水系统"清洁"的首要任务，这就是制药用水系统清洁生产的概念。

微生物控制需要多方位、全时段地进行。这些控制特点和活动旨在协同工作，以实现在水系统内对生物膜微生物增殖的控制。微生物整体控制策略的关键因素如下所述。

**(1) 工艺流程和运行参数的管控**

不同的单元操作组合和运行管理、材料的使用都会影响到微生物和生物膜的控制，通常控制策略包括如下几项。

① 单元操作的设计：去除同一类杂质，可以选择不同的单元操作，但对微生物的控制会产生完全不同的结果，如去除有机物可以选择活性炭，也可以选择超滤，但活性炭对微生物和生物膜来说更难控制。

② 运行流速的设计：高的水流速度能使浮游生物不易黏附到系统和过滤材料表面上而生成生物膜。而这个流速是对于某个过滤单元或整个系统24h全时段而言的，不仅仅是某个点位上的流速。

③ 非生产期间微生物的控制：在非生产期间制水系统和储存分配系统处于暂时的"停顿"状态，保持与生产期间有同样运行参数的"流动"态对微生物控制至关重要。

④ 运行水温：常温水的温度波动对微生物的生长影响很大。

⑤ 进入系统的空气和呼吸器。

⑥ 进入系统的化学药剂：运行中滴加进系统的化学药品要小批量常配制并及时用完。

⑦ 使用在线消毒比使用周期消毒更有效。

⑧ 材料类型、表面粗糙度、焊接工艺。

⑨ 高于70℃的自消毒运行。

就单一的方法而言，有各自不相同的控制程度。当几种兼容的方法结合使用时，效果会更好，系统往往会持续更长的控制时间。

对于大多数水系统中形成生物膜的微生物而言，控制条件通常差不多。然而，一旦生成了有保护性的、黏稠液的生物膜，与裸露的浮游生物相比，其控制手段差异很大，这取决于生物膜的厚度和年龄，以及生物膜允许产生多少保护性EPS。因此，此处所提及"工艺流程和运行参数的管控"主要针对更脆弱的浮游生物/年轻生物膜微生物，以防止或减少生物膜的产生和生长。

**(2) 流速对生物膜控制的影响**

当生物膜变大时，在适度的水流剪切力情况下，它往往会从最初附着的表面向外生长。

如果是在静止的或缓慢流动的水中（速度为0~0.1mL/s），生物膜会呈柱状或在有水性营养物的最大接触表面上呈蘑菇状；然而，长得较高的生物膜很脆弱，特别容易受到流水剪切力的影响，尤其是在不断变化的速度下，包括水锤的脉动。如果在缓慢移动或停滞的水中形成的生物膜遇到流速突然增加或方向变化，例如反洗或取样，则大部分外层生物膜可能会被剪切下来，并随水流以浮游生物的方式携带出去。

在对颗粒净化床（如多介质过滤器、活性炭、软化器、去离子器或其他类似设备）反洗时，有效的反洗使得整个颗粒床被快速反向流动的水抬高升起并流化，此类反洗清除了一部分堆积的生物膜和截留碎屑。如果有足够时间不干扰生物膜，让它在颗粒之间的空间中积聚，尤其是在除氯的下游，或在氯含量最低的地方，生物膜就会将颗粒有效地黏合在一起，使其在反洗过程中有很强的抵抗力来阻止床层完全流化。这种结块还会阻碍消毒热水或再生化学物质渗透到床层颗粒中。

层流区总是存在于坚硬管壁表面附近，即使在非常湍急的水流中也是如此。在管径扩大的循环管内湍流越小，层流水边界层越厚。典型循环管路在大约 3ft/s（1ft=0.3048m）的速度下，该层流区的厚度约为 $120\mu m$，即使在管子出口处，水流冲刷速度达到 8ft/s，仍有厚度约为 $50\mu m$ 的层流区。即使在流速最快的水中，也不会显著低于 $20\mu m$，从而为湍流区下方的管道表面留下足够的生物膜生长空间。

微生物和生物膜的生长速度取决于营养水平。在滞流和快速、高度湍流的不同流态下，当营养水平等效，由于营养物质通过生物膜的通量增加和生物膜微生物捕获营养物质的机会增加，生物膜的生长速度在较高流量的情况下稍快。生物膜的形状和相关的韧性变得能够适应水流持续的剪切力。

在矿物和营养贫乏环境（$18M\Omega$，TOC含量超低）的超纯水系统中，分配系统内几乎在任何水流速度下都会显示生物膜的生长极其缓慢。

在水不流动以及几乎不流动或流动系统中的局部死角处，例如取样口和一些使用点阀相连的部分管道，当水的使用和取样时就产生了水流。流动产生的剪切力可以把生物膜的多胞絮状体从附着于生物膜脆弱的外层剥离（这就是水在使用或取样前冲洗出口的基本原理）。有连续湍流流动、生长了紧贴表面且牢固的生物膜的地方最小生物膜絮状体就被水流剪切下来。实际上高度湍流被认为有利于减少生物膜的脱落，因为它会使生物膜变得不那么直立，并更牢固地附着在表面。为使消毒液和热水与主管道相连的短管和阀门中的液体彻底混合，湍流也是必要的。湍流和流速对生物膜的形成或生长速率影响很小。

**(3) 光滑表面对生物膜控制的影响**

研究表明，使用昂贵的几乎没有表面划痕和缺陷的超光滑表面，如 PVDF 或电抛光不锈钢，在推迟初始细胞吸附到表面上形成生物膜的过程中具有中等优势。与亲水不锈钢表面相比，许多高科技塑料的疏水表面在初始生成生物膜时也表现出类似的中等推迟的表现。在高湍流状态下，这些推迟可能只有几个小时。然而，一些研究表明，疏水表面和亲水表面的效果正好相反，因此这种现象可能是由材料特异性所决定的。很明显，一旦生物膜开始生长，无论材料的"亲疏水性"或表面粗糙度如何，在此表面上产生的生物膜表现出同等的韧性。一旦表面被生物膜覆盖，生物膜的表面就成为进一步微生物附着的首选场所，并且无论生物膜最初形成光滑或粗糙、亲水或疏水的表面，该表面就与材料和表面性质无关了。

然而，存在表面缺陷可能会对表面化学清洗或消毒产生重大影响。由于表面微裂纹或凹坑或卫生接头垫圈/密封边缘肉眼可见的间隙、有缺陷的焊缝、软管或卫生隔膜阀片被挤压造成的缝隙提供了污染物的保护区，渗透性差的化学清洁剂和消毒剂进入这些区域受到影响，使得进入这些区域生长的生物膜中有少部分微生物群存活。对于消毒工作来说，这些宏观缺陷可能为生物膜提供了最大的生存优势。

使用超光滑和疏水性表面的材料会产生相对较高的制造成本，应根据形成生物膜的次优选和清洁改善的临界值来进行评估并选用材料，尤其是在加热或连续消毒系统中，这些系统往往永远不会形成生物膜。尽量减少宏观缺陷和裂缝是必需的，应该予以考虑。

(4) 水温对生物膜控制的影响

温度10～40℃往往被认为是常温水系统的工作温度。生产或公用设施区域的环境温度通常为20～25℃。进入到分配系统储罐水的温度可能较低，但来自水循环的循环泵、紫外线装置等的摩擦热可使每循环一次水温升高1～2℃。快速循环水系统由循环过程中增加的热量未通过冷却热交换器适当调节，它的平衡温度是在30～35℃或更高，这意味着这个温度是许多水系统中细菌生长理想的温度。由于化学和生物反应速率随温度升高而增加，温度升高往往会促进微生物更快地生长。

大多数公司认为蒸馏过程不会受到微生物问题影响，因为对于高的操作温度细菌是不耐受的；然而，蒸馏器内潮湿、较冷的位置，如冷凝器，或不连续运行的蒸馏器中，那里的温度虽不至于抑制微生物，但可能需要采取适当的预防措施来控制微生物。

由于工艺或人员安全需要，有时会使用冷的注射用水。在低于环境温度下运行的系统中，其管道和储罐通常是绝缘保温的，以避免更多的能量消耗和设备表面析出冷凝水。冷却的好处是保持水温足够低（通常为2～8℃），以减缓生物膜的形成。然而，即使在冷水分配系统中，生物膜最终也会生成。在持续低温系统中，将有嗜冷微生物生成生物膜。这些细菌更优先在冷水系统中相对温暖的地方生长。它们的生长速度会很慢，但可能比同一地点典型的嗜中温微生物快。在较低的水温下，嗜冷微生物通常比嗜中温微生物容易被热杀死。

常低温冷水系统需要自始至终保持低温状态，尤其是要关注循环泵、未保温的使用点或系统上有加热但未保温的部分。此外，如果对嗜冷微生物数量的计数使用细胞培养方法，则可能需要更适合其最佳生长温度的较冷培养条件（20～25℃）。这通常需要延长培养时间（可能是原来的两倍时间），因为与嗜中温微生物相比，它们的生长速度较慢。虽然出于资金和运营成本（以及检测结果的时间表）考虑会使用冷水系统，但冷水系统微生物的控制还是不被看好。

由于在冷水系统取样口和使用点不可避免会发生冷凝，并且在这些地方潮湿的外表面上也会生长生物膜，冷水系统在取样和清洁方面面临挑战。与常温系统相比，在这种冷出口取样和用水时，需要更加小心，以避免出口处外表面的污染。

(5) 水的纯度对生物膜控制的影响

随着水纯度的提高，微生物生长和生物膜形成的速度降低。当接近超纯水时，营养的缺乏可能会赋予几乎完全抑制细菌生长的条件，尽管仍然存在低水平的营养物质（通常集中在固体表面），一些微生物仍然非常缓慢地生长。电阻率接近18MΩ·cm，TOC水平低到几个ppb（ng/mL）的高纯度水往往只允许非常缓慢的生物膜发展和生长。降低营养水平的单元操作包括：蒸馏、超滤、反渗透、阴离子交换树脂和带正电的膜、降低TOC的紫外线照射装置。

**（6）制水工艺流程设计对微生物的控制**

在没有控制手段的常温水制备系统和储存分配系统中，微生物生长和生物膜在系统中形成是不可避免的。如果没有一个能"保持清洁"的设计，对系统取样监控和事后消毒控制的有效性往往不如人意，有时看上去是有效的但实际上是徒劳的，通过周期消毒后的很短时间内系统微生物往往会大量增生。

水的纯化工艺流程有许多种，但不是每一种工艺流程都适合于制药用水的纯化过程。只有是"在系统每个阶段，应稳步减少以下参数：微生物总数 、电导率 、总有机碳"的工艺才是能"保持清洁"的纯化工艺。

① 固定床过滤器　多介质、活性炭、阳树脂软化、阴阳树脂离子交换等过滤床都被称作固定床过滤器（或称为固定床反应器），在容器中填充了颗粒状的过滤介质，其过滤介质的表面积巨大。为了把水中所需的悬浮物、胶体、有机物、离子去除，过滤器都有各自限定的过滤流速，不能超出其上限。例如：多介质过滤器的过滤流速限定在 $8\sim12$m/h（约 $0.002\sim0.003$m/s），因为只有这么低的流速才能把悬浮物截留住。活性炭床、阳树脂软化器等同样需这么低的流速，在这些颗粒介质的表面或内部结构中都会存在微生物所需要的大量营养物，微生物和生物膜就在这些固定床反应器中茁壮成长。当它们不处于过滤态时，生物膜外表面更能长出更厚的黏稠状的 EPS，这些 EPS 能使过滤颗粒黏合在一起，使其在反洗过程中有很强的抵抗力以阻止床层完全流化。这种结块还会阻碍消毒热水或再生化学物质渗透到床层颗粒中。

固定床过滤器在运行中不排浓水，营养物和微生物都累积在反应器中，成品水和污染物在一个腔室中，当泵、阀门启动时，在水流的冲击下，那些长得松散的生物膜和浮游生物一起随水流进入下游，免不了使产水受污染，因此经过每个阶段的固定床过滤器后，水中微生物并不会稳步下降。

通常经过一段时间的运行或达到了吸附的限值时可进行消毒或化学药剂的再生，由于长在颗粒表面的生物膜在黏性 EPS 的保护下，消毒效果欠佳。因此对于这种固定床过滤器要频繁消毒或再生（除多介质过滤器除外），才会对微生物控制较有效，但这样的操作往往消耗大量的能源或化学药剂。

② 错流的流动床过滤器　预处理超滤和反渗透过滤器都是错流的流动床过滤器，这种过滤方法又称作膜法过滤。其过滤面积比颗粒固定床过滤器的固体表面积要小很多。水进入过滤器后大部分透过膜获得了纯化，另有一部分水与膜的表面平行流动，把截留在膜表面上的污物和微生物从膜表面上冲刷下来，并随这股水流排出过滤器，经过一定水量的过滤后可以通过正洗、反洗、气洗、预洗、小药洗等方式把膜表面清理干净。在保证一定产水量的同时，可以增大这股平行于膜表面的水流速度，增大的水流能有效控制膜表面上生物膜的生长。这种错流过滤的产水与浓水不在同一个腔室中，这两股水通过两根管道分开排出过滤器，避免了浓水中的微生物进入到产水中，同时过滤器中微生物不会累积起来，微生物总数处于一个比较恒定的量。

经过每个阶段的错流过滤器后，水中的微生物稳步减少，系统微生物得到了有效控制。

③ 预处理超滤与中压紫外装置的组合设计　活性炭能去除水中的有机物和游离氯，但其微生物和生物膜的控制非常困难。预处理超滤能稳定地去除水中的有机物，当水通过超滤后，仍然还残留有游离氯，这对水中的浮游生物能很好地控制，这种水在进入反渗透膜时必须把游离氯还原掉，以保护反渗透膜不被化学氧化。用中压紫外线灯脱氯是一个很好的设

计,其脱氯的照射剂量是杀菌剂量的 10~20 倍,水通过中压紫外装置后不仅脱除了游离氯,同时对水中的微生物起码有 6 个对数值的杀灭率,也就是进入反渗透装置的水几乎没有微生物。虽然经过超滤的水中还会残存小分子量的有机物,一部分的有机物会随浓水排出反渗透装置,另一小部分会被截留在反渗透膜上。但处于这种状态下,膜表面的生物膜发育会非常缓慢,再通过定期对反渗透膜进行消毒,可使其上的生物膜得到非常有限的控制(图 3-64)。

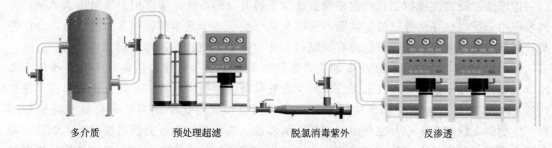

图 3-64  预处理超滤与中压紫外装置的组合设计

④ 二级反渗透装置的设计  水通过前级处理后,去除了大分子有机物,降低了硬度,脱除了游离氯,并控制微生物在一定的水平以下(进水经中压紫外线照射,微生物几乎为 0~1cfu/mL),保证了反渗透膜的进水条件。当原水电导率为 $300\mu S/cm$,经过一级 RO 膜(苦咸水膜)的过滤,出水电导率为 $6~7\mu S/cm$,总有机碳为 70~80ng/mL,然后再经过二级 RO 膜(苦咸水膜)的过滤,出水电导率为 $0.4~0.5\mu S/cm$,总有机碳可以下降到 20~30ng/mL。二级出水比一级出水纯度更高,水中营养物含量大大下降,微生物的生长条件受到了限制,对 EDI 最终出水的微生物控制更优于一级 RO 加 EDI 的制水工艺。

⑤ 全膜法制水工艺  如图 3-56 的全膜法制水工艺在水的纯化流程中全部由错流的流动床膜法制水,每个过滤段都通过浓水的排放和调节平行于膜的水流速度,有效地控制了系统中微生物和生物膜的增长。特别是在非生产期间(长时间不制水),可以通过系统设计对膜的浓水表面进行定时高速冲刷,其冲刷流速与制水的参数完全相同,对非生产期间系统由于水的不流动而激增的微生物和生物膜有了切实有效的控制措施。全膜法制水工艺更适合制药用水的纯化。

#### 3.3.1.6  有效的消毒

对独立的水系统进行消毒(包括存储、分配系统),旨在使该装置长期运行并能达到设计功能,即流过该装置的水中微生物质量达标。通常消毒是通过物理或化学方法将水中裸露的微生物和相关表面上生长的生物膜杀死来实现。在实际消毒工艺中,如果操作不当或系统部件(或缺少部件)阻止了消毒剂的渗透或覆盖,或施工材料不利于消毒处理效果,消毒结果可能会不够理想。错误的信息和对有效消毒数据的不了解通常会导致无效的消毒。消毒处理不当就会导致频繁消毒或系统污染超标,可能会导致劳动力成本升高、丧失生产时间。如果有消毒需要时却不消毒,可能会对产品、安全和监管造成负面影响。在对水系统进行消毒时,应考虑以下几个基本的概念,以确保消毒成功,有利于长期改善水系统微生物的问题。

**(1)消毒频率**

① 连续消毒  持续消毒状态被认为是制药行业防止生物膜形成的理想消毒频率。新进入、尚未形成保护性 EPS 黏液层的裸露细胞通常是消毒的目标,这就使得只要达到最小的

消毒条件就能显出有效的消毒效果，因为裸露目标细胞易于破坏。

为了使连续消毒切实可行，需要快速去除消毒剂，也就是系统中必须把所有消毒剂清除出去而不留任何残留物。因此消毒剂就被限制为加热和臭氧这两种，因为这些消毒剂不仅效果显著，而且还具备两种功能特性，既具有持续不断的消毒作用，同时又具备化学反应的特性，既在原位快速中和而又不残留。

连续消毒就微生物控制和频次来说被认为是最有效的方法，通常用于注射用水系统，在该系统中分配系统任何等级的生物膜通常都无法忍受。出于成本和管理方面的考虑，会认为某些最低等级生物膜的生长可能没有问题，为此 PW 系统对连续消毒使用频率较低。

② 周期消毒　系统可以使用周期消毒来控制微生物和生物膜，消毒的间隔时间是水系统微生物限度处于正常运行状态下，而且又没有显著的生物膜形成。一旦生物膜形成了保护性的 EPS 黏液层，包埋在 EPS 中的细胞由于渗透性差，用化学试剂杀死它就变得更加困难。生物膜在缝隙中生成，也会阻碍清洁剂的渗透，这种抵抗消毒力就更加明显。如果在两次消毒之间，特别是在有保护的缝隙内，已经生成了明显的生物膜，那么即使是最具攻击性的化学消毒剂，其持久控制微生物的能力也可能会永久受损，或者需要付出极大的努力来进行补救。

**(2) 杀灭生物膜、去除生物质**

为了持久地控制微生物，应杀灭生物膜，并清除死亡的生物质（生物有机体的质量称为生物量或生物质）。对于在消毒流程完成后出现并附着在生物质上的先驱细胞来说，这种生物质都是丰富的营养来源。在如此营养丰富的情况下，生物膜的再生速度更快。完全破坏生物膜并去除生物质也确保了生物膜的重生。如果生物膜仅被部分杀死和部分去除生物质，那么在微生物数量较低的短暂时期以后，由死亡生物质滋养的剩余活细胞再生的生物膜可能会迅速反弹。

**(3) 使用有效的消毒剂**

消毒剂对生物膜内生长的微生物细胞应该是致命的。一些消毒剂可能会穿透并杀死生物膜，但将生物质留在原位，例如热量和二氧化氯，而有些消毒剂则会从外部对生物膜进行化学降解，并在细胞暴露时杀死细胞（如大多数氧化性化学药剂或腐蚀性物质）。氧化电位是决定氧化消毒剂功效的一个因素，这与它能够降解与生物膜相关的复杂有机分子中的强共价键有关，包括降解 EPS 和细胞成分，如内毒素。如果使用热作为消毒剂，它通常不难从上到下穿透生物膜，然后进入到长有生物膜的缝隙中。但是当热量释放到环境以后，离热源较远的组件的温度就达不到消毒要求，例如取样口和使用点的阀门，那么就需要有足够高的温度才能对生物膜微生物致命。此外，热不能直接去除生物膜或降解生物膜黏液以及细胞内的内毒素。

**(4) 使用有效的消毒操作**

消毒剂只有在合乎需要的浓度和接触时间下使用，才能有效。所谓"合乎需要的"，取决于消毒剂的攻击特性和生物膜的抵抗力。没有普遍有效的具体规范。对于氧化消毒剂，其效果与其反应性（对于氧化剂，用氧化电位表示）以及浓度、接触时间和温度有关。化学消毒失败通常是由于消毒液接触时间和消毒液浓度不够，导致生物膜不能完全破坏，在消毒后快速恢复生长。

消毒失败的另一个重要原因是由于欠佳的施工和材料而造成表面裂缝或裂缝中生长了生物膜。在这些有缺陷的区域内，化学清洁剂不太可能充分渗透，并杀死这些区域内形成的所有生物膜，因此一旦消毒停止，生物膜就会恢复生长。也许是由于杀死的生物膜中含有丰富的营养物而加速了其生长，使得系统内仍然存在生物膜。

热被认为是杀死生物膜的一种极其有效的方法，因为它能够轻易穿透甚至很厚的生物膜，生物膜微生物有相对温和的热敏性。影响热水消毒的有效性的因素是温度、接触时间、受热分布和热损失之间的平衡。

热消毒的持续时间应基于系统中最冷或升温最慢点的温度。回水温度可能不是这两点的最好标志。这对于间歇性热水消毒系统尤其重要，因为在这个系统上可能有些局部保温不好而损失热量，使得局部很慢地上升到消毒温度。塑料系统也存在这样的问题，因为塑料不容易将热量传导到取样阀和使用点阀的远端表面。因此，在适当的安全规程下，瞬时把阀门打开让消毒热水通过这些阀门，将消毒热量渗透到这些潮湿的表面，才能保证有效的局部区域消毒。

不经常进行热水消毒的系统，可能需要进行后续化学处理，以清除大量死生物膜的沉积物和生物质，否则可能会加速生物膜的再生。

适合于微生物生长的潮湿场所应采用热消毒或化学消毒，且消毒时间足够长，以便杀死微生物。对于化学和热消毒成功的关键是消毒剂要接触所有需要消毒的表面（这非常重要），这些表面包括：

① 储罐液位线顶部的空间；
② 阀门，尤其是取样点和使用点阀门；
③ 在线单元装置，如热交换器；
④ 软管，包括其配件和垫圈；
⑤ 过滤器外壳，包括通风/排水口和安装的过滤器；
⑥ 并联/备用泵和相关管道；
⑦ 连接并包括仪表的管路/管子；
⑧ 其他适当的组件或硬件。

消毒后，应将消毒剂去除，使水再次可用（与产品兼容的热水除外）。使用连续消毒剂时，该过程应在现场完成，无须系统冲洗。化学消毒剂的周期消毒，则应将消毒剂以及任何释放出的碎屑冲出系统。在这种消毒过程中，要想以最小的冲洗量快速高效地去除消毒剂和完全去除管道系统残留物，排水系统必须具有良好坡度（包括设备最低点的排水）。

不推荐采用蒸汽消毒，但如果必须采用，则需考虑系统中的管路坡度、冷凝水排放阀、蒸汽疏水阀，且必须冲洗消毒剂残留物，使用微生物和化学性质良好的水，以避免污染立即重新注入系统。这些水也许来自消毒前保留的水，也可以是消毒后系统正常生产的新鲜水。系统冲洗和冲洗能力应从一开始就设计到水系统中。

**（5）防止生物膜的再殖**

系统经过消毒后生物膜会显著减少，降低生物膜再次生成的持续过程有助于延长周期消毒之间的间隔。当水中少量的微生物再进入并且沾到储存和分配系统表面时就会发生生物膜的再殖，通常是通过去除或杀灭全部的或大多数来自制水装置新的先驱细胞和浮游生物膜絮状体来实现。还可以在分配系统之前的阶段通过控制生物膜的生长及其可能的脱落，或在浮游生物进入储存和分配系统之前或之后杀死它们来防止生物膜的再殖。

常用的防止生物膜再殖的方法如下：
① 在线紫外线消毒装置下游配置（也可不配置）微生物截留过滤器；

② 分配储罐配置连续臭氧发生器，可对进水进行最初的臭氧消毒，也可对循环水进行常规周期臭氧处理，两者都需达到杀菌剂量；

③ 阻止微生物生长或不允许微生物进入终端净化单元装置，如蒸馏器、热水消毒 RO 装置或 UF 装置。

在线微生物截留过滤器可与其他上游控制措施（如紫外线处理装置）结合使用。当上游缺乏控制措施时，截留过滤器的使用寿命会很短。活的微生物和来自滤膜和滤膜内的生物膜的絮状体，可迅速穿透过滤器或生长。这样在较短的时间（可能只有几天）内，过滤器会成为下游的污染源，失去永久性屏障的作用。

### 3.3.1.7 消毒剂

一般来说，消毒剂可以分为物理消毒剂和化学消毒剂。可选的物理消毒剂，如紫外线消毒剂，只对流体介质或局部设备具有消毒效果；另一些可能只起到暂时的作用，如微生物截留过滤。在制药用水系统中，热被认为是一种更传统的物理消毒剂，无论是热水还是热蒸汽。

有许多种类的化学消毒剂可供选择，其中一些是具有氧化能力、致命性、渗透性和破坏生物膜性等特性的氧化剂，它们可用于水系统消毒。此外，某些特殊消毒的场合也可采用非氧化消毒剂。

**(1) 物理消毒剂**

① 紫外线照射　DNA 中的嘧啶碱基能最大限度地吸收波长为 240~280nm 的紫外线。吸收的能量使这些碱基发生反应，造成了 DNA 中相邻的嘧啶碱基共价结合，阻止微生物复制和蛋白质合成，最终杀死细胞。低压紫外线灯管是紫外线消毒装置中使用的一种灯管类型，只能发出 254nm 紫外线。当水以适当的流速流过装有此类灯管的装置时，水与紫外线接触的时间足够长，就可以杀死水中 99% 或更多的微生物。高达 1% 的细菌可能不会被杀死，装置外的细菌也不会被杀死。那些幸存下来的细菌可能会附着在不透明颗粒（如红锈）上或嵌入生物膜絮状体的中心，红锈和絮状物屏蔽或阻挡了紫外线。中压紫外线灯管是紫外线消毒装置中使用的另一种灯管类型，它能输出更强功率的紫外线，其杀菌效率达到 3 个对数值以上（大于 99.9%）。这种灯管能发出 200~300nm 的紫外线，其消毒效率不会受水温的影响。这种紫外线还会对微生物细胞的其他组织起破坏作用，使微生物的光复活功能丧失，因此中压紫外线灯对水消毒更具有优势。

许多使用者错误地认为，在线紫外线消毒装置会对整个水系统进行消毒，形成持续的消毒。实际上，在线紫外线消毒装置只能杀死被光照射到的物体。残存下来的微生物会形成下游生物膜。但水通过在线紫外线消毒装置会减缓水中浮游细胞在下游形成新生物膜的速度。在这种情况下，持续的紫外线消毒有助于减少频繁消毒的需要。

在紫外线消毒装置的下游配置微孔截留过滤器，能捕获或显著过滤掉被紫外线消毒后剩余存活的 1% 的微生物流到下游去，从而进一步延长消毒之间的间隔。万一紫外线装置损坏导致灯管或石英套破碎，紫外线消毒装置后安装过滤器还可以起到保护下游管道的作用。

② 微孔截留过滤　在无菌药液灌装之前，过滤无菌液体通常使用规格为 $0.22\mu m$、$0.2\mu m$、$0.1\mu m$、$0.05\mu m$ 的微孔截留过滤器去除微生物。

长期以来人们错误地认为，只要符合规格的过滤器其去除能力就是绝对的。过滤器的规格是其最大的孔径，过滤器仅仅像一个筛子来去除细菌和其他类似大小的颗粒。这些观点对大多数膜过滤器不成立。每种过滤器的适宜孔径有一个范围,最大的孔径可能是其标定规格值的 2~3 倍,这意味着一小部分大于额定值的颗粒可以通过这个过滤器。$0.2\mu m$ 和 $0.22\mu m$ 规格过滤器能截留细菌是由过滤器的筛分作用和过滤器网状材料对细胞吸附效应共同起作用的结果。当微生物穿越于错综复杂的网状过滤材料时,往往会黏附在过滤材料的表面。

事实上,尽管过滤器通过了绝对截留 Brevundimonas diminuta 微生物能力的挑战性验证,但这些被认为能绝对截留 $0.2\mu m$ 和 $0.22\mu m$ 规格的过滤器,微生物仍然能透过滤膜,这对水系统的微生物尤其普遍。在水系统中,在没有产生背压之前这种渗透已经发生了。事实上,当几乎检测不到任何一点背压时,过滤器可能已经通过大量的细菌有一段时间了。

这种微生物穿透过滤介质的现象是不容置疑的,但其机理仍有争议。一种理论认为,特别是小的(小于 $B. diminuta$)和/或表面疏水性较低的细胞(小于 $B. diminuta$),就如同在水系统中发现的细胞一样,最终这些细胞透过了那些较大的孔道,较小的疏水性微生物得以避免被吸附到过滤器的过滤材料上,就是这么简单地"穿过"了过滤器。另一种理论涉及细菌黏附于网状过滤材料表面的"生长通过";细菌通过二元裂变之前细胞的伸长,一些新形成的子细胞沿着这些表面和小间隙逐渐推进,最终一直到了网状材料的下游。

当微生物截留过滤器长时间进行液体过滤时,水系统中微生物就会渗透穿过 $0.2\mu m$ 过滤器。那么过滤器在多长时间之内能保证截留微生物,还取决于其尺寸(过滤面积)、过滤材料表面特性、过滤器上的活菌数量、过滤材料的成分和孔径分布、流速和其他许多因素。在微生物渗透穿过过滤器之前,没有普遍适用的使用周期。在监管预期允许的情况下,可以根据经验确定适当的使用期限,并对给定的过滤应用进行验证。

FDA 对于未验证使用周期的过滤器不允许投入使用。特别是这些过滤器因糟糕的系统设计和维护被用来掩盖劣质水质的情况更不允许。

也可以选择规格为 $0.1\mu m$ 的过滤器,据称这种过滤器不能被水系统中的小细菌穿透。微生物挑战性试验对该规格过滤器可依据的法规文件少,并可能更难执行,因此验证它所持有的特性更难,并且在持有某些水生细菌[例如假黄氢杆菌(Hydrogenophaga pesudeflava)] 情况下并非所有具有该规格的过滤器都有同样的效果,尽管这种微生物不太可能在制药用水系统中发现。一些更密集的网状过滤材料的过滤器可能会产生比 $0.2\mu m$ 规格过滤器更大的流动阻力,因此需要更多的 $0.1\mu m$ 规格过滤器滤芯来达到与 $0.2\mu m$ 规格过滤器相同的流量。

在不同的使用场合,对过滤流度(快慢)和成本方面要综合考虑,因为 $0.1\mu m$ 过滤器可能比 $0.2\mu m$ 规格过滤器更快地被微小颗粒物或生物膜堵塞,需频繁地更换膜,造成成本增加。市场上一些过滤器制造商提供了更细孔隙率过滤器(甚至小于 $0.1\mu m$),这种过滤器使用中空纤维进行过滤,与传统规格为 $0.2\mu m$ 的过滤器相比,由于更大的过滤表面积和个为切向流设计,不会带来流量的损失。

在靠近紫外线消毒器下游安装微生物截留过滤器被认为是一种更有效和可持续的应用。大多数微生物在到达过滤器之前已被紫外线消毒装置杀灭。过滤器拦截了被杀死细胞和剩余小的活细胞群,在一段时间内能阻止它们流过过滤器,并且阻止它们在过滤器下游重新黏附于分配系统表面。这种串联式的单元配置有助于延长过滤器的使用寿命,在上游安装了紫外线消毒装置后,过滤器的使用寿命从几天可能延长到几个月,过滤器的寿命还取决于该位置水中微生物的含量和紫外线消毒剂的效率。紫外线消毒和 $0.2\mu m$(或更小)过滤器这种组合的使用条件是下游系统事先经过消毒,且杀死下游几乎所有的生物膜,管路上没有阻碍物也没有旁通管路。

③ 超滤 这些过滤器具有极微小的孔道，能够过滤掉额定分子量的有机物。非蒸馏制备系统中，尤其是 RO 或去离子系统的产水，采用超滤去除水中的内毒素已经相当普遍了。然而，由于内毒素总是以凝聚的多分子状态存在于纯水中，因此截留高于 10000Da 或 20000Da 分子质量的过滤器也可有效地用于去除内毒素。

④ 反渗透 反渗透装置屏障了微生物和内毒素穿透过滤膜，但无法验证膜和组件的完整性。通常使用化学药剂对滤膜进行消毒，但是只有少数消毒剂与反渗透膜兼容，且对反渗透膜渗透侧（产水侧）的消毒能力有限，这可能导致产水侧下游生物膜的形成以及由该生物膜可能产生内毒素。一些专利消毒剂，如含有过氧乙酸/过氧化氢混合物的消毒剂，其分子小到足以穿透反渗透膜，从而对渗透侧表面进行消毒。反渗透装置可以采用热水消毒，因为热水同时能对膜的上游和下游表面进行消毒。

⑤ 热水消毒 在高纯水中，温度高于 45℃ 时通常生物膜的生长要么很少要么不存在；当温度高于 50℃ 时，通常阻止了水系统中生物膜微生物的生长且缓慢致死。更高的温度，如 65℃ 和 80℃ 通常用于热水消毒。温度越高，微生物的死亡速度越快，即使在 65℃ 的温度下，微生物的死亡速度也非常快，以至于在该温度或高于该温度（例如 80℃）下基本上是瞬时致死的。因此，要杀死这些相对热敏感的生物膜微生物，即使要更快地杀死它们也不需要太高的温度。

自然界中存在着水生嗜热菌，它们能耐受制药用水系统中消毒热水的温度。但是水生嗜热菌在高纯度水中缺乏必要的营养物质而不能生存于这种系统中，杀死这些嗜热菌而设计消毒周期、监测技术或检测它们的存在，是没有必要的。

正因为如此，供配水系统运行温度≥65℃ 通常被认为是自我消毒；运行常用的指标温度是 80℃。当在这样的温度下持续运行时，生物膜没有机会形成，因此水基本上可以保持在无菌状态。WFI 系统通常在持续自我消毒的条件下运行，因为该系统对微生物/生物膜生长几乎不能容忍，微生物/生物膜生长可能是系统内毒素的来源之一，而在这种级别的水中内毒素是受到严格控制的。PW 系统也可在持续消毒温度下运行，以确保对微生物的控制，但能源消耗很大。

为了生产工艺的需要通常使用常温的注射水，因此持续热的 WFI 分配系统在使用点由热交换器把热水冷却到常温，而未被使用完的常温注射水要回到持续热的 WFI 主系统循环管道中，此回水管路如果不定期加热至与主分配回路相同的自消毒温度，则生物膜可能会在这些较冷的地方生成。如果不能对这些冷的地方每天消毒一次，至少应该每周消毒一次。如果使用冷却热交换器，应该提醒操作人员，必须留出足够的时间，使热交换器在消毒期间达到消毒温度；换热器出水温度指标通常不能作为冷却热交换器内最迟被加热的位置。

在 PW 系统中周期热水消毒更常见。热水消毒的优点是热量能传导并穿透到湿的缝隙中，因为生物膜会生长在那里，而化学消毒剂可能永远无法到达这些缝隙中。通过传导促进了热渗透到密封件、垫圈和表面缺陷相关的裂缝中，加强了对微生物的控制。通常使用的消毒温度为 65℃，甚至高于 80℃。消毒效果涉及系统从消毒开始到最冷点（可能返回到水箱的不是最冷点）达到设定温度的计时问题。对于＞80℃ 的消毒，通常需要 0.5~4h 的消毒时间；更复杂的系统设计，需要更长的消毒时间才能确保热渗透到所有潮湿的表面。

有些系统中有耐热非金属材料（如 PVDF 等材料），应采用 65℃ 的温度消毒，因为热传导产生的热损失易导致 U 形弯下面部分的短管和使用点阀门表面温度下降达 10~15℃，从而使这些远端表面上处于最低或非消毒状态。如果仅依靠热传导对这些表面进行消毒，则可能需要消毒热水与这些表面有更长的接触时间。在这种情况下，开启阀门（排出热水）安全地使热水冲洗数秒，这样可以有效的对这些处于最低消毒条件的表面进行消毒。

尽管热水消毒可能对存在于水系统中生物膜的生物体非常致命，但它存在一个缺点，即不能去除这些已杀死的生物膜。它将杀死的有机生物质留在原来的位置，作为新来微生物未来生物膜生长的食物。

⑥ 蒸汽热消毒　蒸汽可用于对水系统进行消毒，尽管它在系统微生物控制方面通常没有热水更有效，而且工艺要复杂得多。它会增加部件磨损，增加不锈钢系统中的红锈，并且可能比热水有更高的安全顾虑。在传统观念上，通常认为（是错误地认为）蒸汽消毒比使用普通 65~80℃ 热水进行水系统消毒更有效，因为蒸汽的温度更高和致命性更强。水系统可以设计为蒸汽消毒，但这种方法的温度远远超过杀死可能正在系统中生长的生物膜微生物所需的温度。

蒸汽灭菌可能被认为是杀死非常耐热的外源性生物所必需的，这些外源性生物可能通过受损的通风过滤器或爆破片进入水系统，或在系统初启之前进入水系统。然而，这种潜在的耐热生物不是水生生物，通常不会产生内毒素，也不是在水系统中稳固的、形成生物膜或迅速繁殖的生物类型。它们在水系统中不能存活很长时间。通常只需要热水消毒和系统冲洗即可消除这些微生物，尽管它是过时的方法，但蒸汽消毒可作为一种替代方法。

如果水系统使用蒸汽进行现场消毒，则应使用纯蒸汽。如果不能保证蒸汽的纯度，应有预防性措施，确保对部件材料的兼容性。消毒后应该对系统进行冲洗，确保蒸汽中添加剂残留物和颗粒均得到清除。这是一项艰巨且耗时的工作，为此几乎只能使用纯蒸汽进行消毒。在蒸汽相关联系统的设计和施工过程中需要考虑如下事项：

① 材料的选择，要顾及常规使用温度和消毒温度之间的极端温差；
② 管道保温；
③ 系统在送汽之前应有彻底的排空水的能力；
④ 送汽前（以消除滞留的气阻，不至于阻碍热传递）和蒸汽消毒后（以解除蒸汽突然泄压形成的真空）的排空问题；
⑤ 管道坡度，便于冷凝水的排放；
⑥ 在所有的低点安装合适的管道疏水阀，清除冷凝水；
⑦ 送汽阀的选型和设计位置，以确保送汽过程中温度的均匀性；
⑧ 在水的制备和分配上的送汽、排空和冷凝水排放的设计必须是卫生级的洁净设计；
⑨ 消毒大型水系统需要蒸汽计量控制。

保温对于安全，避免长管道、大型储罐和固定床中的热损失和不良热分配，以及减少所需蒸汽非常重要。如果保温设计、施工不到位，则积聚的冷凝水可能使得被消毒的系统温度达不到要求。使用蒸汽消毒会增加系统的维护保养需求，因为存在与材料应力和红锈快速生长等有关问题。

一般来说，使用蒸汽对制药用水系统进行热消毒是一种过时的方法。蒸汽温度远高于所需要的温度，且系统材料要耐受压力。由于远端热损失，在整个系统中达到均匀的目标温度常常非常困难，要满足温度均匀性的功能要求，工程设计就必然会在系统上产生死角和积水区。在系统正常运行状态下，这些区域会影响水系统中微生物的控制。

热水消毒自动化程度高且更节能，并且更容易达到消毒条件，不用手动操作蒸汽和监控蒸汽疏水器。使用热水消毒明显优于蒸汽消毒，所以不建议蒸汽消毒用于新设计的制药用水系统上。但这并不意味着蒸汽消毒的传统水系统必须转换为热水消毒。

**（2）化学氧化消毒剂**

氧化消毒剂的有效性取决于其氧化电位、浓度、稳定性和接触时间的共同作用。一般来说，氧化电位越高，对有机物中强共价键的反应性越强，对弱键的反应越快。消毒剂对生物膜外层先起作用，其很难渗透到厚而发达的生物膜中。通过提高氧化剂浓度和延长接触时间，可提高渗透性。可完全降解和去除生物膜弥补了消毒剂的劣势，这对于水系统要求持久地控制微生物非常重要。由于接触表面积有限，用化学消毒剂几乎不可能杀死生长在裂缝中的生物膜。了解化学消毒剂的性质有助于最大限度地使用该消毒剂。表 3-9 给出了各种消毒剂及其部分活性成分的绝对氧化电位，同时表中还列出了与氯气相比较的相对氧化活性。

表 3-9　各种消毒剂及其部分活性成分的氧化效能

| 药剂/化学品 | 氧化电位/eV | 相对氧化活性[①] |
|---|---|---|
| 氟($F_2$) | 3.06 | 2.25 |
| 羟基自由基(·OH) | 2.80 | 2.05 |
| 臭氧($O_3$) | 2.07 | 1.52 |
| 过氧乙酸[②]($CH_2COOOH$) | 1.81 | 1.33 |
| 双氧水($H_2O_2$) | 1.77 | 1.30 |
| 过氧化羟基自由基(·OOH) | 1.70 | 1.25 |
| 次氯酸(HClO) | 1.49 | 1.10 |
| 氯气($Cl_2$) | 1.36 | 1.00 |
| 液溴($Br_2$) | 1.09 | 0.80 |
| 二氧化氯($ClO_2$) | 1.57(约 1.0)[②] | 1.15(约 0.7)[②] |
| 次氯酸根($ClO^-$) | 0.94 | 0.69 |
| 碘($I_2$) | 0.54 | 0.40 |

① 以氯的氧化活性为 1.00 的氧化活性。
② 具有多种氧化电位状态，在水中有较低值的氧化电位以气体形式渗透到生物膜最有效。

① 臭氧　臭氧是三原子氧（$O_3$），具有极其不稳定的化学性质（短半衰期），当浓度超过 10% 时会发生爆炸，所以无法作为压缩气体供应。它通常由两种方法制得，一种方法是让双原子氧气（$O_2$）通过电晕放电，其中一部分 $O_2$ 转化为 $O_3$。然后将产生的臭氧气体溶解到水中。氧气必须尽可能纯净和干燥，因为在未完全干燥的空气中，即使存在少量氮气，也会在电晕放电中形成氮氧化物，这会腐蚀电极的电冕，它溶解时会变成硝酸盐并提高水的导电性。

第二种方法是通过水的电解产生，无须提供原料气，而是通过电解水分子来产生臭氧。臭氧在形成时直接溶解在水中，通过电解技术产生的臭氧通常比电晕放电产生的臭氧更纯净。尽管电解臭氧能更有效地溶解在水中，通过电晕放电的成本较低，且制得的臭氧的浓度较高。

就其本身而言，臭氧是一种微溶于水的气体，是攻击性的氧化剂，但当它与水反应时，它会通过以下反应生成更具攻击性的羟基自由基：

$$O_3 + H_2O \longrightarrow 2·OH + O_2$$

臭氧和羟基自由基都会与有机分子发生反应，有足够的能量来打破有机分子中大多数的共价键，如果在水中存在足够的溶解氧，则在断裂键的地方会插入一个氧原子。有机物容易降解为 $CO_2$ 和羧酸，这会影响水的导电性，需要在用水量低时对系统进行冲洗，或通过去离子抛光和适当的预防措施来解决。

用于水系统连续消毒时，臭氧浓度通常为 $0.1\sim0.2\mu g/mL$，尽管较高和较低的浓度也可使用，但通常不能低于 $0.03\mu g/mL$。

臭氧用于周期消毒时，需要增加浓度，因为臭氧可能会分解有 EPS 黏液层的生物膜，且臭氧对 EPS 黏液层生物膜的渗透性较差。臭氧通过从生物膜外层进行攻击来杀死生物膜。只有当 EPS、内毒素和细菌细胞的外层降解时，它才能穿透生物膜。如果生物膜形成时间足够长，而且很厚，那么如果不进行耗时的重复消毒，臭氧几乎不可能完全杀死它们。只有薄薄的生物膜才能被臭氧完全杀死，因此，当有 EPS 黏液层处于非常早期阶段形成的生物膜时，臭氧被用作周期性消毒剂才有效。频率取决于每个水系统自身的特点，但每天到每周消毒证明能有效减少或防止生物膜黏附在系统表面，并阻止生物膜再生。

在纯水储罐的回水管路和由制备系统进储罐的进水管路上通入臭氧，进行连续臭氧消毒，可以防止微生物黏附到供水系统的表面。目前通常的做法是通过在循环水返回储罐之前向循环水中添加臭氧或向储罐中喷射臭氧来实现，这两种方法都会造成水箱中充满臭氧的恶劣环境。需在第一个使用点之前由 $UV_{254nm}$ 的紫外线把臭氧分解掉。

在臭氧的周期性消毒时，需关闭分解臭氧的紫外装置。由于臭氧在消毒过程中存在自然降解和与循环回路中的一些生物膜或有机物发生反应，应考虑补充臭氧确保臭氧在整个循环回路中自始至终达到消毒浓度。连续消毒时臭氧在储罐中的浓度是最低的且有效的，但作为周期消毒时这个浓度在循环回路中是无效的；因此，用补充臭氧这种方法在周期消毒过程中增加循环管路中的臭氧浓度非常重要。

当臭氧被用作消毒剂时，它的破坏性可能和它的有益性一样影响重大。药典中规定系统中使用的水不应含有臭氧。如果该水中存在臭氧，则它既违反了药典水规定的不含任何添加物质的要求，同时有可能会降解产品成分或与水接触的表面发生化学反应。此外，臭氧排放到室内空气中，可能会对环境中的操作人员造成健康危害。

臭氧很容易被杀菌用的 $UV_{254nm}$ 紫外线降解，然而，通常降解臭氧的剂量值设定为 $90mJ/cm^2$（是杀菌紫外线剂量的三倍），以确保彻底分解 $>1\mu g/mL$ 浓度的臭氧，这个臭氧浓度要比制药用水系统中通常使用的臭氧浓度高得多。紫外线的照射会激发臭氧与水反应，瞬时生成了高活性的羟基自由基和氧气，其反应如下：

$$O_3 + H_2O \xrightarrow{UV_{254nm}} 2\cdot OH + O_2$$

臭氧分解过程激增了最后致命性的杀菌能力；水流中的活生物体遇到分解出的羟基自由基或紫外线照射后不太可能存活下来。尽管羟基自由基只存在几分之一秒，但在臭氧灭活后的最初几秒内，应小心谨慎使用非常高纯度的水，以避免未脱去臭氧的水所产生的敏感接触反应。

臭氧是一种极为有效的活性氧化剂，只要微生物没有被黏糊的絮状体包裹起来，并且有足够长的消毒时间，臭氧对裸露菌都具有快速杀灭作用。它可以直接降解生物膜以及其组成部分，如 EPS、内毒素和细菌细胞。因此，臭氧消毒有助于降低 TOC 和内毒素水平。

臭氧通常在低浓度下被用于对整个或部分供配水系统进行连续消毒，用于杀灭重新生成生物膜的先驱微生物。它可通过杀菌紫外线的照射轻松分解掉，无须通过系统冲洗去除。臭氧作为一种周期消毒剂，对裸露的浮游细菌和早期形成的（薄）生物膜有效，这些生物膜会产生极少的 EPS 黏液。

当处于低浓度状态下的臭氧与所有有机分子产生激烈的反应时，臭氧往往只在厚厚的生物膜表面上发生反应，不能很好地穿透生物膜。即使在与 $\mu g/mL$ 级浓度的臭氧接触数小时后，对有大量 EPS 的较厚、较老的生物膜，臭氧仅有很小消毒效能，因此，臭氧用于周期消毒有效的关键是在形成厚的生物膜之前频繁消毒。

臭氧的强烈反应也可能影响到系统材料。尽管不锈钢和 PVDF（聚偏二氟乙烯）、PTFE（聚四氟乙烯）及其他一些管道材料都能很好地耐受臭氧，但并非所有供应商的 EPDM、氟橡胶、垫圈/密封材料都能很好地耐受臭氧。尤其它对大多数其他塑料和弹性体具有腐蚀性。臭氧与系统组件的不兼容可能是其使用受到限制的一个重要原因。

空气中一定浓度的臭氧对人体有毒，使用过程中必须小心，尤其是在臭氧发生器和储罐通风口附近。应严格把控用臭氧水对使用点出口管道进行冲洗消毒。

② 过氧化氢　过氧化氢（$H_2O_2$）可用于周期消毒。该分子中活性且不稳定的过氧键（—O—O—）是其具有氧化性的来源。在 $UV_{254nm}$ 的照射下，它还可以在水中形成高度活性的羟基自由基：

$$H_2O_2 \xrightarrow{UV_{254nm}} 2 \cdot OH$$

30％的过氧化氢溶液被广泛使用，过氧化氢中一般含有 $ng/mL$ 级水平的作为稳定剂的某些金属和盐，因此不适用于高纯水系统中。试剂级过氧化氢含有低到 $\mu g/mL$ 级水平以下的不良稳定剂。浓度为 3％～10％的过氧化氢，接触时间为数小时（越长越好）已被用于供配水系统的消毒且证明有效。据报道，过氧化氢与大多数材料表面兼容，包括薄的复合聚酰胺反渗透膜（在低浓度下）。

随着时间的推移，过氧化氢会分解为水和氧气，由于水中本身存在水和氧气，因此过氧化氢不被视为添加物质。

$$2H_2O_2 \longrightarrow 2H_2O + O_2$$

过氧化氢消毒后，浓缩液中会存在稳定剂、生物膜降解释放出的有机分子和碎屑，应将其冲洗出系统。快速检测试剂盒和试纸可用于确认消毒后的冲洗效果，但定量限通常为 $1\mu g/mL$，这可能不够敏感，因此需要额外的冲洗。

过氧化氢对温度敏感，因此仅在常温下进行，为获得最大稳定性，消毒温度不应超过 25℃。在碱性条件下过氧化氢具有较好的稳定性，过氧化氢与加入的氢氧化钠会形成一种非常好的消毒剂和生物膜去除剂。为了大量生成羟基自由基，过氧化氢可以与臭氧结合制成一种特别具有攻击性的消毒剂。过氧化氢还可与其他类似作用的氧化剂混合，制得增强自由基作用的混合消毒剂，成为获批的专利消毒剂而应用于生产。

当使用过氧化氢时，要估计系统中生物膜的量，细胞过氧化氢酶会促进氧气的大量产生；气体不断增加的压力需缓解并释放出去。尽管对裸露细菌细胞的致死几乎是瞬时的，但对于已经形成的且外部已退化的生物膜来说，这个过程要慢得多，因此应有足够的接触时间，以便尽可能完全地进行消毒和去除生物膜。消毒剂浓度越高，作用越快；消毒持续数小时是常见的。给定系统所需的消毒时间取决于自上次消毒以来生物膜生长的水平，有效的消毒时间往往靠经验决定。

在一轮消毒结束后，应将消毒剂从系统中冲洗出来。

③ 过氧乙酸　过氧乙酸也称为过乙酸（过氧乙二酸）（$CH_3COOOH$），是一种不太常用的周期水系统消毒剂。它通常通过蒸发或雾化对封闭环境表面进行消毒，如无菌室消毒。其氧化反应的动力来源是它活泼的过氧键。市场上可购得 40% 的过氧乙酸溶液，且需用过氧化氢相同类型的金属和盐对它进行稳定。过氧乙酸的原理类似于过氧化氢，也具有类似的效果。过氧乙酸会自然分解成醋酸和氧气：

$$2CH_3COOOH \longrightarrow 2CH_3COOH + O_2$$

过氧乙酸的使用浓度为 $50\sim40000\mu g/mL$。浓度为 1% 的过氧乙酸消毒聚酰胺反渗透膜证明是安全的。与过氧化氢不同，它的稳定性不易受温度影响，但在高 pH 值下会变得不稳定，因为它容易发生碱分解。为增强氧化活性，过氧乙酸适合与其他氧化剂混合使用。正因为如此，如果水系统中单独使用过氧乙酸消毒，往往使用的是专有的氧化剂混合物。

消毒处理通常为数小时，其消毒的持续时间应根据经验决定，并取决于药剂的浓度和已形成生物膜的量。

在合适的浓度下，过氧乙酸能与一些敏感材料兼容，例如 TFC（复合聚酰胺反渗透膜）。过氧乙酸具有中度的稳定性，包括在温度升高的情况下，因此，如果初始浓度足够高，在长时间的消毒过程中通常不需补充过氧乙酸来维持有效的浓度。在较高温度下使用过氧乙酸可显著提高其消毒功效。与其他氧化消毒剂混合后，它会释放出极为活泼和致命的羟基自由基，这个混合物比单独使用任何一种氧化消毒剂都更具有好的化学性能。

高 pH 值条件下过氧乙酸不稳定，因此不能与某些高的 pH 值化学品（如未中和的次氯酸钠或苛性碱）混合使用。它还具有中度挥发性，吸入时有毒，因此在较高温度下使用会增加其挥发性，应采取适当的防护措施。在一轮消毒结束后，应将过氧乙酸从系统中冲洗出去。依据环保要求，在排放到下水道之前可能需要中和其酸性和氧化性。消毒后是否冲洗干净，可以用氧化还原电极、电导率仪或 TOC 仪器检测验证。

④ 过氧化氢和过氧乙酸混合物　过氧化氢和过氧乙酸混合可以获得专有消毒剂，即使在浓度非常低的情况下，比任何一种单一成分独自使用都更有效。有资料证明，过氧化氢与过氧乙酸的比例约为 5:1 的几种产品（如 22%:4.5%），应将浓缩混合物以 1:100 的比例稀释使用。据报道，在这种浓度下，它通常对在高纯水系统中的大多数与水接触的材料是安全的，并且被认为在杀死裸露的水生细菌细胞以及杀死和去除生物膜方面非常有效。依据水中总有机碳含量和被消毒的生物膜的厚度来给出恰当的消毒时间，以便完全杀死和去除生物膜。有效消毒时间应由经验决定。对于含极少或非常薄的生物膜的高纯水系统，消毒时间通常为 $1\sim2h$；如果生物膜生长得较厚，通常需要更长时间或多次进行消毒。

通常这类商品混合消毒剂能被用于水系统消毒，并附有功效证明。测试试纸可以估算出恰当消毒浓度和消毒后冲洗效果的数据（对于后者，测试试纸灵敏度有时不够）。适当的消毒浓度应当有效且对敏感性材料表面无害，如复合聚酰胺反渗透膜。

稀释后的消毒药剂不能长时间保存。在温升和高 pH 的条件下，稀释至适合使用的浓度后，过氧化氢和过氧乙酸的混合消毒剂不稳定。消毒结束时，应把化学药剂和伴随的有机碎屑从系统中冲洗出去。依据环保要求在排放到下水道之前，可能需要对化学药剂的酸性进行中和。

⑤ 氯气　氯气（$Cl_2$）用于水消毒有着悠久的历史，主要用于饮用水的消毒。当氯气溶解在水中时，它会发生化学反应形成次氯酸（HClO），次氯酸是这种消毒剂的有效成分。

$$Cl_2 + H_2O \longrightarrow HClO + H^+ + Cl^-$$

出于安全和实际应用考虑，制药工业上很少使用氯气对纯化水系统进行消毒。只是偶尔用于制药机构的自用水源的净化过程中，或添加到低氯含量的城市饮用水中。

水中氯的最大缺点是它对水系统中许多材料的不兼容。高活性氯（以及氯胺）会严重损坏阴离子交换树脂、EDI装置及复合聚酰胺反渗透膜。它还会腐蚀不锈钢的钝化层，间接引起不锈钢点蚀和晶间腐蚀，尤其在高温下腐蚀更加严重。可采用几种方法去除氯（和氯胺），包括活性炭床、还原剂和强紫外线。

浓缩氯气对人体极其危险，因此需要特殊的处理设备来防止其泄漏，以及设置对空排放的安全警告。对于消毒供配水系统需要在水中有高溶解的氯是不切实际的。在足够长的接触时间内，与系统相关的饮用水中低含量的氯足可以杀死先驱细胞，但在其他方面对控制生物膜生长几乎没有作用。

⑥ 次氯酸钠　次氯酸钠（NaClO）是常用的家用消毒剂和洗衣漂白剂。通常的商品是次氯酸钠的浓缩溶液，从浓度6%家用漂白剂到浓度高达21%的工业溶液。此类溶液通常调节至pH值约为12，以增加稳定性并延长保质期。最活跃的成分是次氯酸（HClO），次氯酸根离子的氧化电位是次氯酸氧化电位的2/3略低一点（见表3-9），因此次氯酸根抗菌活性远低于1/10。次氯酸的（解离常数）$pK_a$为7.4，这意味着在pH值为7.4时，未解离次氯酸与游离次氯酸根离子以相等量的状态存在。pH 9以上，次氯酸根离子占了主导地位，以更稳定但反应活性较低的形式存在（见图3-65）。

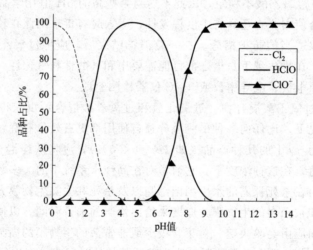

图 3-65　氯气在水中的不同型体的平衡

图3-65所示的游离氯平衡公式如下：

$$Cl_2 + H_2O \rightleftharpoons HClO + H^+ + Cl^- \rightleftharpoons ClO^- + 2H^+ + Cl^-$$

从平衡方程可看出氯气的活性高度依赖于pH值，中性到中等酸性的pH值比碱性pH值有更多的氧化反应性。然而，反应性越强，稳定性越差，因此酸性pH值会降低其稳定性。当次氯酸钠被稀释用作消毒剂时，可通过将最终消毒液的pH值调节至酸性，以获得非离子态的次氯酸的最大活性，从而增强其消毒功效。然而，在这种酸性形式中，它与非常危险的气态氯处于平衡状态，气态氯往往会从消毒溶液中逸出，因此当这碱性浓缩液变为中性的消毒液时，在操作时应格外小心。氯气具有适度的热稳定性，消毒温度与设备材料应该相兼容，消毒过程中提高系统温度可以显著增加其活性（一般热力学规则是每升高10℃活性增加2倍)。简单地增加NaClO的浓度可以达到与加热或中性pH值同等的效果,因此在消毒过程中使用的消毒液没有最大浓度的限制,该化合物随处可购得且相对便宜。

通常消毒液使用的浓度为50~5000μg/mL（0.5%次氯酸钠),无论pH值是否调到中性,水中的TOC含量、被消毒生物膜的厚度及所处位置,都与消毒时间的长短相关。高氯浓度和高pH值的消毒液,其氯的氧化性下降,尤其是对发育良好、较厚的生物膜,用这种消毒液需有足够的消毒时间来杀死生物膜,但它在多大程度上能去除生物膜是值得怀疑的。将消毒液稀释至更低的浓度（在一定程度上)也会降低消毒液的pH值,较低氯浓度的消毒液可能比pH值中性的较高浓度消毒液更有效。使用中性至微酸pH值（酸性pH值与氯气逸出pH值的缓冲之间)稀释液可避免氯气释放,并最大限度地提高杀菌效果。

消毒完成后,应将化学物质连同其可能释放出的任何有机碎屑一起从系统中冲洗出去。如果使用碱性次氯酸盐,所需的冲洗量可能会很大。可以使用简便的氯测试盒,也可以使用氧化还原电极来确定系统冲洗是否达标。水的电导状况也可作为冲洗是否达标的验证。如果使用了大量次氯酸盐,在排放到下水道之前,需要使用亚硫酸钠或亚硫酸氢钠等还原剂使排放液失去活性。

这种消毒剂与不锈钢的长期接触不兼容,即使在低浓度下,尤其当高温时,更是会加剧氯化物对不锈钢的腐蚀。此外,它与复合聚酰胺反渗透膜或一部分超滤膜材料不兼容;然而,在10μg/mL浓度下却与醋酸纤维素反渗透膜兼容。

⑦ 二氧化氯　二氧化氯气体易溶于水。它已广泛应用于其他行业,如洁净室消毒和动物研究、杀死冷却塔和造纸设施中的生物膜积聚物,以及调整饮用水中的气味和味道等。它在水系统中的消毒用途有限。由于在浓缩状态下易产生爆炸,二氧化氯需即用即制。在系统水中生成和溶解二氧化氯气体有几种方法。溶解的二氧化氯气体,在pH值1~10的范围内有效。

二氧化氯具有多种氧化状态,但相对较低氧化电位的二氧化氯容易与有机物发生反应,发生反应的是气态的二氧化氯而不是溶解成离子态的二氧化氯,因为后者能够穿透厚厚的生物膜,而不会与EPS发生反应或被EPS消耗。一旦进入生物膜,它随后融进细胞来氧化含硫基的蛋白质,以及在活细胞中发现的复合胺和其他大分子,迅速杀死整个细胞。其低的氧化电位,虽然对生物膜细胞具有穿透性和致死性,但不能降解和去除生物膜。它的这个渗透性能的浓度范围为1.5~150μg/mL。

消毒时间取决于消毒液的浓度和待杀死的生物膜的厚度,这往往只能通过经验来确定。二氧化氯是中等毒性的气体,对操作人员有数量的限制,而且需要专用的设备,因此,此类消毒需要由经验丰富的承包商进行。

二氧化氯最有用的特性是它能穿透并杀死厚厚的生物膜,可采用验证残留物的试剂盒来评估冲洗效果。

二氧化氯消毒剂在制药行业的使用历史并不长。如果需要去除生物膜以避免消毒后加速生物膜再生,则应使用其他更具氧化性的消毒剂。消毒后的清除可通过系统冲洗进行。

⑧ 溴和碘　溴和碘是卤素,只偶尔用于水的消毒。溴和碘在水中的反应与氯类似,在水中会形成次溴酸或次碘酸;然而,这些化合物的活性远低于次氯酸。尽管这些化合物在饮用水消毒中有应用,尤其是在紧急情况下,但它们在制药用水系统消毒中的应用很少,因为与其他消毒剂相比,它们效力相对较低,而且成本较高。

**(3) 其他化学消毒剂**

① 低极端 pH 值再生剂　经常再生的离子交换树脂床往往微生物数量不高。再生通常使用的化学品是 4%~6% 的盐酸和氢氧化钠，它们极端的 pH 值会在树脂上和树脂内抑制微生物的生长。假如还没有产生 EPS 黏液，生成生物膜的细胞新近才被吸附到这些树脂表面，那么这些细胞的再生很容易受到不利 pH 条件的影响，并可能被杀死。这种再生剂成为有效消毒剂的关键在于其使用频率。一旦产生一层黏液（例如，在不常再生的离子交换树脂床的树脂表面上），短暂的极端 pH 接触就对生物膜几乎不起作用，在树脂床再生后，继续失控增长，可能成为水系统污染的重要来源。

阴离子交换树脂上的生物膜问题更严重，即使这些树脂用 NaOH 再生，因为阴离子交换树脂往往会从水中吸附更多的有机物（即更多的"食物"），导致比阳离子交换树脂上生长了更快、更丰富的生物膜。较厚的生物膜不只导致较差的化学渗透性，还影响再生效率。使用温水进行再生可提高反应速率，因此许多化学再生系统利用温水再生阴离子交换树脂。

极端 pH 值出现在 CEDI 装置的各电解腔室内的活跃表面上。不同之处在于，（这些再生离子的）极端 pH 值是持续存在于带电树脂（阴离子交换树脂和阳离子交换树脂）和膜（阴离子交换膜和阳离子交换膜）的表面。这是由于水分子被电解，树脂和膜不断再生，更容易清洁、控制微生物。

当树脂表面的 pH 频繁或持续地处于不利于微生物生长的状态时，表面上会很少被微生物黏附上或由此形成生物膜。当存在连续或频繁再生时，这种优势才仅仅出现，而且不太可能发生在场外再生树脂的场合上。

对于传统的离子交换装置来说，频繁的再生成本高昂。有些企业的离子交换树脂柱外送再生，树脂柱 1~2 天更换一次，替换下来的离子交换树脂柱可能在送到提供再生服务的地方数周后再生，再生的时候似乎会提升这种"微生物控制"。然后在潮湿和温暖的环境中还要储存数周，从而完全失去了再生过程中对微生物控制的效果。当再生好的树脂柱重新替换到系统中，树脂柱里充分发育的生物膜就会流入到成品水中，造成严重的微生物问题。

在 CEDI 装置内，浓废水排放或下游产品水排放的各腔室是不处在电解所产生的持续不利的极端 pH 条件下的，所以，如果在水离开 CEDI 装置之前的腔室上让生物膜"站稳脚跟"，可能会污染这个腔室上的膜和其他的湿表面。这一点非常重要，因为 CEDI 装置可能是纯化装置中最后一个单元操作；CEDI 装置内任何与下游紧接的生物膜都可能对配水系统中的水质产生直接影响。

苛性碱通常指的是氢氧化钠（NaOH）（尽管氢氧化钾的可冲洗性更好），它已成功用于去除水系统中的生物膜黏液。它经常以 0.4%~4%（0.1~1mol/L）的浓度使用，为了达到 pH 约为 13 或更高的 pH 值，通常采用加热方法。烧碱通常与复合聚酰胺反渗透膜兼容，且有助于修复被微生物污染的膜，但会溶解醋酸纤维素反渗透膜。

烧碱的极端 pH 作用是水解生物膜的 EPS，然后让生物膜中的微生物暴露在极端不利状态下，并通过对其不利的碱性来杀死裸露的细胞。据报道，烧碱通过与 pH 兼容的氧化消毒剂（如过氧化氢）相混合，有效性得到显著增强。它能与耐高 pH 值的抗氧化材料兼容。消毒时间取决于浓度、温度、活性增强成分的存在，以及要杀死和去除的生物膜的厚度等。在将消毒剂排入下水道之前，必须将其中和。需要注意的是，在水系统中会使用专门的碱性清洁剂。这些配方通常针对清洁工艺设备进行了优化，但这些清洁剂可能含有难以从水系统中冲洗出来的有机成分，如果不能完全去除，就会产生 TOC 问题。

烧碱是制药厂经常使用的一种物质，价格相对便宜，在去除生物膜黏液方面适度有效（具体取决于 pH 值）。它与大多数制药用水系统的材料兼容。烧碱可以采用加热或与 pH 兼容的氧化剂混合使用来增强活性。冲洗效果通常可以通过简单的 pH 值测试或电导率数据来验证。

高 pH 值的烧碱与某些水系统材料不兼容。烧碱稀释过程中的放热问题可能是它与许多系统材料不兼容原因。消毒后的清除是通过系统冲洗进行的，这导致所需的水量会很大。在排放到下水道之前，常需要对冲洗出来的残留物进行中和。

② 甲醛　甲醛是一种一碳醛，用作烷基化剂。它很容易挥发，曾经作为一种气态的环境消毒剂用于对无菌室和水系统进行消毒，但自从它被识别为致癌物后，在几乎没有同等有效替代品情况下则减少了实际使用，只有采取了适当的安全防护措施后才被使用。

甲醛的一个应用是对反渗透膜进行消毒。虽然甲醛溶液对去除现有的生物膜几乎没有作用，但它们能以气体的形式穿透生物膜，并杀死生物膜内的细胞。甲醛气体还可以透过反渗透膜，杀死在反渗透膜出水侧生长的生物膜细胞，这一侧是大多数其他反渗透消毒剂难以到达的。由于甲醛的毒性和成本，它很少用于水系统中其他地方的消毒。

大量使用甲醛成本很高，而且对厚的生物膜没有特别的渗透性。消毒后清除消毒液是通过对系统进行冲洗，根据排放量和浓度，在排放到下水道之前需要进行处理。这些担忧在很大程度上阻碍了甲醛在现代制药设施中作为消毒剂使用，但仍可能在较旧的非家用设施中使用。

③ 戊二醛　对甲醛致癌性的担忧增加了戊二醛的使用，广泛地用于硬表面设施的消毒，这也增加了其使用量。戊二醛是一种五碳双醛，其作用机理与甲醛不同，因为它能杀死细菌孢子，但仍被归类为杀菌剂。戊二醛分子量较大，在正常使用条件下不会挥发成气体。它对整个反渗透膜的消毒效果远远低于甲醛，因为它不能作为气体透过膜对产水侧进行消毒。虽然戊二醛对人体的毒性和致癌性低于甲醛，但其穿透和杀死生物膜的能力也较低，因此它仅偶尔用于反渗透膜的消毒。它的去除是通过冲洗，通常是对单元操作冲洗，冲洗效果可以通过 TOC 或电导率数据来验证。

④ 阳离子洗涤剂　阳离子洗涤剂在一些用于硬表面去污（消毒）剂后仍存在着活性成分时才被用于消毒，其作用方式是破坏细菌和真菌细胞膜。这些药剂对生物膜中的细胞几乎没有影响，因为它们对 EPS 的渗透性差，阳离子洗涤剂对裸露细胞（可能是浮游先驱细胞）以及在 EPS 形成之前新近附着于表面的细胞有效。由于其表面活性剂的特性，消毒后将阳离子洗涤剂冲洗出系统并彻底清洗干净成为一项挑战。冲洗效果可通过 TOC 或电导率数据来验证。阳离子洗涤剂通常不需要在排放到下水道之前进行中和。

## 3.3.2　制药纯化水和注射用水质量标准

### 3.3.2.1　药典中制药纯化水和注射用水质量标准

纯化水与注射用水是制药生产过程中的重要原料，其质量的优劣直接决定最终生产的药品质量，因此，各国或组织对其均有明确的规定。表 3-10 以《中国药典》（2020 版）为例列举关于纯化水和注射用水的不同质量标准。

表 3-10 《中国药典》(2020 版)中关于纯化水和注射用水的不同质量标准

| 项目 | 纯化水 | 注射用水 |
|---|---|---|
| 制备方法 | 饮用水经蒸馏法、离子交换法、反渗透法或其他适宜的方法制备 | 纯化水经蒸馏法制备 |
| 形状 | 无色澄清液体;无臭 | 无色澄明液体;无臭 |
| pH/酸碱度 | 符合要求 | 5.0～7.0 |
| 氨 | ≤0.00003% | ≤0.00002% |
| 不挥发物 | ≤1mg/100mL | ≤1mg/100mL |
| 重金属 | ≤0.00001% | ≤0.00001% |
| 硝酸盐 | ≤0.000006% | ≤0.000006% |
| 亚硝酸盐 | ≤0.000002% | ≤0.000002% |
| 总有机碳 | ≤0.50mg/L | ≤0.50mg/L |
| 电导率 | 符合规定(通则 0681) | 符合规定(通则 0681) |
| 易氧化物 | 符合要求(与总有机碳任选一项) | 符合要求(与总有机碳任选一项) |
| 细菌内毒素 | — | <0.25EU/mL |
| 微生物限度 | 需氧菌总数≤100cfu/mL | 需氧菌总数≤10cfu/100mL |

#### 3.3.2.2 关键水质指标

虽然各个国家或地区的药典对纯化水与注射用水的检测指标项各不相同,但电导率、总有机碳、微生物限度及细菌内毒素这 4 个指标均是其关键的检查指标,本节将对这 4 个关键的水质指标作重点介绍。

**(1) 电导率**

电导率是表征物体导电能力的物理量,为物体电阻率的倒数,单位为 S/cm 或 $\mu$S/cm。纯水中的水分子也会发生某种程度的电离而生成氢离子与氢氧根离子,所以纯水的导电能力尽管很弱,但也具有可测定的电导率。水的电导率与水的纯度密切相关,水的纯度越高,电导率越小,反之亦然。当空气中的二氧化碳等气体溶于水并与水相互作用后,便可形成相应的离子,从而使水的电导率增高。

通过检查制药用水的电导率,可反映出水中电解质总量,详细的检测方法可参见《中国药典》(2020 版)四部中的"通则 0681 制药用水电导率测定法"。测定水的电导率必须使用精密的并经校正的电导率仪。

温度对样品的电导率测定值有较大影响。电导率仪可根据测定样品的温度自动补偿测定值并显示补偿后读数。水的电导率采用温度修正的计算方法所得数值误差较大。因此电导率测定法须采用非温度补偿模式,温度测量的精确度应在±2℃以内。目前,在线电导率检测技术已在制药用水系统中得到普及与推广,在线电导率仪的正确安装位置应能反映使用水的真实质量。在线检测的最佳位置一般为管路中最后一个"用水点"阀后,且在回储罐之前的主管网上。

**(2) 总有机碳**

总有机碳是指水体中溶解性和悬浮性有机物的含碳总量。水中有机物的种类很多,目前还不能全部进行分离鉴定,所以常以 TOC 表示。

《美国药典》(USP)、《欧洲药典》(EP)和《日本药局方》(JP)、《中国药典》(ChP)均对制药用水的 TOC 含量进行了规定,TOC 是一个可以快速鉴定的综合指标,它以碳的数量表示水中含有机物的总量,通常作为评价水体有机物污染程度的重要依据。

通过检查制药用水中有机碳的总量，可间接反映水中的有机物的含量。因此总有机碳测定法广泛用于制水系统的流程控制，如监控净化和输水等单元操作的效能。详细的检测方法可参见《中国药典》2020版四部中的"通则0682 制药用水中总有机碳测定法"。

总有机碳测定对仪器的一般要求如下：

① 总有机碳测定技术应能区分无机碳（溶于水中的二氧化碳和碳酸氢盐分解所产生的二氧化碳）与有机碳（有机物被氧化产生的二氧化碳），并能排除无机碳对有机碳测定的干扰。

② 应满足系统适用性试验的要求。

③ 应具有足够的检测灵敏度（最低检出限为每升含碳量等于或小于0.05mg/L）。

采用经校正过的TOC分析仪对水进行检测。在执行TOC检测时可配合取样场合和效率需求，采用三种常见的方式：离线分析（实验室Lab检测）、旁线（At-line）分析、在线（On-line）分析。由于水的生产是批量进行或连续操作的，所以在选择采用离线测定还是在线测定时，应由水生产的条件和具体情况决定，同时考虑表3-11中的因素，确保发挥该技术的最大功效。

表3-11 在选择采用离线测定还是在线测定时的考虑因素

| 分析方式 | 优点 | 缺点 |
| --- | --- | --- |
| 离线分析 | 可以对制药用水系统多个点取样分析 | 易受到采样过程、采样容器以及未受控环境等因素的污染，工作效率低 |
| 旁线分析 | 采用便携TOC分析仪，直接安放在受监控点旁边，取样即测，提高工艺流程效率。避免了样品运送的时间与可能的污染 | 特定取样点专用 |
| 在线分析 | 将仪器安装在水系统内，实时监测，及时发现数据异常，诊断水系统故障 | 固定在水系统管道上对单一水点进行监测 |

无论开展离线分析、旁线分析，还是在线TOC分析，都要根据自己对效率、分析性能和数据可靠性方面的目标而定。能提供高准确度、高精确度和可靠性数据，同时又节省时间的设备对监测方案最有价值。

TOC分析仪操作流程（以Sievers M9 TOC分析仪为例）如图3-66所示。TOC分析的特点是灵敏度高、仪器稳定（通常校准稳定性为一年）、分析时间快（4s～2min）、操作简便。

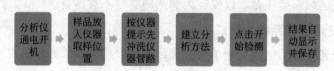

图3-66 TOC分析仪操作流程

**(3) 微生物限度**

药品生产过程中使用的制药用水属于洁净度要求非常严格的水，但它并不是无菌的，可广泛应用于料液配制、在线清洗、器具清洗等多个岗位。为降低无菌生产过程中的生物负荷，须对制药用水中的微生物数量进行控制。目前，已研发出用于制药用水系统的在线微生物限度检测技术，正处于工业化普及与推广阶段，详细的检测方法可参见《中国药典》（2020版）四部中的"通则1105 非无菌产品微生物限度检查：微生物计数法"。

**(4) 细菌内毒素**

注射剂产品最为关注的是细菌内毒素指标，因为它超标可能会引发严重的热原反应。药典规定注射用水的内毒素指标需低于 0.25EU/mL。水系统中的细菌内毒素指标测试一般采用离线取样进行分析,详细的检测方法参见《中国药典》(2020 版)四部中的"通则 1143 细菌内毒素检查法"。

细菌内毒素检查包括两种方法,即凝胶法和光度测定法。供试品在进行检测时,可使用其中任何一种方法进行试验;当测定结果有争议时,除另有规定外,以凝胶法结果为准。

凝胶法是指通过鲎试剂与内毒素产生凝集反应的原理来检测或半定量内毒素的方法。鲎试剂是从栖生于海洋的节肢动物的蓝色血液中提取的变形细胞溶解物,经低温冷冻干燥而成,是专用于细菌内毒素检测的生物试剂。鲎试验法是国际上至今为止检测内毒素最好的方法,简单、快速、灵敏、准确,因而被《欧洲药典》《美国药典》及《中国药典》定为法定内毒素检查法,并已被世界各国所采用。

光度测定法分为浊度法和显色基质法两种。浊度法是指利用检测鲎试剂与内毒素反应过程中的浊度变化而测定内毒素含量的方法;显色基质法是指利用检测试剂与内毒素反应过程中产生的凝固酶使特定底物释放出发色团的多少而测定内毒素含量的方法。

## 3.4 空调系统清洁

### 3.4.1 空调净化系统概述:制药企业为什么要用空调净化系统?

空调净化系统是一个能够通过控制温度、相对湿度、空气运动与空气质量(包括新鲜空气、气体微粒和气体)来调节环境的系统的总称。空气净化系统能够降低或升高温度,减少或增加空气湿度和水分,降低空气中尘粒、烟尘、污染物的含量。空气净化系统的这些功能被利用来为工作人员以及产品提供保护和舒适的环境。

制药企业的空调净化系统相比于其他普通空调系统,它的控制要求更为严格,不仅对空气的温度、湿度和风速有严格要求,还对空气中所含尘埃数、细菌浓度等有明确限制,同时还需控制不同等级区域间的压差,以保证内部洁净空气不被污染。

#### 3.4.1.1 空调净化系统的组成

空调净化系统通常包括空气处理单元、送回排风管路、风管附件、终端过滤装置等(见图 3-67)。

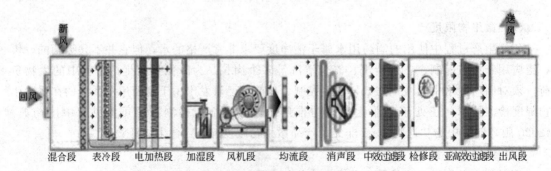

图 3-67 空调净化系统的组成

**(1) 空气处理单元**

空气处理单元（air handling unit，AHU）是指具有对空气进行一种或几种处理功能的单元体。通常包含空气混合、初效、冷却、加热、加湿、送风、均流、过滤、消声等单元体。

① 混合段　该段在空气回流系统中很常见。回风与室外的新风在该位置进行混合，混合后的气流称为"混合空气"，可调节回风与新风的比例，以满足洁净环境的需要。在极端天气（极冷或极热）条件下，由于回风已经经过了空气处理单元的处理，在洁净度和温湿度方面都要优于新风，这样可以大大地降低空调的运行成本。

② 初效段　初效段的主要功能是捕集新风中的大颗粒尘埃（大于 $5\mu m$）以及各种空气悬浮物，目的在于延长中效过滤器的使用寿命和确保机组内部和换热器表面的清洁。其结构形式有板式、折叠式和袋式三种。

③ 冷却段　冷却段是利用表冷器来降低新风、回风的温度和相对湿度，通常采用铜管串铝箔的结构。向表冷器中通入冷却水，当含有大量水蒸气的热空气通过表冷器时，热空气的温度会急剧下降，从而达到降低温湿度的目的。另外，表冷分一次表冷和二次表冷，其中一次表冷主要起除湿作用，二次表冷一般在蒸汽加热难以控制的情况下起冷却控温作用。

④ 加热段　采用内置钢管绕钢片式或铜管串铝箔式高效热交换器，内部通动力热水（或者电加热、低压蒸汽）来对空气升温加热，通过调节阀门开启度来调节加热量。

⑤ 加湿段　在气候干燥的地区通常使用干蒸汽加湿器或电加湿来对空气进行加湿，干蒸汽加湿器由干蒸汽喷管、分离室、干燥室、调节阀（电动、气动）组成。

⑥ 风机段　风机段通常设有电机、离心风机和减震底座，主要为输送的空气提供动能。由于空调机组需要的风压高达 $1500\sim1800Pa$，所需风机的尺寸、电负荷往往较大。

⑦ 均流段　通常设置在风机段之后，风机出风口的高速气流经均流段和导流板之后趋于平衡，能大大地提高换热和过滤效率。

⑧ 中效过滤段　对大于 $1\mu m$ 的粒子能有效过滤，大多数情况下用于高效过滤器的前级保护，通常置于空调机组的末端。

⑨ 消声段　对噪声要求较严的洁净室，净化机组内应设置消声段。常见的消声器有管式、片式、格式、折叠式、弧形声流式、共振式、膨胀式、复合式等多种类型。

**(2) 送回排风管路以及风管附件**

空调机组通过送风管将处理后的空气送至各个洁净房间，再通过回风管的连接将室内的空气送至空调机组形成一个完整的风路系统。

① 净化风管　净化空调风管通常采用 $0.6mm$ 镀锌钢板制成。风管制作和清洗的场地应在相对较封闭、无尘和清洁的环境中进行，同时应对镀锌钢板进行脱脂和清洁处理。风管制作完成后，应对清洁后的风管进行密封处理，避免污染。为保证合适的送风温湿度和降低能耗，需要将送回排风管的外表面进行保温处理（见图3-68）。

② 风阀　通过风阀开启量对风量进行调节控制。常见的风阀有手动风量调节阀（见图3-69）、电动风量调节阀（见图3-70）、变风量阀及定风量阀。

**(3) 终端过滤装置**

终端过滤装置通常由高效静压箱、高效过滤器和散流板构成。

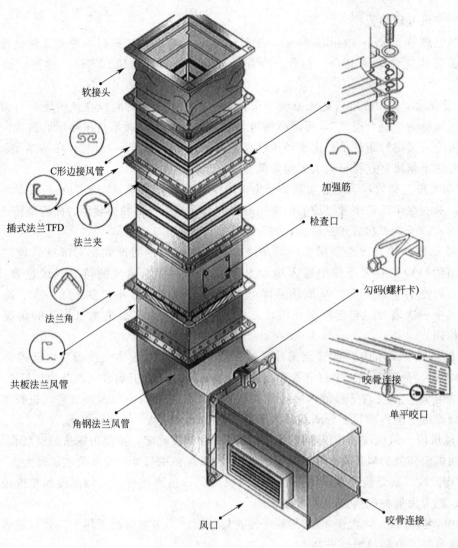

图 3-68 净化风管

图 3-69 手动风量调节阀

图 3-70 电动风量调节阀

① 高效静压箱 静压箱可以把部分动压变为静压以获得均匀的静压出风,提高通风系统的综合性能,同时还可以降低噪声(见图 3-71)。

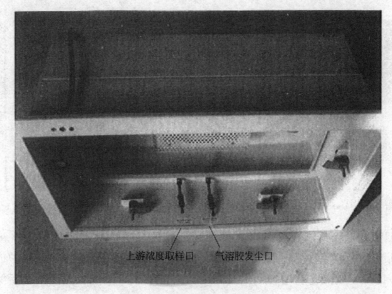

图 3-71　高效静压箱

② 高效过滤器　一般是指对粒径≥0.3μm 粒子的捕集效率在 99.97% 以上的过滤器，通常作为制药企业洁净车间的末端过滤装置，用于提供洁净的空气。按照密封方式高效过滤器可分为压条密封过滤器（见图 3-72）和液槽密封过滤器（见图 3-73）。液槽密封过滤器密封性能好，通过 PAO 检漏测试成功率高。

图 3-72　压条密封过滤器

图 3-73　液槽密封过滤器

③ 散流板　空调送风的一个末端部件，它可以让送风气流均匀地向四周分布。常见的散流板可分为螺旋式散流板（见图 3-74）和平板式散流板（见图 3-75）。

#### 3.4.1.2　空调净化系统的分类

**(1) 按照空气流的利用方式分类**

药品生产的空调净化系统按照空气流的利用方式，可划分为全新风系统、一次回风空调系统、二次回风空调系统和嵌套独立空气处理单元的空调系统。

① 全新风系统　即将经过处理的、能满足洁净空间要求的室外空气送入室内，然后又将这些空气全部排出，也称全新风空调系统。

图 3-74　螺旋式散流板

图 3-75　平板式散流板

②一次回风空调系统　在回风可以循环利用的情况下，将经处理的室外新风与部分洁净室内的回风混合，再经过处理送入洁净室。该系统具有能耗低、过滤器维护成本低、相关参数易控制等特点。缺点是：增加回风管路后，夹层的风管路线较为复杂，新鲜空气供应不够充足。

③二次回风空调系统　在回风可以循环利用的情况下，先将部分回风与新风混合，经过处理后再与剩余的回风混合，经处理后送入洁净室。这种系统形式常用于高洁净等级、工艺发热量较小的洁净室。特点是：部分回风接入到新风过滤段，对新风温度进行中和，从而有效降低新风处理所需的能源消耗。二次回风的利用节省了部分加热热量和部分制冷量，可有效降低运行成本。缺点与一次回风空调系统相同。

④嵌套独立空气处理单元的空调系统　为满足特殊的生产工艺需求，在适宜的部位设置独立功能的空气处理装置。常见独立功能的空气处理装置有以下几种。

a. 局部洁净等级控制设备，如存在局部 A 级环境。

b. 局部温度控制设备，如冰箱间因产热较大，需独立设置循环降温单元。

c. 局部湿度控制设备，如粉针分装房间需控制低湿度，需独立设置除湿机。

**(2) 按照洁净室气流流型分类**

按照洁净室气流流型，将空调净化系统划分为三种：单向流洁净室、非单向流洁净室和混合流洁净室。

①单向流洁净室　单向流洁净室是气流以均匀的截面速度，沿着平行流线以单一方向在整个室截面上通过的洁净室，适用于 A 级洁净室（区），有垂直单向流（见图 3-76）和水平单向流（见图 3-77）两种。单向流洁净室可以快速地将洁净室内的污染排除，并能有效地控制微粒和微生物的扩散，制药行业中常采用单向流气流组织来设计 A 级洁净室（区）。单向流洁净室因为在送风面上满布高效过滤器，所以在初期的建造投资以及后期的运行维护成本都比较高。

②非单向流洁净室　非单向流洁净室是气流以不均匀的速度呈不平行流动，伴有回流风或涡流的洁净室，也称紊流或乱流洁净室（见图 3-78）。非单向流采用稀释原理，即"脏"的房间空气与"干净"的房间空气不断地混合，以降低房间内空气中的微粒负荷。一般形式为高效过滤器送风口顶部送风，回风的形式有下部回风机侧下部回风和顶部回风等。依不同送风换气次数，实现不同的净化级别，其初期投资和运行费用也不同。

③混合流洁净室　混合流洁净室是在同一房间内综合利用单向流和非单向流两种气流

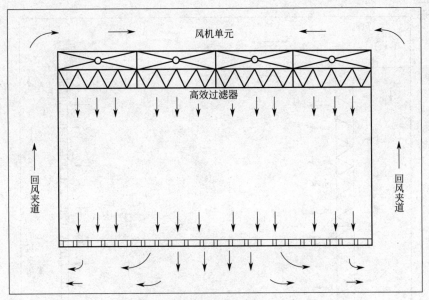

(a) 垂直单向流,格栅地板回风

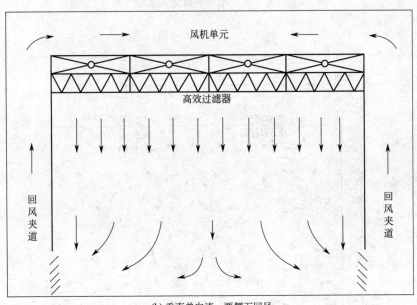

(b) 垂直单向流,两侧下回风

图 3-76 垂直单向流洁净室

方式的洁净室(见图 3-79)。这种洁净室的特点是将垂直单向流面积压缩到最小,用大面积非单向流替代大面积单向流,这样既节省初期投资和后期运行费用,又能为关键的操作区域提供高等级的洁净度,因此在制药行业中得到了广泛的应用。

### 3.4.1.3 空调净化系统的法规要求

制药企业的净化空调是大型空调中的一种,相比于其他普通空调系统,它的控制要求更为严格,不仅对空气的温度、湿度和风量有严格要求,还对空气中所含尘埃粒数、细菌浓度等均有明确限制,同时还需控制不同等级区域间的压差,以保证内部洁净空气不被污染和产生交叉污染。

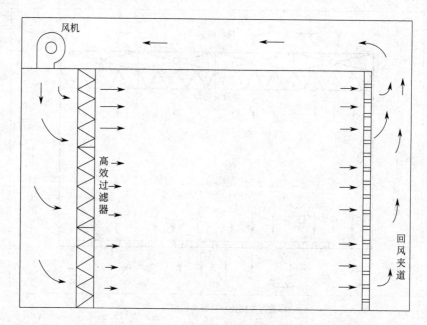

图 3-77 水平单向流洁净室

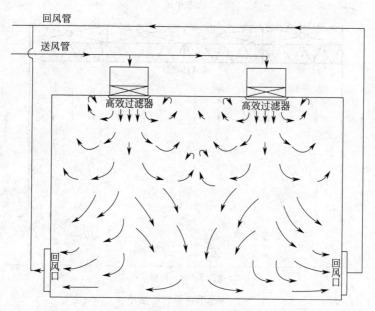

图 3-78 非单向流洁净室

《药品生产质量管理规范》（2010 年修订）中关于空调净化系统的规定如下。

**第四十六条** 为降低污染和交叉污染的风险，厂房、生产设施和设备应当根据所生产药品的特性、工艺流程及相应洁净度级别要求合理设计、布局和使用，并符合下列要求：

（一）应当综合考虑药品的特性、工艺和预定用途等因素，确定厂房、生产设施和设备多产品共用的可行性，并有相应评估报告；

（二）生产特殊性质的药品，如高致敏性药品（如青霉素类）或生物制品（如卡介苗或

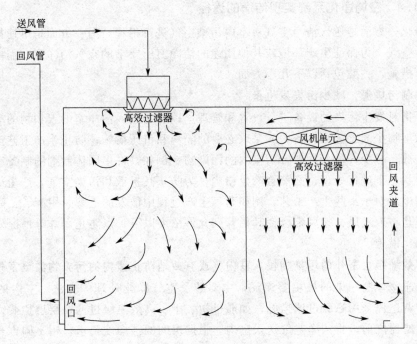

图 3-79　混合流洁净室

其他用活性微生物制备而成的药品），必须采用专用和独立的厂房、生产设施和设备。青霉素类药品产尘量大的操作区域应当保持相对负压，排至室外的废气应当经过净化处理并符合要求，排风口应当远离其他空气净化系统的进风口；

（三）生产 $\beta$-内酰胺结构类药品、性激素类避孕药品必须使用专用设施（如独立的空气净化系统）和设备，并与其他药品生产区严格分开；

（四）生产某些激素类、细胞毒性类、高活性化学药品应当使用专用设施（如独立的空气净化系统）和设备；特殊情况下，如采取特别防护措施并经过必要的验证，上述药品制剂则可通过阶段性生产方式共用同一生产设施和设备；

（五）用于上述第（二）、（三）、（四）项的空气净化系统，其排风应当经过净化处理。

**第六十二条**　通常应当有单独的物料取样区。取样区的空气洁净度级别应当与生产要求一致。如在其他区域或采用其他方式取样，应当能够防止污染或交叉污染。

**第六十七条**　实验动物房应当与其他区域严格分开，其设计、建造应当符合国家有关规定，并设有独立的空气处理设施以及动物的专用通道。

《药品生产质量管理规范》（2010 年修订）附录"无菌药品"规定如下：

**第三十二条**　在任何运行状态下，洁净区通过适当的送风应当能够确保对周围低级别区域的正压，维持良好的气流方向，保证有效的净化能力。

应当特别保护已清洁的与产品直接接触的包装材料和器具及产品直接暴露的操作区域。

当使用或生产某些致病性、剧毒、放射性或活病毒、活细菌的物料与产品时，空气净化系统的送风和压差应当适当调整，防止有害物质外溢。

必要时，生产操作的设备及该区域的排风应当做去污染处理（如排风口安装过滤器）。

空调净化系统的设计必须以遵循 GMP 为原则，而 GMP 只是基本准则，所以其没有很多的量化指标，也不规定实施方法，只要符合要求，允许采用不同的实施技术和方法。

#### 3.4.1.4 空调净化系统实现洁净的途径

空气净化一方面是送入洁净空气对室内污染空气进行稀释，另一方面是迅速排出室内浓度高的污染空气。为保证生产环境或其他用途的洁净室所要求的空气洁净度，需要采取多种方面的综合措施，一般包括以下几个方面。

**(1) 控制污染源，减少污染发生量**

这主要指对发生污染的设备进行设置和管理，以及对进入洁净室的人和物的净化。尽量采用产生污染物少的工艺和设备，或采取必要的隔离和负压措施，防止生产工艺产生的污染物向周围扩散；减少人员、物料带入室内的污染物。例如，许多固体制剂的制备工艺中，粉体需在干燥状态下进行处理，必然会产生粉尘，为防止其扩散和污染空气，产尘部位常采用局部排风措施。对于某些生产工艺，例如药厂生产过程中散发的乙醇、甲醇、乙醚等蒸气或气体，主要是将取送风、排风配合使其稀释到允许浓度以下，以防止爆炸等情况发生，一般不另采取净化措施。

**(2) 有效地阻止室外的污染物侵入室内（或有效地防止室内的污染物溢至室外）**

这是洁净室控制污染的最主要途径，主要涉及空气净化处理的方法、室内的压力控制等。对于空调送风采用三级过滤措施，如通过初、中、高效三级过滤，层层拦截，将尘粒阻挡在高效过滤器之前，将洁净空气送入室内。根据房间的洁净度要求，用不同方式送入经过特定处理的、数量不等的清洁空气，同时排走相应量的携带有室内污染物的空气，靠这样一种动态平衡，使室内空气维持在要求的洁净度水平。由此可见，对送入空气的净化处理是十分关键的一环，这就是洁净室换气次数大大超过一般空调房间的原因。洁净度级别越高，其换气次数越多。例如洁净度级别为 D 级的洁净室要求每小时换气次数不少于 15 次，洁净度级别为 B 级的洁净室要求每小时换气次数不少于 50 次。对于室内正压的控制，工业洁净室和一般生物洁净室采用正压措施。在一个大的空间，要绝对封闭是不可能的。为此，在空调设计中均采取洁净室的静压高于周围环境一定值的措施。这样在使用洁净空调时，只允许室内洁净空气往外漏，从而避免了室外空气往室内渗，即防止室外或邻室的空气携带污染物通过门窗或缝隙、孔洞侵入造成污染。

**(3) 迅速有效地排除室内已经发生的污染**

这主要涉及室内的气流组织，也是体现洁净室功能的关键。合理的气流组织，即通过送风口与回风口位置、大小、形式的精心设计，使室内气流沿一定方向流动，防止死角及造成二次污染。不同的气流组织直接影响施工的难易程度及工程造价。一般洁净度级别高于 5 级的洁净室均采用单向流，其中以垂直单向流效果最好，但造价也最高。若洁净度级别为 B、C、D 级，则采用非单向流的气流组织。

**(4) 流速**

控制洁净室内空气的流动要有一定速度，才能防止其他因素（如热流）的扰乱。但又不能太大，流速太大将使室内积尘飞扬，造成污染。

**(5) 系统的气密性**

不仅通风系统本身要求气密性好，对建筑各部结合处、水暖电工艺管穿越围护结构处也应堵严，防止渗漏。一般看得见的缝隙、裂缝均无法阻止 $0.5\mu m$ 粒径的粉尘通过。

**(6) 建筑上的措施**

这涉及建筑物周围环境的设计、建筑构造、材料选择、平面布局、气密性措施等设计。

例如，采用产尘少、不易滋生微生物的室内装修材料及家具。

#### 3.4.1.5 我国空调净化系统的发展

我国空气洁净技术的研究和应用始于 20 世纪 50 年代末，第一个洁净室于 1965 年在电子工厂建成投入使用，同一时期我国的高效空气过滤器（HEPA）研制成功并投入生产。20 世纪 60 年代是我国洁净技术发展的起步时期，在高效过滤器研制成功后，相继以 HEPA 为终端过滤的几家半导体集成电路工厂、航空陀螺仪厂、单晶硅厂和精密机械加工企业的洁净室建成。在此期间，还研制生产了光电式气溶胶浊度计，用于检测空气中尘埃粒子的浓度；建成了高效过滤器钠焰试验台，这些为发展我国空气洁净技术提供了基本的条件。

从 20 世纪 70 年代末开始，我国洁净技术随着各行各业引进技术和设备的兴起得到了长足进步。1981 年无隔板高效空气过滤器和液槽密封装置通过鉴定并投入生产，随后 $0.1\mu m$ 高效空气过滤器研制成功，为满足超大规模集成电路的研制和生产创造了有利条件。20 世纪 80 年代我国空气洁净技术和洁净厂房建设取得了明显的成果，在建设大规模集成电路工厂、研究所、彩色显像管工厂以及制药工厂洁净厂房的同时，建成了一批 100 级（5 级）、1000 级（6 级）的洁净室，如 $500m^2$ 的 100 级（5 级）垂直单向流洁净室、$1080m^2$ 的 100 级（5 级）垂直单向流洁净室、100 级（5 级）水平单向流手术室等，这批洁净工程的相继建成并投入使用，标志着我国的洁净技术发展进入了一个新的阶段。

### 3.4.2 空调净化系统的设计特点

**(1) 风量大**

一般办公楼和工业洁净室（半导体工厂）、生物洁净室（制药）的送风量比较见表 3-12。

表 3-12 一般办公楼与洁净室的送风量比较

| 建筑类型 | 一般办公楼 | 工业洁净室(半导体,ISO 4 级) | 生物洁净室(药厂,1000 级) |
|---|---|---|---|
| 循环风量/[$m^3/(m^2 \cdot h)$] | 20 | 1100 | 54 |
| 新风量/[$m^3/(m^2 \cdot h)$] | 5 | 40 | 12 |

**(2) 空调冷负荷大、负荷因素特殊**

办公楼、旅馆单位面积冷负荷在 $100\sim130W/m^2$ 范围内，而半导体厂的冷负荷高达 $500\sim1000W/m^2$。表 3-13 所示为不同洁净度级别工业洁净室的风机负荷、室内冷负荷和新风负荷所占比例。此外，由于洁净室往往是 24h 运行，其能量消耗（转化成一次能源）也比其他建筑物大，两者的比较如表 3-14 所示。

表 3-13 不同洁净度级别工业洁净室的各类负荷所占比例（%）

| 级别 | A 级(100 级) | B 级(1000 级) | C 级(10000 级) |
|---|---|---|---|
| 风机负荷 | 30.6 | 20.0 | 15.3 |
| 室内冷负荷 | 24.2 | 41.7 | 56.6 |
| 新风负荷 | 45.2 | 38.3 | 28.1 |

表 3-14　洁净室与普通建筑运行能耗比较

| 建筑物类别 | 能量消耗（转换成一次能源）/[MW/(m²·a)] |
|---|---|
| 办公楼 | 0.445 |
| 商场 | 0.662 |
| 旅馆 | 0.787 |
| 医院 | 0.746 |
| 一般工厂 | 0.314～0.1396 |
| 半导体工厂/制药企业 | 0.3489～0.4650 |

**(3) 风机风压高**

因系三级空气过滤系统，洁净空调系统风机风压比一般空调系统高 400Pa 以上。此外，随着过滤器阻力的增加，系统风量将发生变化，所以要设定风量调节装置来恒定风量。

**(4) 压差控制严**

洁净室要保持恒定的压差，才能防止邻室不同级别的空气对它产生干扰。恒定压差通常由合理的风量平衡设计和设置余压阀等来保持。

**(5) 采用二次回风方式**

因洁净风量远远大于空调冷热控制的风量，可通过二次回风方式或短循环方式满足此要求。

### 3.4.3　空调设备和空气输送分配装置的运行管理

#### 3.4.3.1　空调设备的运行管理

空调设备运行管理组织主要分为两大部分，即设备管理人员和设备操作人员。各类人员应有明确的分工及各自明确的岗位责任制。

设备管理人员包括：①专职设备管理人员；②专职洁净技术人员。

设备操作人员包括：①空调操作人员；②电气及自控操作人员；③洁净室设备维修人员。

空调设备的运行管理制度包括：收集有关空调设备的资料和建立档案，建立各设备的安全操作规程，制定安全生产条例，定期进行安全检查，确保安全进行；制定各设备的维修保养计划，并组织对设备进行定期维修、保养；检查每天的运行日志及运行记录，及时发现运行中的异常情况；切实保证机房清洁卫生。

对空调设备应随时掌握其所处的状态，定期检查和维修。具体项目包括：送风机、回风机、泵、电动机等设备在运行中有无异常声音；轴承发热程度如何；传动带松紧是否合适，供回水网是否严密，开关是否灵活；各个部位的空气调节有无损坏；设备位置是否变化；空调箱、水箱、风管等内部有无锈蚀脱漆现象；需定期清洗、更换的设备（如各级过滤器等）是否已经达到清洗更换限度；配电盘、各种电器接线有无松脱发热现象；仪表动作是否正常等。

洁净空调设备的档案和值班记录包括：①设备台账，包括设备来源、价格、使用说明书及检修记录；②各类仪表，包括仪表使用说明及安装位置、检修记录、校验记录；③每日填写运行记录表，按月装订。

洁净技术人员的职责：制定洁净室的使用制度及洁净室的清洁、消毒制度，并监督检查执行情况；每日检查运行日志及运行记录，及时发现室内参数的异常情况，并进行分析，提出处理意见，保证系统始终处于正常运行状态；制定洁净室定期监测制度，且负责监测工作时，应提交相应的监测报告及整改措施；配合洁净系统维修保养计划，做好洁净室的自净工作。

设备的定期监测及保养制度包括：每日进行设备的清扫工作；每月进行设备内部的全面检修及清理工作；随时对发现的故障隐患及设备磨损进行修理，对于必须更换的部件应立即更换，不能拖延。

洁净空调系统启动时，禁止先开回风机；系统关闭时，禁止先停送风机；系统未运行时，不应单独开启局部排风系统。

运行前应测出室内外温湿度，并根据室内外气象条件确定本班运行方案。

开机前要对设备进行检查，做好运行准备工作。检查项目包括：风机、水泵等转动设备有无异常，冷热水温度是否合适，是否打开应该开启的门，是否已给测湿仪表加水等。如发现问题应及时向班长（或值班长）报告。如无异常，准备就绪后便可开机。开机时必须在一台设备正常运转后才能启动另一台。开机顺序是先开送风机，后开回风机，再开电加热器和水泵（水泵运行可根据需要灵活掌握）等；停机时次序相反。停机后要全面检查，消除不安全因素，拉下电闸，关好相应的水、风和照明、门窗等。

#### 3.4.3.2 空气输送分配装置

洁净空气的输送和分配装置的管理应包括以下内容：经常检查送风及回风设施有无因硬密封材料老化而产生的漏风及破损现象；经常检查送风及回风口的过滤器材的积尘状况，对送风口还应检查高效空气过滤器的滤纸有无破损而造成漏风的情况；按照过滤器的管理方法对送回风口的过滤器进行清洁及更换。

## 3.5 工艺用气

### 3.5.1 纯蒸汽系统清洁

#### 3.5.1.1 系统描述

纯蒸汽在制药企业中是一种重要的公用工程，主要用于无菌工艺设备、器具、最终灭菌产品的灭菌。纯蒸汽直接与设备或物品表面接触，或接触到用于分析物品性质的取料，故纯蒸汽冷凝水必须满足最新版 USP/EP/ChP 中注射用水的要求（表 3-15）；纯蒸汽用于湿热灭菌工艺时，纯蒸汽物理属性三项（不凝性气体、过热度、干度）与灭菌效果息息相关，故纯蒸汽物理属性三项必须满足 EN285 的要求（表 3-16）。

表 3-15 注射用水标准

| 项目 | 中国药典(ChP) | 欧洲药典(EP) | 美国药典(USP) |
|---|---|---|---|
| 性状 | 无色澄明液体；无臭 | 无色澄明液体 | — |
| pH | 5.0～7.0 | | |
| 氨 | ≤0.000 02% | | |
| 亚硝酸盐 | ≤0.000 002 % | | |
| 不挥发物 | ≤1mg/100mL | | |
| 硝酸盐 | ≤0.000 006 % | ≤0.2μg/mL | — |

续表

| 项目 | 中国药典（ChP） | 欧洲药典（EP） | 美国药典（USP） |
|---|---|---|---|
| 重金属 | ≤0.00001% | — | — |
| 总有机碳 | ≤0.50mg/L | ≤0.5 mg/L | ≤0.50 mg/L |
| 电导率 | 符合规定（通则0681） | 1.3 μS/cm(25℃)（三步法测定） | 1.3μS/cm(25℃)（三步法测定） |
| 细菌内毒素 | <0.25EU/mL | <0.25IU/mL | <0.25EU/mL |
| 微生物限度 | 需氧菌总数≤10cfu/100mL | 需氧菌总数≤10cfu/100mL | 菌落总数≤10cfu/100mL |

表3-16　纯蒸汽物理属性标准

| 测试项目 | 英国 EN285 |
|---|---|
| 不凝性气体 | ≤3.5mL/100 mL 饱和蒸汽 |
| 干度 | ≥0.95 |
| 过热度 | ≤25℃ |

从功能角度分类，纯蒸汽系统主要由制备单元和分配单元两部分组成。制备单元主要包括纯蒸汽发生器，其主要功能是连续、稳定地将原水蒸馏"净化"成符合药典要求的纯蒸汽；分配单元主要包括分配管网和使用点，其主要功能是将纯蒸汽输送到各使用点，满足其压力等需求，并维持纯蒸汽质量符合药典与GMP要求。

**(1) 纯蒸汽发生器**

纯蒸汽发生器以工业蒸汽为热源及以纯化水为原水，采用换热器和蒸发器进行热量交换并产生蒸汽，并进行有效的汽-液分离方式以获取纯蒸汽。

纯蒸汽发生器通常由蒸发器、预热器、泵、缓冲罐、取样冷却器、阀门、仪表和控制部分组成。取样冷却器用于在线监测纯蒸汽的质量，其检验标准是纯蒸汽冷凝水是否符合注射用水的标准，可以检查出有问题的运行程序，也可提供关于最终使用的分配蒸汽的适用性信息。

纯蒸汽发生器工作原理：原水（纯化水）通过泵进入蒸发器管程与进入壳程的工业蒸汽进行热交换，原水加热至沸点以上开始蒸发，蒸发后通过分离变成纯蒸汽，由纯蒸汽出口输送到使用点。纯蒸汽在使用之前要进行取样和在线检测，并在要求压力值范围内输送到使用点。纯蒸汽发生器的示意图见图3-80。

**(2) 纯蒸汽分配系统**

纯蒸汽发生器生产的合格纯蒸汽将通过纯蒸汽分配管道输送到各使用点。纯蒸汽主要用于给湿热灭菌柜和配料系统进行在线灭菌，也可用于空调加湿。

纯蒸汽分配系统通常由分汽缸、仪表、管道、阀门等组成。纯蒸汽使用分汽缸进行缓冲，通过洁净管道分配到各使用点。使用点设置卫生型疏水装置进行疏水，避免纯蒸汽冷凝水进入使用点的设备，配备取样阀便于纯蒸汽的取样检测。纯蒸汽分配系统流程图如图3-81所示。

### 3.5.1.2 系统设计

生物膜和红锈是纯蒸汽系统运行中常见的污染物，为了避免生物膜和红锈的出现，在系统的设计之初注重"质量源于设计"的理念，采用合理的设计方案，从源头上避免出现生物膜和红锈，可以采用以下方法。

① 与纯蒸汽接触的设备、管道、阀门材质采用316L不锈钢材质，防止外源性的粒子脱落进入纯蒸汽系统中。

② 对纯蒸汽接触的设备、管道、阀门的内表面粗糙度进行控制，$Ra \leq 0.6\mu m$，且尽可

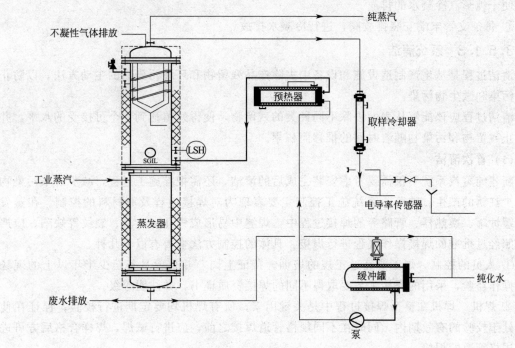

图 3-80　纯蒸汽发生器示意图

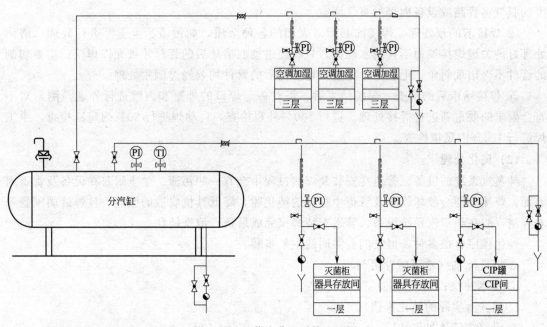

图 3-81　纯蒸汽分配系统流程图

能采用电解抛光。

③ 每条管路在流向上应有适当的坡度（推荐值≥1‰）/支撑，以防止管道下垂和纯蒸汽冷凝水的积累，并控制好残留物对管路的影响，避免引起晶体腐蚀。

④ 支路需从主管上方引出，避免支路上冷凝水负荷过重。

⑤ 每个使用点均需安装疏水阀，且在使用点支路下方。每个使用点为最低点安装疏水

阀，便于纯蒸汽冷凝水的排放。

⑥ 每条支管末端安装排放阀，进行冷凝水排放。

### 3.5.1.3 系统清洁

清洁过程是从生产制造设施和设备中去除产品残留物和环境污染物的主动方法，以防止交叉污染和微生物污染。

清洁过程应该能够从表面去除不同种类的残留物，使得残留达到一个可接受的水平，并应防止残留物和污染物随着时间的推移而积累。

**(1) 首次清洁**

新建纯蒸汽系统不仅需要考虑安装完成后的清洁，还需把控施工过程，减少外来污染物及减少红锈的产生。纯蒸汽系统施工控制主要表现为对焊接过程及原材料的控制。在蒸发器、缓冲罐、换热器、管路等的焊接过程中，焊缝中易形成气孔、夹渣、裂纹等缺陷，应严格按照经过批准的焊接操作规程进行焊接。具体的控制方法主要有以下几种。

① 人员的控制　焊工要经过正规的培训，持证上岗，并且要具备至少半年以上的现场实际操作经验，采用的焊接工艺要取得不同的焊接资质证书，并注明等级。

② 焊机　焊机在整个焊接过程中是关键因素，所有焊机均要定期进行校验，保证在使用时处于校验的有效期内。同时在不同规格管道焊接之前，应进行试焊，焊样合格后方可进行该规格管道的焊接。

③ 保护气体　为避免管材部位过度氧化，在焊接开始前需采用99.999%（推荐值）浓度的氩气将管路或设备内部的氧气清空。

④ 焊接前的预处理　焊接前必须对表面的各种杂质，如污渍、尘土等进行处理，清洁处理好的关键焊接端面不得用水触摸，只有经过彻底清洁后的管材才被允许焊接。需要切割的管件不得出现斜角、毛刺等，一般经过切割后的管件均要经过倒角处理。

⑤ 焊接结束后的检查　焊接结束后，需对每个焊口的外壁和内壁进行外观检测，对不符合要求的要重新进行焊接处理。进行100%外观检查，自动焊进行20%内窥镜检查，手工焊进行100%内窥镜检查。

**(2) 钝化处理**

纯蒸汽系统的设备、管道在安装及焊接过程中会有一些污渍、尘土附着在设备及管道内表面，焊接处理会破坏设备及管道中存在的钝化膜，降低其抗腐蚀的性能，且焊缝周围易溅着焊渣，故在纯蒸汽系统设备、管道安装焊接完成后进行清洗钝化。

钝化程序有很多种，但它们有共同的主要步骤：

a. 清洗除油（常用碱性溶剂）；

b. 清水冲洗；

c. 酸洗（实际的钝化步骤）；

d. 最终的清水冲洗。

实现钝化的应用方法见表3-17。

表3-17　实现钝化的应用方法

| 方法 | 条件 |
| --- | --- |
| 循环 | 循环的分配系统 |
| 间歇式单向流 | 1. 大型非循环分配<br>2. 长的单向管道系统 |

续表

| 方法 | 条件 |
|---|---|
| 喷射 | 罐内部 |
| 容器浸洗 | 1. 各种小零件<br>2. 预制的配管 |
| 擦洗/擦拭 | 1. 独立的区域/罐/设备外表<br>2. 不允许采用喷射或其他应用方法清洗的设备 |

常用的钝化程序如下：

① 清洗除油 配制2%～5%（质量分数）的氢氧化钠溶液，加热氢氧化钠溶液至60～80℃；纯蒸汽管路系统为单管道系统，需使各使用点充满氢氧化钠溶液，浸泡1～2h，做好记录；清洗除油结束后，排放氢氧化钠溶液，然后使用去离子水（常用纯化水）冲洗，使用pH计检测冲洗后溶液的pH值，pH 6～8为合格。

② 酸洗（钝化） 钝化常用硝酸钝化和柠檬酸钝化两种方案。

a. 硝酸钝化方案：316L不锈钢采用硝酸钝化。可采用20%～45%（体积分数）的硝酸，在20～30℃的温度下浸泡至少30min；也可采用20%～25%（体积分数）的硝酸，在50～60℃的温度下浸泡至少20min。

为达到有效的钝化效果，可采用的硝酸钝化方案为：配制5%～8%（质量分数）的氢氧化钠溶液，加热硝酸溶液至60～80℃；纯蒸汽管路系统为单管道系统，需使各使用点充满硝酸溶液，浸泡1～2h，做好记录；钝化结束后，硝酸废液排入专设的废液坑，使用氢氧化钠溶液进行中和，然后排放至指定位置；使用去离子水（常用纯化水）冲洗，使用pH计检测冲洗后溶液的pH值，pH 6～8为合格。

b. 柠檬酸钝化方案：可配制10%～12%（质量分数）的柠檬酸溶液，加热柠檬酸溶液至60～80℃；纯蒸汽管路系统为单管道系统，需使各使用点充满柠檬酸溶液，浸泡2h，做好记录；钝化结束后，柠檬酸废液排入专设的废液坑，使用氢氧化钠溶液进行中和，然后排放至指定位置；使用去离子水（常用纯化水）冲洗，使用pH计检测冲洗后溶液的pH值，pH 6～8为合格。

纯蒸汽设备焊接完成后一般采用以上溶液进行浸泡。对于纯蒸汽管道外表面焊缝，才使用钝化膏进行涂抹钝化，钝化完成后采用清水进行擦洗。

**(3) 日常清洁**

纯蒸汽制备系统通常采用纯化水为原水，能有效地减少制备系统水垢的生成；纯蒸汽系统运行过程中，由于纯蒸汽为灭菌介质，设备及管道中存在生物膜的概率较小。由于纯蒸汽系统为密闭系统，日常的清洁维护主要包括如下事项。

① 制备系统中呼吸过滤器的完整性测试：若在运行过程中呼吸过滤器的完整性被破坏，外来污染物会进入纯化水缓冲罐，污染原水。需定期进行呼吸过滤器的完整性测试，以防止外来污染物的进入。

② 系统中疏水阀的定期清洗或更换：纯蒸汽系统在运行过程中可能存在某些杂质脱落造成疏水阀的堵塞，需定期拆下疏水阀进行滤网的清洗，必要时进行更换。

③ 使用消毒液润湿的抹布反复擦拭整个纯蒸汽发生器及纯蒸汽管路的外壁至无油污、污迹，洁净区内的管路外壁采用无尘抹布进行擦拭。

**(4) 红锈的去除**

红锈是用于描述高纯度不锈钢生物制药系统中各种颜色污染物的一般术语。它由金属

（主要是铁）和/或氢氧化物组成。在制药行业，红锈是一种常见的现象，通常会在不锈钢系统的不同位置发现，可能是黄色、红色甚至黑色及各种颜色的红锈。在《ASME BPE 2019》和 ISPE 指南《水与蒸汽系统》（第三版）中，都将红锈分为 Ⅰ 类、Ⅱ 类与 Ⅲ 类。

① 《ASME BPE 2019》分类

Ⅰ 类：主要是颗粒状态，往往会从其发起点往下游迁移，并可以从迁移过程中沉积到表面上。它通常是橙色或橙红色。这些颗粒物可以从表面擦掉，并且在擦拭物上是显而易见的。红锈下面的不锈钢表面成分保持不变。

Ⅱ 类：一种局部形成的活性腐蚀。通常包含多种颜色（橙色、红色、蓝色、紫色、灰色、黑色）。有可能是由于氯化物或其他卤化物对不锈钢表面的侵蚀而造成的。

Ⅲ 类：在纯蒸汽系统等高温环境中发生的表面氧化。随着红锈层变厚，系统的颜色转变为金色，再变到蓝色，最后成为各种不均一的黑色。这种表面氧化以一种稳定的膜的形式存在，并且几乎不呈颗粒态。它是一种极其稳定的磁铁矿（$Fe_3O_4$）形式。

② ISPE 指南《水与蒸汽系统》（第三版）分类

Ⅰ 类：迁移型红锈。它包含多种金属所衍生的氧化物和氢氧化物（最多的是氧化铁或氧化亚铁 FeO）。主要是橘黄色到橘红色，呈颗粒型，有从金属表面生成点迁移的趋势。这些沉淀的颗粒物可以从表面清除掉，而不会导致不锈钢的组成发生改变。

Ⅱ 类：非钝化表面的在位氧化。局部形成的活性腐蚀［氧化铁或氧化亚铁，最多的是三氧化二铁（$Fe_2O_3$）］，存在多种不同颜色（橘色、红色、蓝色、紫色、灰色和黑色）。最常见的是由于氯化物或其他卤化物对不锈钢表面的侵蚀而造成的。它与表面结合为一体，更常见于机械抛光的表面，或是在金属和流体产品间相互作用而损害到钝化层的地方。

Ⅲ 类：加热氧化后产生的黑色氧化物。发生在如纯蒸汽系统等高温环境中的表面氧化。随着红锈层的增厚，系统颜色会从金黄色变到蓝色，然后变成深浅不一的黑色。这种表面氧化以一种稳定的膜的形式存在，并且几乎不呈颗粒态。它是磁铁矿石极其稳定的状态［三氧化二物（含有两个原子或一些其他物质基团的氧化物），$Fe_3O_4$］。

根据《ASME BPE 2019》和 ISPE 指南《水与蒸汽系统》（第三版）中红锈的分类，纯蒸汽系统中产生的红锈为 Ⅲ 类高温红锈，因为结构和化学构成的不同，Ⅲ 类红锈与 Ⅰ 类和 Ⅱ 类红锈相比较难去除。硝酸-氢氟酸混合试剂可用于 Ⅲ 类红锈的去除，但是会腐蚀电解抛光的表面，而且除锈后的不锈钢表面会失去不锈钢的光泽。这种混合试剂通常要求 15%～40% 硝酸和 1%～5% 氢氟酸，温度不能超过 40℃。

## 3.5.2 工艺气体

### 3.5.2.1 系统描述

工艺气体指在医药生产过程中直接接触产品或直接影响产品质量的气体，包括压缩空气、氮气、氧气、二氧化碳、氩气。工艺气体典型的应用如下：

① 物料的转移和吹扫；
② 细胞培养和发酵；
③ 工艺系统灭菌后的保压；
④ 产品的干燥储存保护。

工艺气体可以是现场制备或者由合格的供应商通过便携式储罐、压缩气瓶、装有液化气体的钢瓶或者其他形式的容器提供。由于压缩空气既可作为工艺压缩空气供使用，又可作为动力压缩空气为设备的开启提供动力，企业内压缩空气使用量大，压缩空气一般是现场制备的；氮气、氧气、二氧化碳等工艺气体相对来说用量较少，一般由合格的供应商通过钢瓶提供，若有需要氮气、氧气、二氧化碳，可采用膜分离法、变压吸附法、蒸发法制备。

**(1) 压缩空气制备系统**

压缩空气制备系统一般由无油空压机、前置储气罐、前置过滤器、冷干机、精密过滤器、干燥机、除尘过滤器、缓冲罐、除菌过滤器（一般包括在分配系统中）、阀门、仪表和控制部分组成。压缩空气中的污染物主要有两种：一种是被吸入压缩机的大气污染物，其中80%直径在 $2\mu m$ 以下；另一种是压缩机的带出物，呈烟雾状态，消散开来便成为 $0.01\sim0.8\mu m$ 的气溶胶。需采用过滤系统过滤压缩空气中的污染物。常用的压缩空气过滤系统见图 3-82。

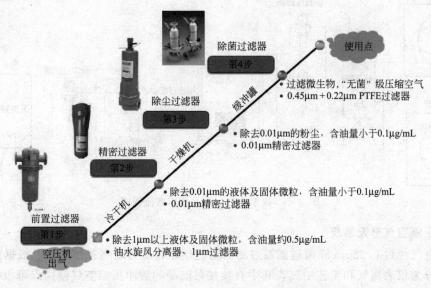

图 3-82　常用压缩空气过滤系统

① 无油空压机　用于生产压缩空气，通过螺杆、栓柱等机构将从外界吸入的常压空气予以压缩，存储于压力容器中，通过管路送至各个使用点。

无油空压机的排气从理论上是不含油，但目前国产的大多数无油润滑空压机实际上应是"少油"润滑空压机，排气含油量虽然比有油润滑空压机少得多，但残油量在吸附床中的常年累积也不可忽视。所以即使与无油空压机配套时，吸干机进气口前也应装除油器。

② 前置储气罐　用于缓冲、降温、除水、除油。空气通过前置储气罐时高速的气流撞击到储气罐壁使其产生汇流，在储气罐内使温度快速下降，大量的水蒸气得到液化，从而去除大量的水分及油分。

③ 前置过滤器　用于去除部分液态水、油以及直径大于 $1\mu m$ 的颗粒物。不管是其他壳管式冷干机还是冷冻式冷干机，前置过滤器都是必需的，否则，一旦管路上的铁锈以及其他颗粒物进入蒸发器，将会大大降低冷干机的工作效率，甚至损坏蒸发器。

④ 冷干机　用于降低压缩后空气的温度，将空气中含有的水汽除去。

⑤ 精密过滤器　用于去除压缩空气中的油雾浓度到更高标准，同时去除大于 $0.01\mu m$ 的颗粒物和大于 $0.003\mu m/mL$ 的油液含量（正常情况下，后置过滤器处几乎是没有液态水

排出的；如果有，则说明冷干机内部的汽水分离器或者排水阀有问题）。

⑥ 干燥机　用于去除压缩空气中大部分水蒸气，将压缩空气中含水量降到要求的范围内（即 ISO 8573.1 要求的露点值）。

⑦ 除尘过滤器　用于去除压缩空气中的粉尘。在吸干机中，吸附剂颗粒承受了压缩空气的挤压和摩擦，其结果使吸附剂表面不断有微小的粉尘脱落。这种现象在以硅胶和分子筛为吸附剂的干燥机中尤为明显。为了防止这些粉尘进入用气管道，给成品压缩空气带来二次污染，在吸干机出气口中装设除尘过滤器是必要的。

⑧ 缓冲罐　用于储能、缓冲，防止过滤器堵塞后造成气压的不稳。根据不同的用气要求选配合理的缓冲罐罐，体积一般为前置储气罐的 2 倍。

压缩空气制备系统示意流程图见图 3-83。

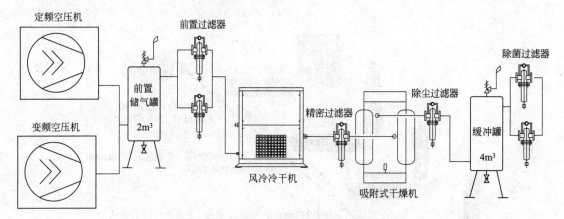

图 3-83　压缩空气制备系统示意流程图

**(2) 压缩空气分配系统**

压缩空气经过 $0.22\mu m$ 除菌过滤器过滤后通过洁净管道分配到各使用点。根据压缩空气的用途可分为仪表用气和工艺用气，其中直接接触制品的洁净压缩空气使用点可根据用途在末端设置除菌过滤器，以确保不会对制品造成污染。压缩空气分配系统示意流程图见图 3-84。

**(3) 氮气、氧气和二氧化碳系统**

一般由外购气瓶经过 $0.22\mu m$ 除菌过滤器过滤后通过洁净管道分配到各使用点，可根据用途在末端设置除菌过滤器。系统示意流程图见图 3-85。

### 3.5.2.2　系统设计

因工艺气体与物料直接接触，需对气体的洁净度、干燥度进行严格控制，气体中若含有水、油和尘埃等杂质，超出允许含量对产品质量危害极大，因此气体的纯化和净化对产品的质量较为重要。为了保证工艺气体的纯度和洁净度，需从工艺气体的纯化和输送两方面采取措施。

① 应采用无油空压机。

② 工艺气体制备后应配备缓冲罐，防止过滤器堵塞后造成气压的不稳。

③ 气体进口装置：应尽量靠近净化生产的用气区，以缩短管路，减少输送中产生的污染，方便维护管理。

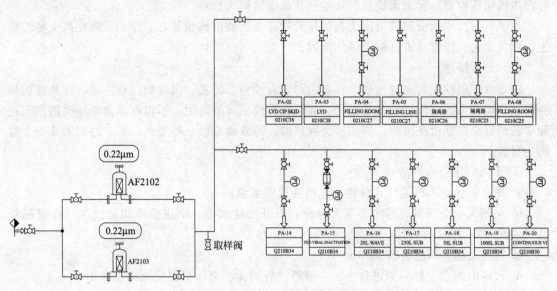

图 3-84　压缩空气分配系统示意流程图

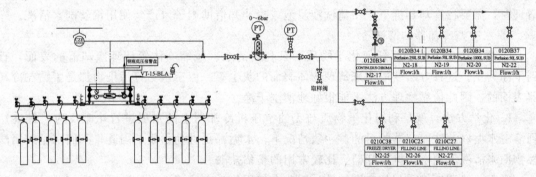

图 3-85　系统示意流程图

④ 末端纯化和净化装置：与药物接触的压缩空气应经除油、除水和净化处理。

⑤ 为保证压缩空气在生产中的连续使用，建议增加一套备用设备。

⑥ 管道及阀门采用 304 或 316L 不锈钢，防止杂质脱落，污染气体。

### 3.5.2.3　系统清洁

**(1) 首次清洁**

工艺气体系统安装、焊接完成后因管道内表面附着灰尘、焊渣，法规指南中没有明确要求工艺气体管道需进行酸洗钝化处理，一般进行的是管道吹扫。

① 先决条件：压力试验合格。

② 吹扫介质：采用原压缩空气制备系统制备的压缩空气。

③ 方法：先吹主干管，后吹支管，由前往后逐个吹扫，吹扫前将使用点的阀门打开，增加弯头及管子引出厂房外安全地带设立排风口，并在排风口外设置消声器材或选择不影响周边居民休息的时间段进行吹扫。对不允许吹扫的设备（如调节阀、安全阀等重要的阀门及仪表）和管道，应与吹扫系统隔离。吹扫的压缩空气压力不得超过设计压力，将管道吹扫干净至无铁锈、尘埃及其他杂物为止。在吹扫处无肉眼可见的尘土及脏物后，应在排气口用涂

有白漆的靶板检查，靶上无铁锈、灰尘及其他脏物即为合格。

虽然没有法规指南明确指出工艺气体管道需进行酸洗钝化处理，但为了防止微生物的滋生，建议工艺气体管道进行酸洗钝化处理。

**(2) 日常清洁**

随着空压机使用时间的推移，机器内部会有油垢、积炭、沉淀物、锈迹等，这些沉积物会严重影响到无油空压机的正常运行，甚至会导致事故的发生。所以在无油空压机的使用过程中我们需要定期清洗机头、油漆桶、散热器、油管内部以及各类阀门等，达到消除安全隐患的目的。

① 无油空压机整机清洗

a. 先让无油空压机运转几分钟，让机油达到常温；

b. 关闭无油空压机，等内部压力泄完，打开加注水盖，倒进空压机清洗剂（合成酯基清洗油配方），拧紧加油盖；

c. 打开无油空压机运转30min；

d. 放掉旧的水，然后加进新水。一般清洗后的无油空压机温度至少下降10℃左右。

② 风冷型冷却器的清洗　打开导风罩清理盖板，或拆下冷却风扇；用压缩空气反吹将污染物吹下，再把污染物拿出导风罩；如果较脏，应喷一些除油剂再吹。当无法用以上方法清理时，需要将冷却器拆下，用清洗液浸泡或喷冲并借助刷子（严禁使用钢丝刷）清洗。

③ 水冷型冷却器的清洗

a. 物理方法：不依靠任何化学物质，只利用清水、压缩气体等清理冷却器的表面，直到干净为止。这种方法一般用来清理物体表面的灰尘等。由于水垢等污染物都是紧贴在冷却器表面的，因此依靠物理方法不能很好地清洗干净。

b. 化学方法：就是利用化学物质与无油空压机冷却器上的水垢进行化学反应，最终达到溶解水垢以清洗冷却器的目的。一般情况下，水垢都是碱性物质，因此，我们都是采用酸性物质来清洗无油空压机冷却器。比较常用的是稀盐酸。

由于一般酸性物质都具有腐蚀性，因此在使用化学方式清洗无油空压机冷却器时，一定要注意防止腐蚀。

④ 储气罐及缓冲罐的清洗

a. 打开罐底排水阀，使用压缩空气吹扫罐内杂质，使用纯化水冲洗内壁至清洁。

b. 使用无尘布擦洗干净，无污迹。

c. 若罐内有污垢，需先用pH 4～5的苯磺酸循环冲洗30～40min，再用pH 8～9的弱碱中和20～30min，最后过清水10min，然后擦干或风干即可。

⑤ 前置过滤器、精密过滤器及除尘过滤器的清洗　定期拆下过滤器滤网进行清洗，待滤网晾晒干后安装。

⑥ 工艺气体管道的清洗　工艺气体管道为密闭系统，只需在房间清洁时对管道外表面进行清洁即可。

## 3.6　昆虫和动物控制

为了防止物料、设备设施受到昆虫和其他动物的污染，药品生产企业应加强对昆虫和其他动物的管理控制，这是 GMP 管理的基本要求，也是药品监管机构检查的重要内容之一。通常，昆虫和动物控制对象主要分为虫害和鼠害两大类。

### 3.6.1 虫鼠勘测

为营造良好的生产环境，减少虫鼠对产品可能造成的污染，新建厂区时制药企业应对整个厂区的虫鼠情况进行全面的勘测，以充分了解场所内昆虫和老鼠的栖息、繁殖和入侵状况；并在日常生产中对其持续监控，以降低产品虫鼠污染的风险。

**(1) 勘测方式**

结合厂区布局及外围环境对爬行类昆虫、飞行类昆虫和鼠类进行捕获。考虑到季节差异带来的影响，一般在五至六月、九至十月昆虫活动的高峰期监控统计昆虫的数目；一般在春季初和冬季初，在鼠类活动最频繁时统计鼠类的数目；也可以根据预先制定的计划，按规定的时间监测。

**(2) 勘测布点和时长**

根据风险评估结果在全厂设施内覆盖尽量多的区域设置监控点，如室内入口、草坪、垃圾桶旁等；勘测时长为一周（7 天）或一个月。

当厂房设施有变化（如改扩建等）时，应进行评估，必要时对相关区域重新进行虫鼠勘测。

### 3.6.2 昆虫控制

很多昆虫有趋光性并且对紫外线区特别敏感（波长以 360nm 为中心），这种光人肉眼不能看到。它们对人眼可见的长波长的光（绿、黄、橙、红）则不反应。灯光的颜色控制正是应用了这一原理来控制昆虫的行为。

昆虫控制的主要对象分为飞虫类和爬虫类。

#### 3.6.2.1 飞虫类

以苍蝇、蚊子、飞蛾等较为常见。特别是飞蛾，其季节性生活习性很明显，多在夜里活动，喜欢在光亮处聚集，白天常隐伏于灌木或草丛植被的背面，躲避药物灭杀；在某些地区的 8～10 月期间，繁殖速度快、数量大，容易形成虫害，药品生产企业应特别关注，尤其是夜间有生产活动的生产车间和仓储区应加强控制。

#### 3.6.2.2 爬虫类

爬虫类昆虫较多，通常以蟑螂、蜘蛛、鼠妇、蟋蟀、蜈蚣、蚂蚁等较为常见。

#### 3.6.2.3 灭蝇灯的管理要求

**(1) 昆虫诱捕灯**

应用昆虫诱捕灯可以识别和监控昆虫。昆虫诱捕灯在使用时应遵循以下管理要求：

① 在加工或储存区域，昆虫诱捕灯必须安装在离食品接触面、裸露产品、包装线和原材料 3m 范围以外。

② 昆虫诱捕灯的安装方式必须不能吸引昆虫进入企业。

③ 在昆虫活跃的季节，必须每周对所有的昆虫诱捕灯进行检查。在寒冷的季节，必须

每个月对所有的昆虫诱捕灯进行检查和维护。或依照气候变化调整检查频率。这些检查工作包括：

　　a. 清空收集装置；

　　b. 清洁诱捕灯；

　　c. 维修；

　　d. 检查是否有灯管破损。

④ 所有装置必须使用防碎灯泡，或必须建立企业内部的控制程序，防范破损风险。

⑤ 应对使用昆虫诱捕灯灭杀昆虫的相应过程进行记录。

⑥ 昆虫诱捕灯应当放置在昆虫可能进入的受控区域，用于监控昆虫的活动。

⑦ 昆虫诱捕灯灯管应当在昆虫活跃季节开始时每年至少更换一次。

⑧ 企业应当记录昆虫诱捕灯中发现的昆虫种类及数量，以此信息为基础找出并消除掉昆虫活动根源。

**(2) 常用的灭蝇灯**

常用的灭蝇灯有电击式灭蝇灯和粘捕式灭蝇灯两种类型（见图 3-86）。其原理都是用光线引诱虫蝇，诱使虫蝇靠近灭蝇灯灯管，使昆虫接触灭蝇灯附近的高压电栅栏或粘蝇纸，将其电死或粘住，达到杀灭虫蝇的目的。

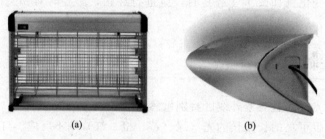

图 3-86　常用的电击式灭蝇灯（a）和粘捕式灭蝇灯（b）

两种类型的灭蝇灯分别具备不同的使用特点和注意事项，具体如下。

① 电击式灭蝇灯

a. 电击式灭蝇灯会导致虫体分解四散，遗落的虫体碎片极易造成二次污染；

b. 电击式灭蝇灯破坏的虫体，无法进行虫害鉴别，无法了解入侵虫害的特性，故无法进行防治跟进；

c. 电击式灭蝇灯在 2013 年修订版的 YUM/BRC 等标准中都已明确禁止使用；

d. 很多电击式灭蝇灯灯管基本无任何吸引昆虫的 UVA 涂层；

e. 部分电击式灭蝇灯较易损坏，如果电压不稳，通常 3～5 个月就会损坏，修复成本高；

f. 在药品暴露的环境中应避免使用电击式灭蝇灯，避免虫尸被电击炸飞，污染药品；

g. 不可在容易发生爆炸的地方使用电击式灭蝇灯。

② 粘捕式灭蝇灯　粘捕式灭蝇灯通过灯管发射的 250～350nm 波段内的光线吸引趋光性昆虫，并用内置的粘捕纸捕获完整的昆虫，起到监测昆虫密度的作用。

a. 需要在药品暴露的环境安装灭蝇灯时，可以考虑选用粘捕式灭蝇灯；

b. 可在容易发生爆炸的地方安全使用；

c. 灭蝇灯的效果跟灯管寿命密切相关,应定期更换粘蝇纸和灯管;
d. 避免太阳光直射。

**(3) 如何正确安装灭蝇灯**

a. 沿昆虫的必经路线安装灭蝇灯(如入口、门口或其他位置和门厅),安装在不易被来往人员和货品碰撞损坏的位置。

b. 灭蝇灯的下端离地面至少应大于 50cm,顶部离天花板应大于 50cm。

c. 设置中端高度在离地 1.5m 左右,便于人员清理。

d. 灭蝇灯使用时,关闭其他灯光可以提高灭杀效果。

e. 如果大厅安装,每 $25m^2$ 安装一只灭蝇灯;如果安装在出入口,需在内侧。

f. 灭蝇灯应避免直接面对门/窗等,防止出现吸引外界虫蝇的情况。

g. 在洁净环境中应避免使用电击式灭蝇灯,避免虫尸被电击炸飞。在存在产品或生产物料暴露操作的区域,原则上只能选择粘捕式灭蝇灯,尽量避免使用电击式灭蝇灯,以免对产品造成污染。

h. 不可在容易发生爆炸的地方使用电击式灭蝇灯。

i. 灭蝇灯的效果跟灯管寿命密切相关,应定期更换粘蝇纸和灯管。

j. 灭蝇灯只能消灭一些偶然能避过其他预防措施飞入控制区域内的蚊子、苍蝇等虫害,不能使用灭蝇灯作为防治虫害的唯一措施,应同时选用其他防治措施,如纱网、门帘、风幕、蟑螂屋等相配合。

**(4) 灯管有效性的评估**

使用过程中,灯管表面的 UVA 涂层逐渐消耗直至无吸引趋光昆虫功能,因此应定期评估灯管的有效性。通常灯管有效性评估应在天气变热前完成。

电击式灭蝇灯电网可以用电笔或者螺丝刀定期确认是否有电火花发出,以确认电网的有效性。10~160W 的紫外线灯管可使用紫外线测量仪测量。可以通过检查灭蝇灯里紫外线灯管的紫外线输出来判定是否需要更换灯管。

**(5) 灭蝇灯的安装数量**

灭蝇灯的安装应按场所面积装设足够数量且应平均分布。为使灭蝇灯的效果更佳,灭蝇灯之间的距离不应超过 12~15m 的范围。安装过多的灭蝇灯不仅会对内部大量滋生的昆虫无用,反而可能会吸引更多厂区或车间外的昆虫进入厂区或车间,结果适得其反,不仅起不到灭蝇的效果,反而大幅提高了企业虫害防治成本,得不偿失。

### 3.6.3 动物控制

动物控制的主要对象为各种鼠类,以褐家鼠、小家鼠、黄胸鼠等家栖鼠较为常见,但还应根据地理位置特点,科学评估。

#### 3.6.3.1 如何判断是否有鼠类的存在

对于室外的一般区域,如需确定某个地方是否有鼠类存在,最简单、最快的方法是观察鼠类的脚印,有鼠类存在的地方,一般比较容易找到鼠类脚印。除此之外,鼠类的尾迹、鼠道及鼠类的洞穴和被鼠类咬坏的物品也容易发现。而且,当活动鼠类的密度很高时,有时白天在室外也可以看到鼠类的活动。但对室内及一些特殊区域(如地下室和地下建筑物、屋顶、地基、地下通道、下水道和储藏室周围），检测鼠类的重点是找到鼠迹，如鼠类的粪便、足印、啃咬痕迹、鼠洞等。

#### 3.6.3.2 鼠害监测

鼠害监测的内容包括鼠类居所研究、定期监测和临时研究。由于鼠害很少成为药品生产企业的问题，所以监测的结果通常是"捕捉结果没有"和"未发现侵入和居住的痕迹"。

**(1) 鼠类的居所研究**

巢穴调查的目标是那些经常密闭的地方，例如厂区周围区域、维修区和废水罐、狭窄的过道、配电柜、控制室等，并通过目测检查鼠类生活的痕迹。另外，鼠类的痕迹用于估计厂房被侵入和占用的情况，以及厂区周围巢穴的情况，并且该评估用于作为建立环境维护措施的基本参考材料。基于区域不同和鼠类类型不同等方面的考虑，鼠类调查应该至少每年进行两次，分别在鼠类活动最频繁的春季和冬季开始时进行。此外，在发现有鼠类进入或者筑巢的痕迹时，也应该进行鼠类调查。应该基于需要检查的位置，在必要的时间间隔内目视检查鼠类生活的痕迹。诱捕和毒饵通常进行一个月的时间。

**(2) 定期监测**

鼠类定期监测的目标是那些高风险区域（人口、仓库、老厂房等）以及过去出现过问题的地方，并且证明鼠害已得到控制（即零捕获）。因为鼠类很少在药品企业捕获，除了诱捕之外，也可以进行诱饵和生命追踪。诱捕时，使用的捕鼠器有强的黏性，与昆虫黏胶结构类似。使用毒饵时，饵笼布置于厂区周围区域，然后检查诱食情况。这种监测的频率是每年两次，分别在鼠类活动最频繁的春季和冬季开始时进行，或者也可以根据预定计划规定需要的监测鼠类数量的频次。诱捕和毒饵通常进行一个月的时间。

**(3) 临时监测**

在卫生控制区域，由于改造或者搬入搬出设备而面临临时的环境破坏时，应该考虑环境破坏的程度和虫害控制风险，确定临时监测的需求。

在确定需要进行临时监测时，在计划阶段应该考虑从外界侵入的以及可以躲藏在地板、墙壁和天花板的物种的生态和行为模式。临时监测点应该独立于定期监测点之外，并且临时监测应该在环境破坏期间进行或者在环境破坏后监测一个星期（7天）。

**(4) 评价鼠类监测是否有效的方法**

通过回答三个问题评估鼠类监测结果：

a. 有捕捉到鼠类吗？

b. 鼠类有吃到诱饵吗？

c. 有发现鼠类生活的痕迹（粪便、毛发、脚印、咬痕等）吗？

如果以上任何一个问题回答"是"，应该作为偏离控制标准处理。

**(5) 纠正预防措施**

如果捕捉到鼠害，或通过诱食研究或生命迹象目视检查发现鼠害进入或居住的痕迹，应该立即进行现场检查，找出鼠类进入的通道和居住的地方，并采取相应的捕鼠或灭鼠措施。

### 3.6.4 综合虫害管理

#### 3.6.4.1 外部啮齿类动物监控装置

对外部啮齿类动物监控装置进行管理，可阻止啮齿类动物进入药品企业内部。具体管理可参考以下要求。

**(1) 关键要求**

① 基于对企业的详细调查，外部监控装置应沿着企业的最外墙放置。

② 所有的外部监控装置应至少每月检查一次。当啮齿类动物活动水平提高时，应增加检查频率。

③ 有杀鼠剂的外部毒饵站应用一次性的塑料扣、挂锁或生产商提供的设备锁定。

④ 外部毒饵站应能防破坏，应固定在某个地方，上锁并贴上标识。

⑤ 毒饵应严禁含有国家明令禁止的药品或成分（如氟乙酸钠、氟乙酰胺、甘氟、毒鼠强、毒鼠硅等）。

⑥ 毒饵应安全存放在毒饵站中，状态良好，并依照标签说明或制造商的建议，视需要更换，以免变质。

**(2) 非关键要求**

监控装置之间的间隔应为15～30m。啮齿类动物活动多的地区应放更多的监控装置。

### 3.6.4.2 内部啮齿类动物监控装置

内部啮齿类动物监控装置可以确定和捕获进入企业内部的啮齿类动物。具体管理可参考以下要求。

**(1) 关键要求**

① 内部监控装置中不能使用有毒诱饵和非有毒诱饵（固体、液体等）。

② 基于对企业的详细调查，内部监控装置应放在啮齿类动物的敏感地区和其他虫害活动地区，包括：

　a. 来料仓库或原材料存放区；

　b. 可从外部进入的维护间；

　c. 原材料从仓库运来后放置的暂存区；

　d. 成品仓库；

　e. 由于运输或人员活动导致的啮齿类动物可能进入的区域；

　f. 上方构架（当有或可能有屋顶鼠活动迹象时）；

　g. 交通流量大的区域；

　h. 向外部开放的大门的两侧。

③ 内部监控装置应沿着围墙放置，内部监控装置的间隔和数量应基于啮齿类动物的活动水平。

④ 内部监控装置应定位并保持清洁，且每周检查一次。

⑤ 除非有法规禁止，可以使用以下内部监控装置：

　a. 机械式捕鼠器；

　b. 可伸展的诱鼠夹；

　c. 粘鼠板。

⑥ 除机械式捕鼠器，企业也可根据实际情况考虑使用其他捕鼠装置，比如：

　a. 气体（如二氧化碳）捕鼠器；

　b. 活捉式捕鼠器；

　c. 跷跷板式捕鼠器；

d. 电击式捕鼠器；
e. 可发送警示电子邮件或短信的可伸展诱鼠夹。
**(2) 非关键要求**
监控装置应当沿着围墙放在啮齿类动物的敏感地区，装置之间的间隔以 6～12m 为宜。

### 3.6.5　第三方虫鼠控制服务

考虑到虫鼠控制的专业性，企业可将厂区内虫鼠勘测及日常控制委托给有资质的防虫鼠专业公司进行，并应与第三方公司签订委托协议。第三方公司应对勘测或监测结果给出专业性评价，必要时可结合企业实际情况提出改进措施。

企业应对第三方公司提供的勘测报告或日常监测报告进行审核，并对第三方公司提出的整改措施进行跟进，必要时进行整改。

# 第4章
# 生产系统

随着社会的不断进步,制药行业同样发展迅速,各国家/地区监管机构均要求药品生产企业必须符合卫生要求,以确保产品安全,有效,并且不受污染。制药生产卫生是指生产过程中所采取的各种防止污染的措施,且生产卫生工作贯穿着药品生产的全过程。

为了保证整个生产过程严格执行卫生标准,防止药品产生污染,制药企业必须建立清洁管理程序,明确人员、公用系统和生产系统的清洁消毒方法,并制定合适的清洁消毒频率,从而建立一个有效的清洁消毒体系,确保药品生产质量。生产系统的清洁是药品生产的前提,本章将从生产设备、工器具、耗材及记录等方面对生产系统的清洁消毒及灭菌管理展开论述。

## 4.1 概述

### 4.1.1 生产系统清洁消毒的目的

药品的产出主要通过制药设备实现,规范地使用、管理设备主要包括清洁、维护、维修、使用等。药品在生产过程中,会在设备上形成残留,清洁不彻底会对设备运转造成负面影响。科学的清洁程序可以减少设备的停机时间,延长设备的使用寿命,进而促进企业经济效益的提高。

清洁是实施 GMP 的重要环节。GMP 中一直有关于清洁、防止交叉污染的条款,早在 1963 年美国颁布的 GMP 条例(133.4)中就写到"生产设备必须保持洁净有序的状态",而现行的 FDA GMP 中有大约 20 条关于清洁的内容。在制药企业中,同一设备可能会用于多种产品的生产,为了达到相关法规规范的要求,药品生产企业应保证产品的残留可以通过一定的清洁程序而从设备表面清除,并提供书面证据证明清洁后的设备不会对后续生产的产品产生各种污染和交叉污染的风险。

设备污染和交叉污染主要源于理化污染(如活性物质残留、清洁剂残留、外来物质等)和生物污染(如微生物或内毒素等)。微生物在合适的温度下会利用设备中物料残留作为有机营养物进行大量繁殖,并留下代谢产物,对后续生产的产品带来不良影响,使得设备在生产其他药品或者连续生产一定时间之后出现质量方面的问题。GMP一般明确要求控制生产各步的微生物污染水平，设备经过清洁之后，用于生产的设备中微生物污染水平必须足够低，以免产品微生物项目超标。空气中存在的微生物能通过各种途径污染已清洁的设备。设备清洁后存放的时间越长，被微生物污染的概率越大。因此，及时、有效地对生产结束后的设备进行清洁、消毒、灭菌显得尤为关键，特别是在无菌制剂的生产过程中则更是重中之重。国际上有明确的法律法规规定制药企业必须要有符合清洁卫生的制药设备，设备在连续使用时间较长后、更换品种使用或者生产的产品出现了污染相关的质量问题等时都应该对其进行清洁。

清洁的含义是指从设备等表面去除可见及不可见物质的过程，包括活性成分及其降解产物、辅料、清洁剂、微生物、润滑剂及设备生产过程中产生的微粒等。监管机构要求制药企业必须制定可靠的清洁程序，持续有效地去除产品接触设备表面上的各种残留物，以防止药品在生产过程中受到污染和交叉污染。通过有效的清洗、消毒和灭菌，使设备或工器具等表面附着的各种残留物减少到确保患者安全的水平，以不影响后续生产产品的疗效、质量和安全性的状态。

生产系统清洁的必要性体现在符合法规要求、降低药物污染和交叉污染的风险、保证患者用药安全、延长系统或设备的使用寿命、提高企业的经济效益方面。药品生产结束后必须对其生产设备采取一定的程序进行清洗，防止药物成分或微生物残留到下一批产品中，形成交叉污染，从而影响下一批产品的质量及安全性。

## 4.1.2 生产系统清洁消毒的范围

生产系统涵盖一般区域及洁净区，清洁消毒范围从清洁对象来说，包括生产设备、工器具、耗材和记录等，不同区域对清洁执行的深度不同。对一般区域来说，对设备、工器具等仅进行清洁即可，无须消毒及灭菌。对洁净区来说，不同洁净级别的区域要求也不尽相同，根据不同洁净级别及设备、工器具是否与物料接触等决定设备与工器具的生物负荷要求，从而决定对设备及工器具清洁后的操作是消毒还是灭菌。从被清除对象来说，清洁消毒范围包括活性成分及其降解产物、辅料、清洁剂、微生物、内毒素及设备生产过程中产生的微粒等。

## 4.1.3 生产系统清洁消毒的接受标准

生产系统清洁消毒的接受标准包括目视检查、活性物质残留、清洁剂和微生物污染及内毒素的限度标准。根据设备结构制定有效的目视检查方法，根据所涉及的产品类型及生产设备，合理地确定活性物质残留、清洁剂和微生物及内毒素的限度标准。为确认与产品直接接触设备的清洁程序的有效性，应当进行清洁验证。清洁验证需在清洁结束后进行目视检查及残留限度标准符合性的确认，日常生产过程中通常仅做目视检查。清洁验证相关的内容详见第6章。

### 4.1.3.1 目视检查

外观清洁是评估表面清洁度的一个重要标准，如果表面有可见残留物，则认为设备未清洁干净。目视检查是在每次清洁后，对制药生产设备的所有可见的产品接触面进行的主动观察，确定设备没有任何可见残留物，以便认为足够清洁。此外，在生产活动开始前，仍需对生产设备进行目视检查。目视检查的设备表面应干燥，且干燥的设备表面代表着目视检查的最低标准。

目视确定清洁度的照明条件会因设备的不同而异，并且随房间的不同而不同。应为拟使用的目视检查程序确定光强度参数。光强度高于 200lx 对视觉观察没有影响，但是低于 200lx 抑制检测可见残留物的能力。可视距离和可视角度取决于现场使用的制造设备，较大的设备通常可以在不超过 10ft（约 3m）的距离内观看。

对于无法目视检查的区域，检查方法包括清洁对比评估或视镜检查。当使用这两种方法中的任何一种时，都应采用基于风险的方法，尤其是对于具有低 ADE / PDE（高危害）值的活性物质。

**(1) 清洁对比评估**

如果无法目视接近的设备（如传输线）使用与可目视接近的设备一样强劲或更强劲的清洁程序进行清洗，则可以认为目视无法接近的设备也是清洁的。

不可及区域的清洁需要等于或大于可及区域的清洁。例如，使用相同的清洁参数（即清洁时间、清洁剂浓度和温度）清洁具有相同生产残留的储罐和输送管线，唯一的区别是清洁动作，一般使用喷淋清洁储罐，使用湍流清洁输送管。如果管道清洁流量满足适当的湍流，则可以合理地认为输送管清洁至视觉清洁度，因为已证明通过喷淋作用清洁的储罐区域为外观清洁。

该原理也可用于同一设备的部件。例如，如果通过相同的清洁过程清洁了传输线系统上的管段（即清洁后确定为外观清洁），并且显示与传输线系统的其余部分一样难或更难清洁，则它可以代表整个传输线系统。

无须证明所有视觉上可及的区域清洁动作（如储罐的喷淋清洗）都小于或等于视觉上不可及的区域清洁动作。每种情况应在评估时单独评估考虑清洁过程和清洁难度。

**(2) 视镜检查**

管道、传输线和其他无法触及的区域可以使用视镜进行目视检查，所以目视检查均应合格。

管道镜、纤维内窥镜以及光纤视镜有助于检查到视线难以抵达的区域。其中管道镜可以用来检测管路内部以及罐体焊缝。这些视镜的一个优点是它们可以适用于操作人员无法进入的限制性空间。视镜检查通常易于操作，带有额外的照明，且可能带有放大和/或缩小的功能。这些视镜的主要缺点是很难使用和控制灯光及亮度，且仍然需要操作人员判断观察区域是否目视洁净。

#### 4.1.3.2 残留限度标准

残留限度标准包括生物负荷、活性残留物、清洁剂及消毒剂残留、降解物残留、残留物积累、其他可能的毒性成分残留（如沙坦类药品中的亚硝胺杂质、回收溶剂可能带入的杂质等）的限度标准规定，其中活性残留物的选择是最为核心的内容。药品生产后必须对其生产设备采用一定程序进行清洗，防止药物成分残留到下一批产品中，形成交叉污染，从而影响下一批产品的质量及安全性。清洁的过程要有效去除上批产品的残留，这主要是有效成分的残留。如果活性成分易降解，还要考虑降解产物残留。清洁过程使用的清洁剂最好是制药用水。如果使用其他清洁剂，如酸液、碱液、表面活性剂、有机试剂等，还要将这些清洁剂去除。

其中活性残留物的选择是最为核心的内容。活性残留物可以针对每个产品建立，也可从相似品种中选择最差条件的产品作为目标残留物，也可基于溶解性、毒性、活性、清洁难度及可检测情况基于风险选择一种或多种目标残留物，并通过对日常治疗剂量的0.1%、$10\mu g/mL$及基于ADE及PDE等安全性指标计算的限度标准三者中选择最低的值作为活性残留物限度标准，其中对于中药生产应考虑其特殊性。

#### 4.1.3.3 微生物限度及内毒素水平

生物负荷和内毒素控制可防止工艺设备产品接触表面上的微生物负载和内毒素激增。生物负荷限值是建立清洁后存放时间的必要条件，在某些操作中，建立了生物负荷和内毒素限值以作为清洁验证的标准。生物负荷和内毒素的可接受水平通过风险评估进行评估。一旦确定了可接受的生物负荷和内毒素水平，需在清洁验证中对其进行记录。通过风险评估确定验证后是否有必要进行常规生物负荷和内毒素监测。

迄今为止，对于生产设备最终清洁后微生物限度尚无法规要求，生产GMP产品的监管期望是控制生物负荷。但是，可以采用许多不同的方法来确定生物负荷和内毒素极限。生物负荷和内毒素可能受到许多其他因素影响，如环境、原材料、人员等。在制定限度标准时应考虑此类因素。

## 4.2 生产设备的清洁消毒灭菌管理

设备是影响药品质量要素的一个重要方面。因此，GMP对直接参与药品生产的制药设备作了若干个指导性规定，其基本点是保证药品质量，防止在生产过程中对药物可能造成的各种污染，以及可能影响环境和对人体健康的危害等因素。因此，制药设备的设计要符合GMP的要求，减少污染因素，并对污染进行很好的防控。

质量源于设计（QbD），基于这一理念，为使制药生产设备在经过有效的清洗消毒和灭菌操作之后，能够有效地控制污染，符合GMP的要求，制药生产设备在设计方面应满足以下要求：

① 整体结构与形体的简化，包括设备整体及必须暴露的局部（包括某些直观可见的零件）。在GMP观点下进行形体的简化，可使设备常规设计中的凹凸、槽、台变得平整简洁，可最大限度地减少藏尘、积污，易于清洗、消毒或灭菌。

② 应严格控制设备的材质选择。与药品直接接触的零部件应采用无毒、无腐蚀、不与药品发生化学反应、不释放微粒或吸附药品的材质。

③ 与药物直接接触的设备内表面及工作零件表面，尽可能不设计台、沟及外露的螺栓连接。表面应平整、光滑、无死角，易清洗、消毒。

④ 设备应不对装置之外的环境造成污染，鉴于每类设备所产生的污染的情况不同，应采取相关的防尘、防漏、隔热、防噪声等措施。

⑤ 在易燃、易爆环境中使用的设备，应采用防爆电器并设有消除静电及安全保险装置。

⑥ 无菌制剂的灌装或分装应在相应的洁净区内运行，局部采用A级层流洁净空气和正压保护。

⑦ 药液、注射用水及净化压缩空气管道的设计应避免死角、盲管。材料应无毒、耐腐蚀。内表面应电化学抛光，易清洗。

⑧ 当驱动摩擦而产生的微量异物或无法避免使用润滑剂时，应对其部件实施封闭并与工作室隔离，所用的润滑剂不得对药品、包装容器等造成污染。

⑨ 设备设计应符合标准化、通用化、系列化和机电一体化的要求。实现生产过程的连续密闭，自动检测，这是全面实施设备GMP的保证。

设备的清洁是防止污染和交叉污染的一个重要手段，应强调清洁方法的有效性和可重现性。所有与生产相关的设备必须进行清洗，并符合预先制定的清洗限度要求，只有这样才能保证设备本身不会对产品产生交叉污染，保证产品质量。应定期对设备与工具进行清洁，并且根据药品的性质进行消毒和/或灭菌，防止污染和交叉污染，避免影响药品的安全性、均一性、效价或含量、质量或纯度。设备的清洗方法必须经过验证，经过验证合格后的清洗方法形成书面的SOP，所有设备的清洗均应严格按照SOP进行。

## 4.2.1 设备的清洁

一台设备或一条生产线生产多个品种规格的产品，为防止混药、夹带或残留给患者带来安全风险，对设备清洁的要求非常严格。清洁过程必须将残留物减少到确保患者安全的水平，并确保设备得到明显清洁。因此要求把清场和清洁等操作作为生产操作单元的重要步骤，在生产完工后，立即进行清场，为下一批次品种的生产做好准备。针对这一风险，就要制定科学合理的清洁程序，并通过清洁验证来验证清洁程序的有效、稳定、可靠，并最大限度地降低多产品设施中交叉污染的风险。

### 4.2.1.1 设备的清洁频次

设备需要清洁的情况通常为同品种换批次时、同品种连续生产一段时间后、更换品种时、设备检修后、清洁后的设备存放超出存放周期后、物料或产品出现质量问题时。由于制药设备及生产产品的特性各不相同，应针对实际情况，从防止污染和交叉污染的角度出发，基于区域级别、功能、风险以及可见清洁程度对每个设备制定相应的清洁频次及清洁程序。

设备清洁频次通常分为换批清洁和换品种清洁。换批清洁较换品种清洁程序简单，换批清洁程序适用于相同品种不同批次之间的清洁；换品种清洁程序适用于更换不同品种时设备的彻底清洁，同品种连续生产一段时间后、设备检修后、清洁设备存放超周期后以及物料或产品出现质量问题时的设备清洁通常执行换品种清洁程序。

换批清洁及换品种清洁的频次要求仅是惯用要求，因制药行业生产工艺及设备种类繁多，也存在其他类型的清洁频次，比如口服固体制剂的包衣机，当一批产品分多锅进行包衣时，为避免一锅生产结束后锅壁上黏附的包衣液残渣影响下一锅产品的外观，同时确保包衣锅内排风良好，通常会将包衣机的清洁频次制定为每锅生产结束后在线清洗。

### 4.2.1.2 设备的清洁方法

设备的清洁方法大致分为三类：在线清洗、离线清洗和手工清洗。可以选择手工清洗来清洁小零件、具有小内腔的零件以及压力计等易碎零件，以及不具备在线清洗功能的不可拆卸设备部件，如压片机、灌装机等。手工清洗主要为手动擦拭设备，使用刷子在水槽中清洁，使用浸泡槽或超声波浴。手工清洗相对简单，但是可能需要大量的劳动，同时由于操作员之间存在差异，设备的清洁效果可能存在差异。为确保清洁效果符合要求，需要在清洁操作规程中详细描述清洁相关参数，如清洁用水阀门的开度、清洁水的温度、擦拭的方法及擦拭次数等。与手工清洗相比，零件清洗机（即离线清洗）的优势在于性能可靠，垫圈、不锈钢小零件、过滤器外壳、玻璃器皿和玻璃瓶等小零件非常适合使用自动零件清洗机进行清洁，减少了人工操作并且操作员无须接触清洗剂。大型设备可以使用在线清洗系统或手动方法（如压力喷雾、发泡、刷洗或擦拭）进行清洗。清洁方法的选择可能会受到实用程序的限制，例如进排水的设置、热水的供应等。

**(1) 在线清洗**

在线清洗（clean in place，CIP）也称为原位清洗，是指不拆卸设备或元件，在密闭的条件下，利用喷洒装置将一定温度和浓度的清洗液覆盖在工艺设备表面，并通过物理冲击除去残留物，以完成设备的清洗。喷洒装置通常为喷淋球，喷淋球可以是静止的或运动的（如旋转、摆动）。CIP通常被用来清洗大件设备，如混合罐、流化床、反应器等，适用于制药过程中液体（生物制品、注射液、静脉注射液、血液分离制剂）和固体制造设备，液体CIP设备包括储罐、过滤器和离心机；而固体CIP设备包括沸腾流化床及用于结晶、过滤、干燥、研磨、混合和散装容器填充的装置。

① CIP的工作原理　CIP系统主要组成部件包括：CIP罐，配制冲洗水、清洗液及消毒液的罐；管道，连接CIP罐与待洗设备的管道；泵，供应泵与回流泵；阀；热交换器；液位控制；洗球（CIP罐及产品罐）；化学品添加及监控设施；CIP控制器。CIP系统主要是向设备表面的残留物施加热能、机械能和化学能，在这些能量的共同作用下实现设备的清洗。用机械能通过喷嘴把施加有压力的清洗液喷射出来冲击清洗物表面，把高压低流速的水转换成低压高流速的射流，射流在垢层或沉积物表面产生强大的压力使其粉碎脱落，使被清洗物体的表面得以清洁。通常按喷嘴压力大小可以进行以下分类：0.5MPa以下为低压喷淋、0.5~1.0MPa为中压喷洗、1.0MPa以上为高压冲洗。设备与管路的CIP原位清洗常选取0.5MPa以下的低压喷淋方法。温度、机械作用、化学作用和时间是清洗过程中的4个基本要素，为实现清洗的目的，这4个要素缺一不可且相互影响、互为补充。

常规的清洗流程主要分为"三步法"清洗和"五步法"清洗两大类。"三步法"清洗主要包括预冲洗、清洗剂清洗和终淋3个步骤，主要适用于只需要一种清洗剂的清洗工艺。"五步法"清洗主要包括预冲洗、清洗剂清洗1、冲洗、清洗剂清洗2和终淋5个步骤，主要适用于需要多种清洗剂的清洗工艺。对于CIP系统，重要的是设备的设计应允许清洗后的系统完全排水，任何残留的液体都可能成为微生物污染增长的蓄水池。应注意不要有妨碍整个系统排水的不利管道坡度。用于无菌生产的设备通常在CIP循环的最后一步采用$0.22\mu m$过滤干燥压缩空气吹干。

② CIP的影响因素

a. 水温：一方面，一般化学反应随温度升高而加快。温度每升高10℃，反应速率就提高1倍，提高温度是加快化学反应最方便有效的办法。提高温度也有利于水及其他溶剂发挥溶解作用。另一方面污垢随着温度的变化，其物理状态会发生变化。温度的变化常会引起污垢的物理状态发生变化，使污垢变得容易去除，使清洗对象的物理性质发生变化。例如清洗布袋、滤芯时，在较高温度下浸泡时，纤维会因吸水而膨胀，导致纤维孔径变大，使黏附在纤维表面的污垢和深入纤维内部的污垢变得容易去除。如果存在蛋白类物质，尽可能在不改变其性质的情况下去除蛋白类物质，预冲洗需要在合适的温度下进行。后续的冲刷和洗涤应该在更高的温度下进行，一般为60~80℃，以提高洗涤液溶解其他污染物质的能力。

b. 化学能：一般化学能由清洗剂引发。根据清洗作用原理的不同，清洗剂可分为表面活性剂、化学清洗剂、吸附剂、酶制剂等几类。其中，表面活性剂的洗涤去污原理是复杂的，是表面活性剂多种性能如吸附、润湿、渗透、乳化、分散、起泡、增溶等综合作用的结果。化学清洗剂则是通过与污垢发生化学反应，使污垢从清洗物体表面解离，并溶解分散到水中。

c. 物料与清洗表面的吸附力：污染物或残留料液和被清洗物体表面的吸附力越大，越难以清洗。

d. 清洗物体表面粗糙度：被清洗物体表面越粗糙，越难以清洗。一般制药设备罐内表面的粗糙度要求 $Ra \leqslant 0.4\mu m$。

e. 清洗时间：清洗的时间越长，清洗效果则越好。但在工业化生产中必须保证生产进度，通常清洗时间为2~3倍的完全覆盖时间（即核黄素覆盖测试，用来检验清洗球将容器的内表面完全被清洗液润湿时间）。整个原位清洗流程的每一步，都以清洗时间为运行时间。

f. 清洗液的浓度和形式：根据洗涤剂的去污能力以及其残余漂洗的难易程度选择合适的洗涤剂。碱性洗涤通常配制成1%~2%的浓度，而酸性洗涤则采用温和的、低浓度的酸溶液。

g. 清洗压力：通常情况下，低压力（0.5MPa以下）喷射就可以满足清洗的要求。因为清洗主要是通过浸润、平流冲刷、清洗剂的浸泡作用实现的，而不是通过机械的冲击力。

h. 清洗球的设置：清洗球的作用是将洗涤液和冲洗液喷散到设备各处，喷射出的洗液与下落的洗液汇集成的液膜会浸湿全部表面，并产生化学清洗作用。清洗球应安装在合理位置，以防止工艺流体进到清洗球的内部堵塞喷孔。一般清洗球的有效覆盖面积为每只清洗球 1~1.5$m^2$ 的截面积。

i. 管道连接：管道连接的理想状态是全部采用焊接。管路安装要做成尽可能大的坡度（最低为1%，2%通常效果更好），这样可促使管内液体靠重力自排，同时可防止形成气泡，阻止流体与被清洗表面的接触。

③ 在线清洗的分类　在线清洗可分为开放式 CIP 和循环式 CIP 两大类。开放式 CIP 属于比较简单的原位清洗系统，如大输液的配液系统，开放式 CIP 的清洗用水通常会直接取自于制药用水管网，采用喷淋的方式实现罐体的表面清洁。储罐内部具有喷淋头，可以对储罐内部进行全方位的喷淋，清洗后的液体存留在罐底，可以通过重力排放或者循环泵排放，罐底应有电导率传感器用于判定清洗终点，也可将罐中的清洗剂通过循环泵打入配液的管网中，对管网进行循环清洗。开放式 CIP 的最大优点是节省了 CIP 工作站，同时也实现了在线清洗功能。循环式 CIP 采用封闭式循环清洗的方式实现在线清洗的目标，主要用于清洗相对比较复杂、生产操作更加苛刻的配液系统，如生物制药配液、冻干系统等，主要由 CIP 工作站、CIP 供给管网、清洗单元、回流管网组成。

CIP 工作站是一套固定的在线清洗装置，它是整个在线清洗系统的核心（见图4-11）。可自动调节清洗时间、清洗剂浓度、清洗温度、清洗流速等参数，所有操作均可记录在案，便于追溯。清洗剂浓度、流量、压力、终淋水电导率、清洗剂温度和清洗时间等均是清洗工作中需打印记录的关键数据。CIP供给管网是指从CIP工作站出口到被清洗单元之间的管道管件、阀门、转换板及其控制组件等。CIP供给管网的主要功能是将清洗溶液从CIP工作站输送到被清洗单元。被清洗单元是指CIP工作站的清洗目标，同一台CIP工作站的清洗目标往往不止一个，因此，如何控制CIP供给管网的流量、流速和死角是在线清洗的设计要点。对配液系统而言，被清洗单元是指制药配液工艺生产中的核心组成部分，主要包括配液罐和药液输送管网两部分。配液罐包括移动罐、发酵罐、反应罐、培养基配制罐、缓冲液配制罐、浓配罐、稀配罐和各种无菌储罐等，同时还包括工艺生产、清洗和消毒所需的罐体附件，如人孔、灯、视镜、取样阀、搅拌器、喷淋器、液位传感器、温度传感器、压力传感器、爆破片和呼吸器等。药液输送管网包括用于药液输送和过滤的管道、管件、阀门、钛棒过滤器、微孔膜筒式过滤器和药液输送泵等。CIP回流管网是指从被清洗单元到CIP工作站之间的回流泵、管道、管件、阀门、转换板及其控制组件等。CIP回流管网单元的主要功能是将清洗后的回流液从被清洗单元输送到CIP工作站。根据清洗工艺的不同，输送到CIP站的回流液会被直接排放（如预冲洗水）、循环回流（如清洗剂）或者回收使用（如终淋水）。一般情况下，CIP回流泵的安装位置以靠近被清洗单元为宜，根据实际需求，在某些特定工况下，也可将CIP回流泵集成在CIP工作站的分配框架中。

图4-1 CIP工作站

④ CIP的优势　CIP的优势是：减少清洁时间，减少操作人员，清洗过程的重现性好，解决离线清洗的不可控因素；对清洗液浓度、液位、温度、流量、pH值、电导率可进行自动控制与检测；其操作简单，上位计算机实时运行与监控，清洗效果好，符合现代医药工业对清洁的要求；所有操作均可记录，便于数据的追溯。它与传统的手工清洗相比，在清洗时间、均匀度、重复性、可参数化等方面具有优势，清洗的参数可以固定下来，不会导致因人员操作引起的清洗不合格现象发生，设置好程序后，由CIP系统自动开始清洗，通过气动阀门、循环泵、在线仪表等进行检测和控制，清洗终点自动判断。

**(2) 离线清洗**

无法通过CIP的设备组件或容器等，将按照操作步骤拆除后进行离线清洗（clean out of place，COP）。COP应用程序分为两组：自动化，如零件清洗机；半自动化，如超声波清洗机。

半自动化清洗是指在一定程度上需要人工参与的自动清洗,例如拆卸、重新安置、清洁附件安装以及设备的放置或整理。设备可以从大型容器到小型部件。一般来说,较大的容器内部使用清洁装置(如喷淋球或喷射喷雾器)进行清洁,小型零件则使用封闭式清洁设备(如零件清洗机或超声波清洁器)进行清洁。

① COP 工作站  容器型设备可使用 COP 工作站进行清洁。COP 工作站负责清洁设备的内表面。外表面通常在半自动清洁周期之前或之后手工清洗。一般情况下,清洁外表面最好在清洁内表面之前,以便在外部清洁期间其内表面不会再次受到污染。手动操作通常仅限于连接供水/排水管道和清洁设备。COP 工作站可以是固定的,也可以是移动的。

COP 工作站的优点是它是一个相对自动化的过程。供应管和排水管的连接很容易验证。清洁装置是否正确安装,可能不用太关注(取决于设备几何形状和内部结构)。如果清洁装置的精确放置至关重要,则应在开发过程中、清洁验证之前和验证后的常规操作中进行处理(例如负载模式)。

② COP 清洗机  有各种类型的清洗机,如零件清洗机、柜式清洗机和超声波清洗机。清洗机的优点是可以同时清洗设备的内外表面;然而,也有一些明显的缺点。设备的放置至关重要,即使操作得当,设备在清洁过程中也会移动,应避免分层或堆叠零件。图 4-2 为 COP 清洗机示例,左侧为离线清洗(COP)系统示例,右图为通过矩形水箱的推拉和旋转组合流模型。

图 4-2  COP 清洗机

a. 柜式清洗机:柜式清洗机主要用于清洁大中型容器,此类清洁类似于 COP 工作站清洁,但通常包括外表面清洁。小型零件也可以使用零件清洗车进行清洗。图 4-3 为柜式清洗机的示例,左侧为柜式清洗机系统,右侧为其机架系统固定装置。

b. 超声波清洗机:超声波清洁机使用超声波进行清洁。频率设置可以是固定的或可调的。零件的位置和方向也需要评估,在评估期间,应将清洁机分成几个象限。由于每个象限可能具有不同的强度,因此需要测试每个象限以确定超声活动。在开发和/或验证期间,可能会遇到最坏情况的象限。尽管超声波清洁机在某些清洁情况下非常有用,但是确定正确的温度、频率和最佳清洗方案可能很复杂。由于每个参数都可能发挥作用,因此在研发初期可能投入很大。如较高的温度可以减少气蚀,但是有些油可能需要更高的温度。了解残留物、

图 4-3 柜式清洗机

设备表面和气泡对温度、频率和清洗溶液的反应非常重要。或者,可以使用超声波清洁机作为手工清洗程序的第一步,以松动物料残留。

**(3) 手工清洗**

不具备在线清洗条件的设备及便携式工艺设备,通常拆卸后转移到另一个指定的清洗间进行自动或手工清洗。清洗间应单独设置,清洗间的空气洁净度级别不应低于 D 级,A/B 级的洁净区内不得设置清洗间。手工清洗的主要特征是人持清洁工具对设备进行清洁,通常要将设备拆卸到一定程度,并转移到指定区域,比较繁琐,人为影响因素较多。手工操作是离线清洗中不可缺少的,一般需要在管理文件中详细描述,并进行相应的培训。由于人为因素,手工清洗的可变性是主要关注点。解决可变性的最简单方法是开发一种比产品残留物所需的清洁工艺更可靠的清洁工艺,并将残留物清洁到远低于清洁标准限度的水平。参与手工清洗的人员必须接受对清洁过程进行的培训,包括清洁剂、公用设施和清洁工具等知识。同时也需要接受特定设备清洁程序的全面培训。操作人员需要了解每件设备的拆卸程度,以便充分清洁设备的所有部件。

操作人员必须熟悉用于手工清洁的工艺参数,遵循每台设备的最短清洁时间,以最大限度地减少个体差异。尤其值得关注的是 HBEL 清洁限度较低的产品残留物的手工清洗。对于这些残留物来说,清洗的一致性至关重要。HBEL 清洁限度较低的产品残留,在设备目测明显清洁的情况下,仍然有可能未达到 HBEL 清洁限度。除了合格的清洁人员外,建议在清洁验证完成后进行频繁监控。

## 4.2.2 设备的消毒灭菌

制药企业在生产药品时都会出现一些原辅料和微生物的残留。这些微生物在一定合适温度下就会利用设备中残留的辅料作为有机营养物并进行大量繁殖,再留下代谢产物,这些物质将会直接产生较大的毒副作用,当用设备生产其他药品或者一定时间之后,会出现产品质量方面的问题。

发达国家 GMP 一般明确要求控制生产各步的微生物污染水平,尤其对无菌制剂,产品最终灭菌或除菌过滤前的微生物污染水平必须严格控制。如果设备清洗后立即投入下批生产，则设备中的微生物污染水平必须已降至足够低，才不至于使产品配制完成后微生物项目超标。微生物的特点是在一定的环境条件下会迅速繁殖，数量急剧增加。制药设备表面、容器内外等都可以是微生物寄生的地方。由于空气中的湿度，设备所有表面都会包上一层含水的薄膜。这层薄膜由于静电吸引而包含尘埃微粒，很多时候表面还覆盖一层油状物质，此层油膜易受到尘粒污染。表面因尘埃微粒和微生物由空气传播的回降而受到污染。空气中存在的微生物能通过各种途径污染已清洗的设备。设备清洗后存放的时间越长，被微生物污染的概率越大。因此，及时、有效地对生产过程结束后的设备进行消毒、灭菌显得尤为关键，特别是在无菌制剂的生产过程中更是重中之重。

制药生产设备主要通过清洗操作去除大部分的微生物残留，为进一步控制设备表面的微生物，尤其无菌制药生产设备，须在设备清洁后对设备及其零部件进行消毒灭菌操作。设备消毒灭菌的方式通常包括乙醇消毒、湿热灭菌和干热灭菌。非无菌制药生产设备和无菌生产车间不与物料直接接触且对微生物负载要求不高的设备表面及工器具等，通常在必要时使用乙醇进行消毒。无菌制药生产对微生物负载要求高的设备及工器具（如接触物料）灭菌方式主要有湿热灭菌和干热灭菌。

#### 4.2.2.1 乙醇消毒

非无菌药品的生产设备采用乙醇进行消毒，乙醇消毒的有效浓度为70%～75%（体积分数），实际应用中多使用75%的浓度，通常采用浸泡、冲洗或擦拭的方式对设备及其零部件表面进行消毒。无菌生产车间不直接接触物料和内包材的设备或工器具，当对微生物负载要求不高时也会采用乙醇进行消毒。

75%乙醇为洁净区日常使用的消毒剂，除用于设备消毒外，还常用于洁净区环境、工器具清洁消毒，手部消毒，C/D级房间、层流清洁完毕后喷雾消毒以及物料的传递等。75%乙醇配制时通常根据"酒精浓度、温度校正表"及酒精比重计来控制加入的95%乙醇和纯化水/注射用水的体积。酒精浓度、温度校正表见表4-1。

表4-1 酒精浓度、温度校正表（20℃）

| 温度/℃ | 浓度 | | | | | | | | | |
|---|---|---|---|---|---|---|---|---|---|---|
| | 71% | 72% | 73% | 74% | 75% | 76% | 77% | 78% | 79% | 80% |
| 18 | 71.6% | 72.6% | 73.6% | 74.6% | 75.6% | 76.6% | 77.6% | 78.6% | 79.6% | 80.6% |
| 19 | 71.3% | 72.3% | 73.3% | 74.3% | 75.3% | 76.3% | 77.3% | 78.3% | 79.3% | 80.3% |
| 20 | 71.0% | 72.0% | 73.0% | 74.0% | 75.0% | 76.0% | 77.0% | 78.0% | 79.0% | 80.0% |
| 21 | 70.7% | 71.1% | 72.7% | 73.7% | 74.7% | 75.7% | 76.7% | 77.7% | 78.7% | 79.7% |
| 22 | 70.3% | 71.4% | 72.4% | 73.4% | 74.4% | 75.4% | 76.4% | 77.4% | 78.4% | 79.4% |
| 23 | 70.0% | 72.0% | 73.0% | 74.1% | 75.1% | 76.1% | 77.1% | 78.1% | 79.1% |  |
| 24 | 69.7% | 70.7% | 71.7% | 72.7% | 73.7% | 74.7% | 75.8% | 76.8% | 77.8% | 78.8% |
| 25 | 69.4% | 70.4% | 71.4% | 72.4% | 73.4% | 74.4% | 75.4% | 76.4% | 77.5% | 78.5% |
| 26 | 69.0% | 70.0% | 71.1% | 72.1% | 73.1% | 74.1% | 75.1% | 76.1% | 77.2% | 78.2% |
| 27 | 68.7% | 69.7% | 70.7% | 71.8% | 72.8% | 73.8% | 74.8% | 75.8% | 76.8% | 77.8% |
| 28 | 68.4% | 69.4% | 70.4% | 71.4% | 72.4% | 73.5% | 74.5% | 75.5% | 76.5% | 77.6% |
| 29 | 68.0% | 69.1% | 70.1% | 71.1% | 72.1% | 73.2% | 74.2% | 75.2% | 76.2% | 77.2% |
| 30 | 67.7% | 68.7% | 69.8% | 70.8% | 71.8% | 72.8% | 73.8% | 74.9% | 75.9% | 76.9% |

续表

| 温度/℃ | 浓度 | | | | | | | | | |
|---|---|---|---|---|---|---|---|---|---|---|
| | 71% | 72% | 73% | 74% | 75% | 76% | 77% | 78% | 79% | 80% |
| 31 | 67.4% | 68.4% | 69.5% | 70.5% | 71.5% | 72.5% | 73.5% | 74.6% | 75.9% | 76.6% |
| 32 | 67.0% | 68.0% | 69.1% | 70.1% | 71.2% | 72.1% | 73.2% | 74.2% | 75.3% | 76.3% |
| 33 | 66.7% | 67.7% | 68.8% | 69.8% | 70.8% | 71.8% | 72.8% | 73.9% | 75.0% | 76.0% |
| 34 | 66.3% | 67.4% | 68.4% | 69.5% | 70.5% | 71.5% | 72.5% | 73.6% | 74.7% | 75.7% |
| 35 | 66.3% | 67.0% | 68.1% | 69.1% | 70.2% | 71.2% | 72.2% | 73.2% | 74.3% | 75.4% |

消毒用乙醇配制时通常使用95%乙醇与纯化水或注射用水配制，无菌制药车间使用注射用水配制，对微生物负载要求较高的区域（如B级环境）使用时，需要对配制后的乙醇过滤除菌，非无菌制药车间使用纯化水配制。

消毒用乙醇的配制方法：取95%乙醇与常温纯化水/注射用水的体积比约3:1，放入不锈钢配制罐中，静置5min。取适量配制好的乙醇倒入量筒中，放入温度计，温度计不能接触量筒壁，待温度计读数稳定后，读取温度。待溶液内无气泡时，将乙醇比重计缓慢沉入乙醇溶液中，不能碰触量筒，待其缓慢上浮至静止时，读取凹液面处比重计的刻度，对照"酒精浓度、温度校正表"，在首行和首列找到相应的值，温度行和浓度列的交叉点即为20℃时的75%酒精溶液的浓度。若换算后20℃时的乙醇浓度范围为70%~75%（体积分数），可确认为配制完成。若低于或高于规定浓度，可加入适量95%乙醇或纯化水/注射用水，静置5min后重新取样测试，直至达到浓度范围。配制好的75%乙醇需要密封保存，按需进行除菌过滤，并为配制后的乙醇编制批号，做好标识，标明名称、批号和有效期至，其中有效期至的内容通常精确至分钟。超期的乙醇做废液处理。

#### 4.2.2.2 湿热灭菌

湿热灭菌法指利用饱和蒸汽、蒸汽-空气混合物、蒸汽-空气-水混合物、过热水等手段使微生物菌体中的蛋白质、核酸发生变性而杀灭微生物的方法。该法灭菌能力强，为热力灭菌中最有效、应用最广泛的灭菌方法。

湿热灭菌通常通过在线灭菌或湿热灭菌柜的方式进行。

**(1) 在线灭菌**

在线灭菌（SIP）是利用饱和蒸汽在较短时间内有效杀死微生物及芽孢体，该功能可由自动程序来完成，灭菌时必须使用洁净蒸汽，即必须使用纯蒸汽发生器产生的饱和纯蒸汽来对设备、管路进行灭菌操作。

SIP是制药设备GMP达标的另一个重要方面。可采用SIP的系统主要是无菌生产过程的管道输送线、配制釜、过滤系统、灌装系统、水处理系统等。SIP所需的拆装操作很少，容易实现自动化，从而减少人员原因导致的污染及其他不利影响。

**(2) 湿热灭菌柜**

湿热灭菌柜采用矩形箱式双层结构，夹层为工业蒸汽通道，主要作用为保证灭菌物品的干燥；内室为灭菌室，待灭菌物品通过内室通入的纯蒸汽进行灭菌。灭菌流程分为升温、灭菌、排气（干燥、进空气）、结束等过程。先将待灭菌物品放入内室，夹层通过蒸汽进行预热，然后进行真空脉动（3~4次）。经真空脉动后，内室的空气已基本抽除，在接下来的灭菌过程中，纯蒸汽更加容易穿透待灭菌物品，灭菌温度也更加均匀，灭菌计时时间到，再次启动真空泵对内室的湿热饱和蒸汽进行抽除，连同夹层蒸汽的加热共同对室内的物品进行干燥。干燥时间到，外界空气经 0.22μm 过滤器对内室进行常压化，内室常压后待温度下降开门取物。

目前湿热灭菌方法主要有两种：过度杀灭法（overkill process）和残存概率法（也称生物负荷法）。过度杀灭法适用于稳定性很好，能经受苛刻灭菌条件的产品或物品，它对工艺全过程的控制要求相对较低，而安全性非常高，采用过度杀灭法的目标是确定达到规定的无菌保证值$\leqslant 10^{-6}$，而不必担心装载的生物负荷和耐热性。对于耐热性差的产品或物品灭菌，不可以使用过度杀灭法，因此，需要建立一个灭菌程序，它必须能杀灭产品或物品中的污染菌/生物负荷，同时又不会导致降解物/副产物在整个生命周期内超标，即残存概率法。

无菌制药生产过程中多孔/固体物品，包括过滤器、胶管、洁净服、口罩、不锈钢器具、灌装机部件、清洁用品等，一般采用饱和蒸汽灭菌，蒸汽的能量通过传导和/或对流传递热量。该类物品的耐热性好，一般采用过度杀灭或更为安全的灭菌程序。影响灭菌效果的最大不利因素是被灭菌品中潜在的空气，其次是冷凝水的排放。适合的灭菌程序是预真空程序。此程序又分为高真空灭菌和脉动真空灭菌两种，前者只是使用在个别场合，脉动真空灭菌的应用则十分普遍。

对脉动真空灭菌程序而言，要注意装载不宜过多、过密，被灭菌品一般应有适当的包装，但包装应能透气，以同时保证抽真空及蒸汽穿透的效果。灭菌开始前对装载物的抽真空处理很重要，如果每次的真空度为 -0.1atm，那么每个脉冲将使灭菌器内的空气减少 90% 或 1 个对数值单位，三个脉冲（蒸汽注入时要高于大气压，以避免空气进入灭菌腔室），剩余的空气量只有 0.1% 了，这对蒸汽的穿透比较有利。

对多孔/固体物品的灭菌，需要确定以下操作参数（包括但不限于），见表 4-2。

表 4-2　多孔/固体物品灭菌的操作参数

| 阶段 | 控制参数 | 对控制参数的说明 |
| --- | --- | --- |
| 灭菌程序全部 | 外壳温度/压力 | 外壳(夹套)温度不能超过或者明显低于灭菌器腔室的灭菌温度，夹套超过腔室温度时，进入腔室内的蒸汽不发生相变，严重影响灭菌的进行。夹套温度过低时，一则升温慢，直接影响灭菌效果；二则浪费能量。此外，灭菌结束后的干燥程序也会因夹套温度过低而延长。要控制温度避免过度加热或过度冷却 |
| | 监控探头/记录探头 | 必须独立，记录仪带有合适尺寸的记录纸，以便记录灭菌程序全部的温度/压力变化值，无纸记录仪能记录灭菌程序全部的温度/压力变化值，并具备异常报警功能。参数的记录能通过记录仪显示。存储信息可通过计算机打印 |
| 加热阶段 | 真空/脉冲的次数、范围和持续时间(若使用) | 灭菌时，用来去除空气 |
| | 正压脉冲的次数、范围和持续时间(若使用) | 在灭菌程序开始之前，控制装载 |
| | 腔室加热 | 用饱和蒸汽灭菌时，可以根据温度和压力的变化设置报警点 |
| 灭菌阶段 | 灭菌时间 | 属重要控制参数 |
| | 灭菌阶段的温度 | 属重要控制参数 |
| | 灭菌阶段腔室温度波动 | 属重要控制参数 |
| | 累计的 $F_0$ 值 | 由灭菌器自带测量探头获得的最小 $F_0$ 值，能用于对灭菌程序进行评价 |

续表

| 阶段 | 控制参数 | 对控制参数的说明 |
|---|---|---|
| 冷却阶段 | 干燥时间 | 可以选择加热、真空等手段来干燥装载物 |
|  | 真空解除速率 | 若需要,可以用来保护包装或过滤器的完整性 |

多孔/固体物品,如过滤器、胶管、工作服、不锈钢器皿、灌装机部件和清洁用品等,一般采用抽真空或夹套降温。

对固体物品的装载方式,需注意以下几点:
① 装载物的类型、结构和装载方式应作为确认的内容并经过验证;
② 装载物不应接触到灭菌腔室内壁;
③ 应尽可能减少金属箱表面与层板(如采用)之间的接触,通常使用有孔的支架、栅网板作层板,以保护通气性能;
④ 为便于空气去除、冷凝水排放和蒸汽的穿透,应将装载方式作为灭菌程序的组成部分或列入相关的 SOP;
⑤ 质量大的装载物应放在灭菌器中较低的架子上,以尽量减少冷凝水弄湿;
⑥ 如果装载物的大小是不规则的,除上述内容外,还应通过热穿透或生物指示剂试验,确认最难灭菌的物品(如过滤器等)及部位(如滤芯内);
⑦ 应对操作人员作必要的培训和考核,使他们理解并完全掌握此类物品的灭菌方法。

#### 4.2.2.3 干热灭菌

干热灭菌采用最先进的碳纤维远红外加热管作为热源,使灭菌腔能迅速达到预设温度,并采用先进的空气涡流机及特殊风道设计,从而更好地进行强制对流,使得温度更均衡。灭菌介质通常为被灭菌品所处湿度下的热空气。干热灭菌是使微生物氧化,而不是蛋白质变性,从而达到灭菌的目的。

干热灭菌按照热传递方式可以划分为对流传热、传导热和辐射热三种传热形式。按使用方式可把干热灭菌设备分为批量式(或间歇式)和连续式,前者如干热灭菌柜,可用于金属器具、设备部件的灭菌除热原;连续干热灭菌设备,如隧道式灭菌烘箱,可用于安瓿或西林瓶的灭菌。

干热灭菌设备主要有烘箱、干热灭菌柜、隧道灭菌系统等。将物品置于干热灭菌柜、隧道灭菌器等设备中,利用干热空气达到杀灭微生物或消除热原物质的方法,在干热灭菌柜、连续性干热灭菌系统或烘箱等设备中进行灭菌,适用于耐高温但不宜用蒸汽湿热灭菌法灭菌的物品,也是最为有效的除热原方法之一,如玻璃器具、金属制容器、纤维制品等均可采用本法灭菌。

干热灭菌条件一般为 (160~170)℃×120min 以上、(170~180)℃×60min 以上或 250℃×45min 以上,也可采用其他温度和时间参数。干热灭菌 250℃×45min 也可除去生产灌装用具中的热原物质。但无论采用何种灭菌温度和时间参数,都必须证明所采用的灭菌工艺和监控措施在日常运行过程中能确保物品灭菌后的 $SAL \leqslant 10^{-6}$。采用干热过度杀灭后的物品一般无须进行灭菌前污染微生物的测定。采用干热灭菌时,被灭菌物品应有适当的包装和装载方式,保证灭菌的有效性和均一性,物品排列不可过密,保证热能均匀穿透全部物品。

**(1) 干热灭菌设备的应用范围**

① 干热灭菌设备可分为试验室器具用、生产制剂用、生产器具用。

② 按使用方式分为批量式和连续式,其中批量式干热灭菌设备如干热烘箱,可用于内毒素检验用玻璃、金属器具的灭菌和除热原,以及生产设备部件、生产器具的灭菌除热原;连续式干热灭菌设备,如隧道烘箱,可用于小容量注射剂的生产。

③ 按加热方式可分为以辐射加热为主的热辐射式干热灭菌机和以对流加热为主的热层流加热式干热灭菌机等。

**(2) 干热灭菌设备的特点**

① 工作时间快,采用碳纤维灯管加热,只需数分钟即可升温至预设温度。

② 利用功能强大的空气涡轮机及特殊风道实现强制对流。

③ 采用强制空气对流,实现温度的均衡性。

④ 在整个可用空间内,精确控制工艺温度。

⑤ 在打开机门和加料后,可以迅速恢复箱内温度。

⑥ 即使在样品装载密度较高时,也可以保证精确的温度分布。

⑦ 采用一体化支架支撑,内腔腔壁光滑,易于清洁且不留残渣,部件表面光滑,操作方便,全部不锈钢内胆,耐高温,操作和处理过程安全性高。

无论何种灭菌,其目的均为降低设备部件表面的微生物负载,选择何种灭菌方式、灭菌方法及参数,均需根据设备的材质、灭菌特点及洁净级别对生物负荷的要求进行评估选择,并经过合理有效的验证。灭菌后的物品进行化学指示条粘贴,以区分灭菌和未灭菌物品,灭菌设备每年需进行性能确认,确保能够达到灭菌效果。

## 4.2.3 设备存放管理

为确保使用后的设备及零部件表面的残留能得到有效清洁,并确保清洁后、使用前的微生物负载仍满足要求,应根据实际的生产情况对设备及工器具的使用后待清洗时间、清洗后存放时间进行规定,并经过验证。规定并经过验证的时间视为最差状态的时间,实际的待清洗时间和清洗后存放时间不长于规定时间。同时需要将已清洁的生产设备及零部件存放在清洁、干燥的环境下,并对清洗后的设备及部件做好标识,标明清洗时间及有效期至,设备及工器具在使用前超出存放周期时,需重新进行清洗、消毒灭菌。

## 4.2.4 设备清洁规程编制

为保证操作人员使用一致的清洗方法,设备清洗效果能达到预期的要求,需要为每一个生产设备制定清洁标准操作规程。清洁规程应清楚详细,便于每一位操作者都能按规定的方法清洗设备,达到预期的清洁效果。清洁程序应清洁所有与产品接触的表面。通常,清洁程序是COP、CIP和手工清洗的混合。也就是说,一些设备组件被移除来进行COP或手工清洗,而剩余部分进行CIP。

在制定设备的清洁程序前,应对目标清洁物有一个认识,根据产品的特性可将产品进行分类,界定清洁工艺设计空间的步骤可能与界定生产工艺设计空间的步骤略有不同,因为每个生产工艺的设计空间相对于每个特定工艺是唯一的(例如制粒工艺)。可是很多企业都希望设计一个清洁工艺用于特定设备组,而不管生产什么产品都可以通过确定最差条件污染物,并用这些污染物来确定清洁工艺的设计空间来完成。但此时需要考虑的问题是一个设备只有一个清洁程序吗?并不是的,在选择清洁剂时,不同的产品因本身理化性质的不同会使用不同的清洁剂和清洁方法,如水溶性产品可使用水进行清洁,对于醇溶性的产品可使用乙醇,还有其他产品可使用弱酸、弱碱等。这就需要将使用不同的清洁剂的产品进行分组,再分别制定各自的清洁规程,然后要分别从各产品组中选择最差品种进行清洁验证,证明清洁规程的适用性。

清洁规程应当规定具体而完整的清洁频次、设备使用结束至清洁开始的最长存放时间、清洁方法、清洁用设备或工具,去除前一批次标识的方法、保护已清洁设备在使用前免受污染的方法、已清洁设备最长的保存时限、使用前检查设备清洁状况的方法,使操作者能以可重现的、有效的方式对各类设备进行清洁。清洁过程中需拆装设备设施时,清洁规程中应规定设备需要拆卸的程度,还要明确拆卸和重新安装每一个部件的顺序和方法等,以便能够正确清洁。大多数设备,如大容量注射剂的灌装机和固体制剂的一步制粒机、压片机等在清洁前需要预先拆卸到一定程度,小容量注射剂的灌装机则几乎可以说是完全拆卸。应有书面的、内容清晰完整的拆卸指导,最好附有示意图,以使操作人员容易理解。如需对设备消毒或灭菌,还应当规定消毒或灭菌的具体方法、消毒剂的名称和配制方法。必要时,还应当规定设备生产结束至清洁前所允许的最长间隔时限。清洁操作结束后应达到的最低标准为目测洁净并干燥。

清洁步骤中预洗的目的是除去大量的(可见的)残留产品或原料,为此后的清洁创造一个基本一致的起始条件。由于清洁规程往往不是专用的,它需要适用于生产多种产品和浓度或剂量规格的通用设备,以简化管理及操作,因此需要进行预洗。预洗的作用是确立一个相对一致的起始点,以提高随后各步操作的重现性。预洗所用水质不必苛求,通常用饮用水或经一定程序净化(如过滤)的饮用水,使用水管或手持高压喷枪用新鲜的流水冲洗设备以除去残留物。对于残留物的物理性质差异较大的情况,比较简单而切合实际的方法是让操作者检查是否还有可见的残留物,让他们持续喷洗设备直至可见残留物消失,以此作为预洗的终点。终点判断必须尽可能地明确,特别是应检查的部位。例如可在规程中作出这样的规定,用热的饮用水持续喷淋机器的所有表面,使所有可见的残留颗粒消失,特别注意检查不易清洁的部位。

清洗参数的制定:清洗程序的操作参数(如清洁剂种类、浓度、接触时间、残留物的特性、污染条件),还包括清洗设备的特性,自动化的清洗路径,清洁环境的顺序,每步的流速,在投入使用前都需要确认。清洁程序每一步均包含 4 个参数:TACT,分别是清洁时间、清洁动作、清洁剂浓度及清洁剂温度。这四个参数是互相联系的,且会对清洁周期中每一阶段的成功有直接关系,比如通过对清洁剂的加热以提高去污能力。作为清洁参数的变量需要确定,清洁参数的可接受范围作为清洁程序开发工作的一部分进行建立。

清洁时间被定义为清洗步骤的时间的长短。在一个清洗步骤中,可以采用直接法与间接法两种方式来进行定义和测量。直接法可作为控制系统中的计时器来测量时间。也可以通过间接法测量时间,例如在淋洗时,有时通过测量体积来代替测量时间,因为通过体积和流速可以确定时间。对于最终淋洗水,普遍会增加测试要求,如电导率。

清洁动作被定义为清洁剂的流体动作,如浸泡、洗涤、冲击、湍流。搅动能够提高清洁剂的有效性和清洁工艺的效果。典型的手工清洗包括浸泡和擦洗,以达到清洁效果。自动清洁程序通常采用冲击流或湍流作为清洁动作。清洁程序需明确清洁动作。流速是清洁剂和清洗水在流经设备时的重要参数，应该在清洁工艺的每个步骤中规定流速并进行确认。喷淋装备要具有最大和最小流量的要求，管道的淋洗流速要确保形成湍流。

清洁剂的浓度直接影响清洁程序是否能够成功。化学清洁剂可以是浓缩型的，再稀释后使用。清洁效果与清洁剂的浓度有关系，清洁剂使用太少可能达不到清洁效果，若使用太多则来自清洁剂的残留可能难以去除，并需要使用大量的水淋洗。通常，对于碱性清洁剂达到最佳清洁效果的方法可以是在搅拌状态下提高温度或延长湍流淋洗周期的时间。

清洁剂添加的自动系统必须具有可重现性。不管采用何种添加方式，确认清洁剂浓度有助于证实该方式的一致性。对于自动清洁程序，电导率测试是最容易测试强碱或强酸清洁剂浓度的方式。应能够通过清洁剂的化学组成在线测试出清洁剂浓度的异常变化，例如一些清洁剂添加系统以体积进行控制并采用电导率测试作为确认方法。当电导率超出预设值时，就会报警，允许的范围需来自清洁程序开发的数据。

清洁程序中不同步骤的最佳温度范围会有所不同。初始清洁剂典型的温度为室温，加热升温的目的是最大限度地去除变性或降解产物和最大限度地稀释产物。清洁剂经过加热以提高效果，最终清洗水可通过高温以加快干燥速率和提高任何工艺及清洁剂残留的溶解性。

设备、设施标准清洁的相关内容建议对不同类型（在线清洗、清洗站清洗、容器、附属设备设施等）设备清洁，不同频次（换班、换批、换产品、特殊情况等）设备清洁的清洁方式和内容做出规定，确定每种方式的清洁标准和验收标准。

对清洁前后的标识状态、有效期限等建议做出规定，具体内容包括：移走或抹掉先前批号等标识、用恰当的方式标识设备内容物和其清洁状态、规定工艺结束和清洁设备之间允许的最长时间间隔、设备清洁后的可放置时间等。

对清洁后的设备储存、放置等方式、环境、标识、效期等建议做出规定，对存储环境的温度、湿度、清洁等级等建议做出规定。对清洁区域的人员、物品特别是不同清洁状态的物品流向、定置摆放等做出规定，以确保清洁效果，防止污染和交叉污染。

## 4.2.5 设备清洁程序设计示例

### 4.2.5.1 案例研究：手工清洗程序设计

对于适用手工清洗的生产设备，需为设备部件、容器具的手工清洗设定适当的参数，且生产区的清洗室应设计为单向流，即脏的设备部件和清洗干净的设备部件不共用同一个通道，而是分别从不同的通道进入和移出。同时清洗室还应配有：饮用水管线、加压热饮用水喷淋管线、带有计时器的中型可调设置超声波仪（声波浴）、纯化水喷淋管线、洁净干燥的压缩空气管线、加热干燥架区域及计时器。

此外，还应设置一个区域，在将干净的干燥零件移至清洁设备的存储区域之前，可以将其包裹或装袋并贴上标签。

以全自动旋转式压片机（图4-4）为例，待清洁的设备零部件包括冲头和冲模、节油环、下料斗、出料器、排片器、刮粉器、加料器（加料器外壳和加料桨），如图4-5所示。

设备部件的设计并不复杂，根据它们的基本形状和轮廓，设计得易于清洗。所有产品表面区域都可以用手触及。它们的设计没有隐藏的表面或盲点，也不需要拆卸，使目视检查变得容易。对于不与产品直接接触的部件，需要用湿布擦拭干净。与产品直接接触的叶轮、叶片等需要彻底清洁。压片机的不同部件由不同材质制成，如进料桨或硅胶节油环等，因此必须测试这些材质与清洁剂的兼容性，以防止损坏或变质。在清洗过程中，有些部件可能不会浸没在水中，如加料器外壳（齿轮箱，见图 4-6）。

图 4-4　全自动旋转式压片机

图 4-5　设备部件

图 4-6　齿轮箱

在清洁方法开发的初始阶段，必须仔细阅读设备供应商提供的操作手册，以确定需要替代清洁方法的部件。描述如何执行特定清洁步骤的照片、图纸或图表应包含在清洁程序中，以最大限度地减少性能变化（见图 4-7）。设备和零件的拆卸也用照片或图表清楚地描述和描绘。

生产工艺描述：产品 A 为蓝色包衣片（包衣液为蓝色，芯片为白色）。产品 A 的原料药是一种白色的自由流动的干粉。产品 B 为白色糖衣片（包衣液为白色，芯片为黄色）。产品 B 的原料药是黄色的自由流动的干粉。产品配好后颗粒被输送到旋转压片机的料斗中压制成核心片剂。

残留物特性：进行实验室研究（烧杯试验和试样研究），研究 PDE 值，并评估其他相关信息，结果见表 4-3。

图 4-7　描述如何执行特定清洁步骤的照片示例

表 4-3　残留物特性

| 属性 | 产品 A | 产品 B |
| --- | --- | --- |
| 物理特性:API | 白色自由流动干粉<br>堆积密度 850kg/m³ | 黄色自由流动干粉<br>堆积密度 925kg/m³ |
| API 在水中的溶解度 | 室温下在水中溶解度低,极易溶于热水(40℃) | 在任何温度下都极易溶于水 |
| 对碱性溶液的反应 | 在任何温度下极易溶解<br>最小接触时间 5min | 在任何温度下极易溶解<br>最小接触时间 3min |
| 对超声波处理的反应 | 对松散压实的 API 有很好的效果<br>超声频率为中等<br>最小持续时间 6min | 对松散压实的 API 有很好的效果<br>超声频率为低或中等<br>最小持续时间 7min |
| 擦洗时间 | 桨叶片 2min<br>设备零部件 2min<br>将零件预浸 8min 可将擦洗时间减少一半 | 桨叶片 2min<br>设备零部件 2min<br>将零件预浸 8min 可将擦洗时间减少一半 |
| PDE 值 | 95μg/天 | 80μg/天 |

已经证实,需要超声处理来去除表面上的所有颗粒,并使它们在清洗步骤中迅速溶解。超声波处理前的浸泡步骤减少了擦洗时间。从溶解度的角度来看,产品 A 是最难去除的。高温是溶解所有产品原料药残留物的最佳条件;然而,高温下的水用于手动清洗时存在安全隐患。为了确保污垢的溶解性,一种温和的碱性溶液（10%商业级）是首选的作用方式。使用碱性溶液后需要进行冲洗步骤。这些产品的 PDE 值很高,这使得手动清洗成为一种可行的方法。拭子样本试样研究的残留结果始终显著低于基于 PDE 值的安全清洁限值。安全去除最难清洁的产品的最佳条件包括初始冲洗、超声波处理,然后在室温下用碱性溶液清洗,最后进行清洗后冲洗循环和干燥步骤。

对设备零部件初步制定的清洁步骤顺序如下:
① 通过机械力（刮擦、擦拭、刷洗和真空吸尘）清除总残留物;
② 超声波处理步骤,使附着在难以触及的表面上的小颗粒松散;
③ 清洗液清洗（碱性）;

④ 饮用水冲洗（去除清洗液）；
⑤ 纯化水最终冲洗；
⑥ 干燥；
⑦ 目视检查；
⑧ 储存清洁物品。

这些步骤通过使用特定参数进一步定义，见表4-4。

表4-4  各步骤使用的特定参数

| 循环步骤 | 行动 | 参数设置 |
| --- | --- | --- |
| 预清洗 | 机械力（擦、刮、刷和吸尘）清除粉末残留 | 用不脱落纤维的丝光毛巾，润湿擦拭所有表面<br>对于压片机表面，通过吸尘器和刷洗去除粉末残留，然后根据书面程序进行拆卸 |
| 超声波处理 | 在最佳频率下，通过超声化力疏松表面上难以触及的压实残留物 | 超声频率为中等<br>在室温下，用超声仪时，饮用水没过所有部件，持续时间至少10min<br>超声波处理后，将每个部件至少擦拭2min，以疏松剩余的压实残留物 |
| 碱洗 | 将所有产品溶解在洗涤液中 | 用碱性洗涤液代替超声波处理系统中的饮用水，接触时间最少7min |
| 饮用水冲洗 | 饮用水冲洗力 | 用10psi压力的饮用水通过标准清洗喷嘴冲洗零部件，手动旋转零件，确保所有侧面都受到冲洗力的作用<br>持续时间最少2min |
| 最终冲洗 | 纯化水冲洗 | 用水冲洗所有零部件：<br>①流量（速度）：1.5m/s(10psi)<br>②水温为室温<br>③时间设置为30s |
| 干燥 | 去除或烘干零件表面的水分 | 使用洁净、干燥的压缩空气干燥<br>用干净、不脱落纤维的一次性抹布擦干<br>将零部件放在架子上烘干 |
| 目视检查 | 确认符合目视清洁标准 | 在适当的照明条件下，检查每个零部件以确认视觉清洁度<br>不要使用不符合标准的零部件<br>将目视检查不合格的零部件退回脏设备区进行调查和清洁 |
| 储存前准备 | 将清洁、干燥的零部件进行包装并贴上标签 | 放入带有盖子和标签的储存容器中 |

使用鱼骨图作为评估工具，通过讨论清洁过程中可能出现的问题来评估清洁失败的风险，结果如下：

① 环境风险  未发现来自环境的其他风险。温度、室内空气变化和湿度在生产车间内进行控制，在清洁过程中这些参数不会出现意外变化。

② 方法风险  擦洗表面的动作可能会在被清洁的零件表面产生划痕，随着时间的推移，可能会发展成不良的表面状况。生产结束后，待清洁设备在存放过程中，留在设备上残留产品会变硬，并且变得更加难以清除。

③ 人力风险  如果一次要清洁的零部件太多，操作人员可能会感到疲劳。操作人员的清洁技术以及如何在清洁表面上进行一致的冲洗和擦洗方面存在差异。长时间的清洁过程可能会降低操作人员对擦洗细节的关注或检查表面的能力。

④ 材料风险  使用市售的10%碱性溶液进行清洁。水质得到控制和监测。

⑤ 测量风险  要对清洁表面进行目视检查，需要明确说明如何进行检查以及在哪些参

数下进行检查。例如持续时间测量通过位于清洗室中的数字时钟进行跟踪和记录。

⑥ 机械风险 超声波仪已通过确认,用于手动冲洗的水压是预防性维护计划的一部分。不使用热水,也没有暴露在外的会造成安全隐患的移动部件。

基于以上评估,确定了以下风险,提出了相应的风险缓解措施,见表4-5。

表4-5 缓解风险的相应措施

| 风险 | 可能的原因 | 风险缓解措施 |
| --- | --- | --- |
| 由于缺乏明确的程序,设备清洁不一致 | 清洁程序不清晰<br>清洁表面的检查不规范<br>不同的工具可能需要不同的清洁技术 | • 审查清洁程序步骤,并确认每个零部件的操作顺序、参数和任何特殊清洁技术<br>• 修改标准操作程序、培训计划和文件记录,以确保过程被清楚地陈述、遵循和记录 |
| 在零部件表面逐渐形成划痕,使清洁过程更加困难或效率更低 | 擦洗时用力过大<br>意外或未发现的划痕和凹痕影响清洁效果 | • 定期对清洁过的物品进行检查,以发现表面状况的变化<br>• 制定程序,以确定定期检查后更换或维修项目的标准<br>• 定义擦洗和刮擦表面时的适当力度,并将此信息包含在培训计划中 |
| 设备待清洁存放后,设备上残留的产品无法持续清除 | 在设备待清洁存放过程中,产品可能会变硬,使得去除大部分残留物变得更加困难或不一致 | • 在生产的最后一步引入"预清洁"步骤,以降低DHT过程中设备上的产品量,从而降低DHT后无法清洁设备的风险 |
| 目视检查不一致 | 手动清洁期间的光照水平不受控制<br>检查技术没有明确规定 | • 测量和控制在清洁零部件的目视检查过程中使用的灯光的类型和强度<br>• 在进行检查之前,培训操作员验证目视检查的参数是否正确 |
| 手动清洁持续时间可能会分散注意力或妨碍清洁的一致性 | 在手动清洁活动中,操作员可能会疲劳 | • 确定可分配给操作员进行手动清洁活动的最长时间,并轮换人员,以确保在清洁过程中最大限度地减少分心或防止人员疲劳<br>• 通过浸泡步骤,将擦洗时间缩短50%,从而将擦洗时间减至最少 |
| 人工清洗不一致 | 操作员之间手动清洁技术变化会影响清洁过程的一致性 | • 评估操作员之间清洁结果的可变性,并确定提高清洁过程稳定性的措施(培训、有效性检查、清洁技术)<br>• 验证清洁所有产品的最佳工艺,以确保有效和一致的清洁效果 |
| 关键清洁参数的执行 | 在所有清洁参数中的关键参数尚未确定 | • 确定清洁过程中最重要的控制参数,并在程序和培训计划中强调。要求将这些参数记录在清洁记录中 |

在完成最初的清洁开发活动和风险评估之后,额外的技术和控制措施被纳入建议的清洁程序。对初始流程进行相应的修改举例如下:

① 修改程序,包括清洁每个工具和小零件的具体说明。

② 更新维护程序,包括检查工具和零件,以确认表面没有损坏或受损。创建零件维修/更换程序。

③ 更新培训计划,以最大限度地减少操作人员之间的差异,包括适当施加擦洗力的说明,实施目视检查方法,该方法包括验证是否有适当的光源可供检查。要求操作人员证明成功执行了清洁过程,并有资格进行目视检查。

④ 改进生产计划,以跟踪分配到手动清洁过程的操作员,并定期轮换他们,以防止人员疲劳。另外,在清洗过程中引入了浸泡步骤,以减少50%的擦洗时间。

⑤ 将去除设备表面的产品残留从清洁过程转移到生产过程的最后一步,以防止DHT过程中产品硬化。

推荐的初始清洁流程最终步骤顺序和相关参数见表4-6。

表 4-6 初始清洁流程最终步骤顺序和相关参数

| 步骤 | 目的 | 因素 |
| --- | --- | --- |
| 浸泡 | 将附着在设备上的产品弄湿,减少擦洗时间 | * 浸泡时间:最少 10min |
| 超声波处理 | 疏松设备表面压实的产品残留 | * 超声波处理时间:最少 10min<br>超声频率:中等 |
| 擦洗 | 从表面清除产品残留的机械动作 | * 擦洗持续时间:最少 1min |
| 碱洗 | 清洗、溶解设备表面的任何产品残留 | 溶液浓度:10%<br>* 洗涤时间:最少 10min |
| 饮用水冲洗 | 去除碱性溶液 | * 冲洗时间:最少 2min<br>冲洗压力:10psi |
| 纯化水最终冲洗 | 使用纯化水进行最终冲洗 | * 冲洗时间:30s<br>冲洗压力:10psi |
| 干燥 | 去除工具和零件表面上的水,减少微生物的繁殖 | 干燥时间:最少 30min<br>最后用干布擦拭 |
| 目视检查 | 验证表面符合 VC | * 检查水平下的光照度≥200lx |
| 储存 | 对零部件进行标识和保护,使其在使用前保持清洁 | 无 |

注:表中 * 代表关键参数,指需要确定如何获得最佳的关键参数,无论是单独获取还是集体获取(例如,一件或一组零件的总清洗时间)。需要明确定义所采用的策略,以保持一致性。

根据 GMP 要求,所有清洁后的零件将在重新组装前和使用前进行检查。如果对清洁后的设备进行目视检查,发现未正确执行手动清洁程序,则将启动调查并采取适当的纠正措施,例如,可能要求负责人员接受额外培训和/或(重新)资格鉴定。目视检查失败将触发调查,以确定根本原因。

#### 4.2.5.2 案例研究:在线清洗(CIP)程序设计

本案例是为清洗 1000L 配液罐的 CIP 系统设定合适的参数。该配液罐并非专用于生产单一产品,而是多产品设施中使用的共用设备。

系统描述:该罐用于配制液体产品、混合液体基或干粉 API、赋形剂和稀释剂。这是一个 1000L 圆柱形、碟形(环面)底部 316L 不锈钢配液罐,具有镜面抛光的外观(图 4-8)。该容器带有夹层,能够加热和冷却,并配有单叶片不锈钢螺旋桨式混合器、pH 探针、底座安装排水阀、360°旋转 CIP 喷淋球和铰链盖。

最大工作容积为罐总容积(典型规格)的 90%(900L)。确保搅拌器叶片被完全覆盖的内容物的最小体积为 100L。容器的最小有效工作容积为 500L(总罐容积的 50%)。

容器示例:该容器连接到一个双槽 CIP 系统(一个槽用于碱性清洗液,另一个用于酸性清洗液),该系统具有自

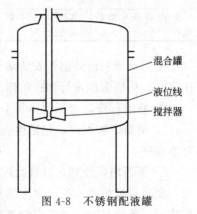

图 4-8 不锈钢配液罐

动输入和输出阀(双泵系统、供应泵和回流泵,允许冲洗和清洗溶液以与供应量相同的速度从容器中连续排出)。它还具有用于测量 pH、体积、流速、温度、时间和压力的在线仪器。该集成系统对持续执行清洗过程所需要的 TACT 因素[即时间、作用(冲击)力、化学溶液(浓度)和温度]提供了良好的控制。

**实例 1-产品 A**

生产工艺描述：产品 A 由液体 API、辅料和纯化水（工艺稀释剂）组成。原料药在最终配方中的浓度为 50%，ADE 值为 5mg/d。产品 A 的生产批量可以是 500L、750L 或 900L。原料药和辅料在常温下溶解，并需轻微搅拌（10r/min）溶解原料药和赋形剂。产品 A 的生产过程包括最终 pH 调节步骤，以达到成品的规定 pH 值（8.0~10.0）。在最终 pH 值下，产品为透明液体，但 pH 值高于 10.0 时，液体为红色。产品 A 储存在该罐中，在灌装操作期间直接从该容器转移到灌装线料斗中。产品 A 在该罐中最大保存时间为 15d。

对 API 和产品 A 进行了残留物特性的实验室研究（烧杯试验和试样研究），观察结果如下：① 液态原料药易溶于水，且易溶于常温（25℃）水中。② 最终配方的产品 A 是一种透明、自由流动的液体，在任何温度下（冷、室温或热）都容易溶解在水中，黏度低，非常容易清洁。

对于产品 A，由于 API 和最终配方都非常易溶于常温水，因此不必使用常温水以外的清洗剂。饮用水可用于初次冲洗和洗涤循环，但最终冲洗循环中必须使用纯化水。流速为 1.5m/s 可提供足够的湍流洗涤作用，因为 API 和产品 A 都是非常可溶的；因此，在清洗循环期间，不必通过打开混合器来施加额外的搅拌（即水的冲击和湍流是足够的，如在 CIP 系统合格性覆盖范围研究期间所证明的）。由于在清洗阶段不使用任何清洗液（只有水），因此无须进行中间冲洗。

产品 A 的建议清洁程序见表 4-7。

**表 4-7 产品 A 的建议清洗程序**

| 循环 | 行动 | 参数设置 |
| --- | --- | --- |
| 预 CIP | 清除残留产品 | 从罐中排出所有产品液体 |
| 初次冲洗 | 饮用水冲洗，无须循环，直接至流干 | 流速(速度)设置为 1.5m/s<br>水温为室温<br>时间设置为 30s |
| 系统排水 | | 3min |
| 重复总共 3 次冲洗-排水连续步骤 | | |
| 洗涤阶段 | 使用的饮用水可以循环使用 | 流速(速度)设置为 1.5m/s<br>水温为室温<br>时间设置为 10min<br>流量设置为工作流量 |
| 系统排水 | | 3min |
| 中间冲洗 | 不需要（因为没有使用清洁剂） | 不适用 |
| 系统排水 | 不需要（因为没有使用清洁剂） | 不适用 |
| 最终冲洗 | 纯净水 | 流速(速度)设置为 1.5m/s<br>水温为室温<br>时间设置为 30s |
| 系统排水 | | 3min |
| 执行一次冲洗-排水步骤 | | |
| 干燥 | 使用洁净、干燥的压缩空气或容器夹套的热量进行干燥 | 压缩空气干燥 15min 或加热容器夹套 10min |

注：在清洁周期开发过程中，通过 CIP 系统仪器监控纯化水的 TOC、电导率和 pH 值，以确认满足最终清洁标准所需的最终冲洗周期数。

**实例 2-产品 B**

生产工艺描述：产品 B 由粉状原料药、辅料和纯化水（作为工艺稀释剂）。API 在处方中的浓度为 20%，ADE 为 $10\mu g/d$。产品 B 可以生产几种不同的批量，如 500L、750L、900L。溶解 API 和辅料时，进行常温（无须加热工序）搅拌（50r/min）。产品 B 的生产过程包括最终的 pH 值调节步骤，以达到成品的指定 pH 值（7.0~8.0）。产品 B 储存在配液罐中，然后在灌装操作期间直接从配液罐转移到灌装生产线上。在配液罐中，产品 B 的最大保存时间为 7d。

对 API 和产品 B 进行了残留物特性的实验室研究（烧杯试验和试样研究），可观察到：①API 粉末易溶于/溶于常温水中。②粉末在配液罐为空时加入。③最终的产品 B 是一种略微黏稠的透明液体，淡橙色，可溶于室温水中，但极易溶于热水（40℃以上）。由于产品 B 略微黏稠，当仅用水清洁时，比产品 A 更难清洗。使用碱性清洗溶液可以更轻松地清洁产品 B 的残留物。

对产品 B 而言，虽然 API 容易溶于常温水中，但最终产品在室温水中溶解度较低，更易用热水清洗（40℃以上）。使用碱性清洗液比单独在室温或高温下用水清洗效果显著，因此选用碱性清洗液作为清洗剂。饮用水可用于初次冲洗和中间冲洗，但最后冲洗必须用纯化水。尽管流速 1.5m/s 提供了足够的湍流洗涤作用，然而，产品 B 的黏性对搅拌桨的某些区域来说仍是一个清洁挑战。考虑在清洗过程中打开搅拌器，让容器储存足够的水，以覆盖搅拌桨（水位线）来进行冲洗。确认喷淋球覆盖、冲洗出的水流足以覆盖配液罐的所有内部表面。当在清洗阶段使用碱性清洗液时，需使用室温的饮用水进行中间冲洗。

产品 B 的建议清洁程序见表 4-8。

**表 4-8 产品 B 的建议清洁程序**

| 循环 | 行动 | 参数设置 |
| --- | --- | --- |
| 预 CIP | 清除残留产品 | 从罐中排出所有产品液体 |
| 初次冲洗 | 饮用水冲洗，无须循环，直接排放 | 流速(速度)设置为 1.5m/s<br>水温为室温<br>时间设置为 30s |
| 系统排水 | | 3min |
| 重复总共 3 次冲洗-排水连续步骤 | | |
| 洗涤阶段 | 循环碱性清洗液 | 流速(速度)设置为 1.5m/s<br>水温为室温<br>时间设置为 10min<br>体积等于搅拌桨上方水位线 |
| 系统排水 | | 5min |
| 中间冲洗 | 饮用水冲洗，再循环 | 流速(速度)设置为 1.5m/s<br>水温为室温<br>时间设置为 10min<br>体积等于搅拌桨上方水位线 |
| 系统排水 | | 5min |
| 重复总共 3 次冲洗-排水连续步骤 | | |
| 最终冲洗 | 纯净水 | 流速(速度)设置为 1.5m/s<br>水温为室温<br>时间设置为 30s |
| 系统排水 | | 3min |
| 执行一次冲洗-排水步骤 | | |
| 干燥 | 使用洁净、干燥的压缩空气或容器夹套的热量进行干燥 | 压缩空气干燥 15min 或加热容器夹套 10min |

注：在清洗周期开发过程中，通过 CIP 系统仪器监控纯化水的 TOC、电导率和 pH 值，以确认满足最终清洗标准所需的最终冲洗周期数。

**实例 3-产品 C**

生产工艺描述：产品 C 由干粉 API、辅料和纯化水（作为工艺稀释剂）组成。API 在最终成品中的浓度是 10%，ADE 为 $250\mu g/d$。产品 C 可制成不同批量的产品，如 500L、750L、900L。原料药和辅料在 40℃±5℃下溶解，搅拌速度为 70r/min。产品 C 的生产过程包括最终 pH 调节步骤，以达到成品的指定 pH 值（7.0～8.0）。最终产品是一种黏性乳化剂，在制备过程完成后，直接将产品 C 填充到容器封闭系统中，同时持续加热和混合该产品（使产品保持均匀，不凝固或硬化，在填充过程中容易流动）。产品 C 不得在本配液罐中储存超过 24h，并在灌装过程中直接从本容器转移到灌装线。

对 API 和产品 C 进行了残留物特性实验研究（烧杯试验和试验研究），得出以下结论：①API 粉末是溶于水的。②最终的产品 C 是一种黏性乳剂，会在设备表面留下油性残留物。使用热水（40℃以上）比室温水清洁有效得多。单独用水不能去除油性残留物，因此需要碱性清洗液。使用碱性溶液后使用酸性清洗液改进了清洗过程。产品 C 是该配液罐中最难清洗的一类产品。

对于产品 C 来说，虽然原料药可溶于水，但由于处方的稠度（黏性、半固体/乳剂），需要用热水（40℃以上）和碱性清洗液进行初次冲洗。使用酸性清洗液比单独使用碱性清洗剂清洗效果显著。饮用水可用于初次冲洗和中间冲洗循环，但最后冲洗必须用纯化水。尽管流速 1.5m/s 提供了足够的湍流洗涤作用，但在清洗循环中通过打开搅拌器来施加额外的搅拌改善了清洗过程。清洗循环包括让容器积聚足够的水以覆盖桨叶（水位线），以确保桨叶底部表面与清洗液充分接触。

产品 C 的建议清洁程序见表 4-9。

**表 4-9 产品 C 的建议清洁程序**

| 循环 | 行动 | 参数设置 |
| --- | --- | --- |
| 预 CIP | 清除残留产品 | 按照批生产记录中的说明，从储罐中排出所有产品液体，清除残留产品后，立即开始热水初步冲洗 |
| 初次冲洗 | 饮用水冲洗，无须循环，直接至流干 | 搅拌桨转速 70r/min<br>流速(速度)设置为 1.5m/s<br>水温 40℃<br>时间设置为 30s |
| 系统排水 |  | 3min |
| 重复进行总共 3 次冲洗-排水连续步骤 | | |
| 碱洗阶段 | 循环碱性清洁溶液 | 流速(速度)设置为 1.5m/s<br>水温为室温<br>时间设置为 10min<br>体积等于搅拌桨上方水位线 |
| 系统排水 |  | 5min |
| 中间冲洗 | 饮用水冲洗后直接排放 | 流速(速度)设置为 1.5m/s<br>水温为室温<br>时间设置为 10min<br>体积等于搅拌桨上方水位线 |
| 系统排水 |  | 5min |
| 重复进行总共 2 次冲洗-排水连续步骤 | | |
| 酸洗阶段 | 循环酸性清洗溶液 | 流速(速度)设置为 1.5m/s<br>水温为室温<br>时间设置为 5min<br>体积等于搅拌桨上方水位线 |

续表

| 循环 | 行动 | 参数设置 |
|---|---|---|
| 重复进行总共 2 次冲洗-排水连续步骤 | | |
| 系统排水 | | 5min |
| 中间冲洗 | 饮用水冲洗,再循环 | 流速(速度)设置为 1.5m/s<br>水温为室温<br>时间设置为 10min<br>体积等于搅拌桨上方水位线 |
| 系统排水 | | 5min |
| 重复进行总共 2 次冲洗-排水连续步骤 | | |
| 最终冲洗 | 纯净水 | 流速(速度)设置为 1.5m/s<br>水温为室温<br>时间设置为 30s |
| 系统排水 | | 3min |
| 执行一次冲洗-排水步骤 | | |
| 干燥 | 使用洁净、干燥的压缩空气或容器夹套的热量进行干燥 | 压缩空气干燥 15min 或加热容器夹套 10min |

注:在清洁周期开发期间,通过 CIP 系统仪器监控纯化水的 TOC、电导率和 pH 值,以确认满足最终清洁标准所需的最终冲洗周期数。

在整个清洗过程中,可透过检查孔(借助探视灯透过玻璃)观察容器内部。在完成整个清洁过程后,必须使用手电筒、并打开铰链盖子,对容器内部进行彻底的目视检查,以便能够完全看到所有表面。此外,从配液罐的几个合理位置进行棉签取样,以确认残留水平没有超过每种产品的清洗标准。一旦清洗过程的开发完成,系统就可以按照合格的清洗程序运行。

考虑到残留物的特性会极大地影响清洗过程和程序,这些过程和程序需要成功地将设备持续洗到所需的水平。正如产品 A、B 和 C 例子所示,可能没有必要对某台设备上生产的所有产品制定单独的一个 CIP 程序。可以对所有产品使用最严格的清洁参数,这样做有几个优点:

① 最大限度地减少了使用错误清洁程序的风险;
② 由于大多数产品将被"过度清洁",因此降低了清洁失败的风险;
③ 最大限度地减少了清洁验证工作,且更容易向监管机构解释清洁程序。

并非所有产品都可以只用水就可以有效地清洗,也并非所有产品都需要在清洗阶段使用两种清洗剂(即先碱洗后酸洗)。

## 4.3 工器具清洗消毒管理

生产系统涉及的工器具分为两大类:一类为生产药品时用到的器具,如不锈钢料铲、不锈钢盒、镊子、剪刀、不锈钢架等;另外一类为清洁用工具。

在各种不同级别房间使用的工具应制定不同的清洁和消毒规程。工具通常用于在不同级别环境下操作,如螺丝刀、扳手、钳子。工具的清洁、消毒或灭菌基于工具使用区域的级别。主要关注的是工具是否能够被清洗、消毒或灭菌。某些工具可能包含电子器件、建筑材料或垫圈材料,可能会受到清洁过程的不利影响。另一个关注的问题是工具是否将固定在特定的洁净级别区域中,或者是否将不断地从一个洁净级别区域转移到另一个洁净级别区域。以下不是转移程序,而是不同洁净级别区域中使用的工具的清洁度和消毒或灭菌状态的建议措施。

D级（ISO 8）：工具应该使用清洁剂、70%异丙醇或70%乙醇以及干抹布或饱和抹布，通过擦拭操作进行常规清洁。定期进行或者根据工具的使用情况更频繁地进行。

C级（ISO 7）：工具应该使用清洁剂、70%异丙醇或70%乙醇以及干抹布或饱和抹布，通过擦拭操作对工具进行常规清洁。可以根据需要进行后续的消毒步骤。定期进行或者根据工具的使用情况更频繁地进行。

B级（ISO 5/6）：工具应该使用清洁剂、70%异丙醇或70%乙醇以及干抹布或饱和抹布，通过擦拭操作进行常规清洁。如果可行，应进行后续灭菌。如果灭菌不可实现，那么在引入B级（ISO 5/6）区域之前，应该采用消毒步骤（如果可能，通过杀孢子剂）。定期进行或者根据工具的使用情况更频繁地进行。

A级（ISO 5）：工具应该使用清洁剂、70%异丙醇或70%乙醇以及干抹布或饱和抹布，通过擦拭操作进行常规清洁。如果可行，随后应对工具进行灭菌。如果灭菌不可实现，在引入A级（ISO 5）区域之前，应该采用消毒步骤（如果可能，通过杀孢子剂）。定期进行或者根据工具的使用情况更频繁地进行。

工器具清洁消毒时通常按照先上后下、先里后外的顺序进行。擦拭工器具时应注意边角等不易擦到的地方，用镊子或钩子辅助擦拭。工器具的使用应定置定位，摆放位置及用途应固定，比如在A级区使用的镊子，应摆放在A级环境下的固定位置，禁止取出做其他用途。工器具清洁消毒结束后，应按照操作规程中规定的清洁项目和清洁标准对工器具进行目视检查。清洁后的工器具应在清洁、干燥、通风的条件下存放，A/B级洁净区内使用的工器具清洗后需进行灭菌，灭菌后存放环境能保证其无菌状态不被破坏，并在存放区域悬挂"已清洁"标识。与生产设备一样，工器具的消毒灭菌方法与其所处的洁净环境、其用途所要求的微生物负载要求相适应，且同样需要对清洁消毒后工器具的有效期进行规定，清洁后超有效期的工器具需再次进行清洁消毒。

不同区域工器具清洁消毒举例见表4-10。

表4-10 不同区域工器具清洁消毒举例

| 洁净级别 | 工器具名称 | 清洁方法 | 清洁标准 | 清洁周期 |
|---|---|---|---|---|
| B级 | 不锈钢镊子、钩子 | 生产过程中：用消毒液浸泡15min，用75%乙醇清洁布擦拭后晾干<br>生产结束后：传递至洗消间用注射用水同时用绸布擦洗，蒸汽灭菌柜灭菌 | 光亮、无污渍、无水渍 | 每班 |
| B级 | 台秤 | 用消毒液清洁布擦拭外表面，再用75%乙醇清洁布擦拭后晾干 | 光亮、无污渍、无水渍 | 每班 |
| B级 | 擦墙工具 | 用消毒液清洁布擦拭表面，再用75%乙醇擦拭后晾干，边角用镊子夹清洁布辅助擦拭 | 无污渍、无水渍 | 每班 |
| B级 | 书写用笔 | 将笔拆散后用消毒液清洁布擦拭，再用75%乙醇清洁布擦拭后晾干 | 无污渍 | 每班 |
| C级 | 不锈钢镊子、剪刀 | 用消毒液清洁布擦拭，用消毒液浸泡15min，用于清洁布擦干 | 光亮、无污渍 | 每班 |
| C级 | 擦墙工具 | 用消毒液清洁布擦拭表面，边角用镊子夹清洁布辅助擦拭 | 无污渍、无水迹 | 每班 |
| C级 | 书写用笔 | 将笔拆散后，用消毒液清洁布擦拭 | 无污渍 | 每班 |
| D级 | 不锈钢镊子、剪刀 | 用消毒液清洁布擦拭 | 光亮、无污渍 | 每班 |
| D级 | 擦墙工具 | 用消毒液清洁布擦拭表面，边角用镊子夹清洁布辅助擦拭 | 无污渍、无水迹 | 每班 |

不同空气洁净度级别的生产车间使用不同的清洁工具时，应根据洁净区域不同和清洁需要不同来配备适当的清洁工具和清洁剂。洁净区工具需随用随清洁，不得存放未清洁工具。洁净区内使用的洁具应耐腐蚀，易清洗，易消毒，结实耐用，不掉纤维及飞沫，无静电。用于清洁直接接触产品的设备、容器内表面的卫生工具应与其他卫生工具分开清洗，分开使用、存放，不能混用。破损、污染严重的洁具应及时更换。清洁不同位置的清洁工具要分别进行标识，不能混用。一般生产区卫生工具在一般区洁具洗存间定置存放，洁净区用卫生工具在洁净区洁具洗存间清洗、消毒后定置存放。洁净区的清洁工具洗涤、存放间的空气洁净度级别不低于 D 级，A/B 级洁净区内不设清洁工具的洗涤、存放间。清洁工具严禁混放，严禁存放于操作岗位，当需使用时去洁具洗存间取用，用后及时送回清洗存放，洁具洗存间不得存放脏的洁具。在 A/B 级区域内使用的清洁工具必须经过灭菌处理。

## 4.4 工器具、耗材及记录等物品的传递

洁净区与非洁净区，不同级别的相邻洁净区，往往需要传递工器具、耗材、织物、记录等物品。为保证洁净区的洁净环境不受外界传入物品的污染，并保证进出洁净区的物品有序传递，不同洁净级别区域之间通常设有传递窗，凡是传递窗能容纳的物品，如小体积的工器具、设备零部件、耗材、记录等均可以通过传递窗递入洁净区。对不能通过传递窗进出的大件物品，如体积较大的容器具等，传入较低级别的洁净区（如 D 级）时，通常通过物料气闸传入洁净区。当接触物料的工器具等物品传入 C 级和 B 级时，通常会通过双扉湿热灭菌柜进行灭菌后传递。根据物品的耐热程度、传入环境的洁净级别及微生物负载要求、物品体积等因素，使用的传递通道也会有所差异。只有在传递程序验证期间制订的已批准清单上的物品才可通过缓冲或传递窗递入 A 级、B 级洁净区。所有未经批准物品如需传递，均需作为例外进行预先批准，并制定检测计划。

### 4.4.1 传递窗传递

传递窗是洁净区的一种重要辅助设备，主要用于洁净区与洁净区之间、洁净区与非洁净区之间物品或物料的传递，以减少洁净区的开门次数，把对洁净区的污染降低到最低程度。传递窗是安装在房间隔墙上，用于物料/物品传递，并具备隔离隔墙两侧房间空气的基本功能的一种箱式装置。箱体两面设有带观察窗的密封门，一扇门朝洁净区开启，另一扇朝非洁净区或相邻洁净区开启。两扇门设有机械互锁或电子互锁，不能同时开启，避免了在物品传递过程中，侧墙两边的气流直接沟通。

传递窗按照使用功能分为基本型、净化型、消毒型、负压型和气密型五类。传递窗分类如表 4-11 所示。

表 4-11 传递窗分类

| 类型 | 标记代号 | 功能 |
| --- | --- | --- |
| 基本型 | A | 具备基本功能的传递窗 |
| 净化型 | B1 | 具备基本功能,且具有由风机及高效空气过滤器组成的自循环空气净化系统,能对传递窗内部空气进行净化处理 |

续表

| 类型 | 标记代号 | 功能 |
|---|---|---|
| 净化型 | B2 | 具备基本功能,且具有含高效空气过滤器的送风系统和排风系统,能对传递窗内部空气和排出传递窗的空气进行净化处理 |
| | B3 | 具备基本功能,且同时具有空气吹淋室功能,能通过喷嘴喷出的高速洁净气流对放置于传递窗内的待传递物品的表面进行净化处理 |
| 消毒型 | C1 | 具备基本功能,且在箱体内装有紫外线灯管,能对通道内空气、壁面或待传递物品表面进行消毒处理 |
| | C2 | 具备基本功能,且在箱体壁面上设置消毒气(汽)体进出口,能对传递窗内部空间进行消毒。消毒时,外接消毒装置可以通过消毒气(汽)体进出口向传递窗箱体内输送消毒气(汽)体 |
| 负压型 | D | 具备基本功能,且能在传递窗箱体内保持一定的负压 |
| 气密型 | E1 | 具备基本功能,并应达到以下气密要求:采用箱体内部发烟法检测时,其缝隙处无可视气体泄漏 |
| | E2 | 具有基本功能,并应达到以下气密要求:采用箱体内部压力衰减法检测时,当箱体内部的压力达到-500Pa后,20min内负压的自然衰减小于250Pa |

为避免传入洁净室的物品携带的微粒和微生物对洁净室环境造成污染,对传入洁净室物品表面微粒及微生物的控制措施包括在传入前对物品脱去外包装、使用消毒液对表面进行清洁消毒、在传递窗内通过风淋去除表面微粒、通过紫外线灯照射或汽化过氧化氢(VHP)对物品进行消毒灭菌。

物品递入前,使用消毒液对物品表面进行清洁消毒,通常使用与生产要求相符合的消毒剂,采用擦拭和喷雾消毒的方式,要求物品各面、各角均要擦拭和喷雾,彻底消毒,不得留有未清洁或消毒不彻底的死角。使用清洁布进行擦拭时,要求清洁布擦拭面不得重复使用,使用一面擦拭后,将清洁布对折,用未使用的另一面继续擦拭清洁,根据传递物品的类型制定擦拭布的清洗频次,如每次传递后清洗,或擦拭一定数量后进行清洗。

传递窗内的风淋即经高效过滤器过滤后的洁净气流由可旋转喷嘴从各个方向喷射至货物上,有效而迅速地清除尘埃粒子,清除后的尘埃粒子再由初、高效过滤器过滤后重新循环到风淋区域内。

紫外线灯照射消毒是利用紫外线的杀菌作用进行灭菌消毒。紫外线消毒灯向外辐射波长为200~270nm的紫外线,紫外线通过对微生物(细菌、病毒、芽孢等病原体)的辐射损伤和破坏核酸的功能使微生物致死,紫外线对核酸的作用可导致键和链的断裂、股间交联和形成光化产物等,从而改变了DNA的生物活性,使微生物自身不能复制,从而达到消毒的目的。紫外线灯管是有一定寿命的,应制定紫外线灯的更换周期,比如使用小时数,在使用过程中需记录紫外线灯管的使用时间,根据要求及时更换,使用时间不可超出规定的更换时间。但紫外线穿透力极弱,且存在照射死角,只适用于表面消毒。

VHP灭菌传递窗中集成了汽化过氧化氢发生器,可向传递窗内部提供过氧化氢气体,用于物料外表面的生物去污处理,以避免物料从无级别区域或低级别洁净区进入B、C级关键区域带入污染。汽化过氧化氢发生器是利用过氧化氢在常温下气体状态比液体状态更具杀孢子能力的优点,经生成游离的羟基自由基,用于进攻细胞成分,包括脂类、蛋白质和DNA组织,达到完全灭菌的要求,经专门设计制造而成的一种用于隔离室、隔离器、传递舱、传递窗等密闭空间灭菌的专用设备。汽化过氧化氢无菌传递窗打破传统的紫外线灯照射消毒、乙醇擦拭消毒方式,具有杀灭6个对数值嗜热脂肪芽孢杆菌的能力,杀灭效果好,实现了无菌操作工艺过程中的无菌保证。灭菌剂VHP逐渐被更多制药企业关注,但VHP对设备和物品材质的影响较大,凡是采用VHP对递入物品进行灭菌时,均应考虑设备及物品材质对VHP强氧化性的耐受性。

## 4.4.2 物料缓冲间传递

对体积较大、不能通过传递窗传递的工器具等，传入较低级别洁净室时，通常会通过物流通道递入，即物料缓冲间传递。为避免人流、物流的交叉污染，在洁净室设计时，会设计人员和物料自非洁净区进入洁净区的专用通道，其气压是自外（非洁净区）向内（洁净区）梯度递增。物料缓冲间的作用有两个。一个是防止非洁净区的气流直接进入洁净区，有了一个缓冲室就大大降低了这种可能。另一个是物料或物品自非洁净区进入洁净区时，在缓冲间有一个"搁置"，进行自净（主要是物料），以免进入洁净区后，对洁净区造成污染。物料缓冲间两侧分别设有通往不同洁净级别房间的门，且设有互锁功能，缓冲间两侧的门不可同时打开，缓冲间内地面通常会设置标识线，缓冲间两侧不同洁净级别的人员从相应入口进入缓冲间后，不可穿越标识线，不同洁净级别的人员不可进入物料缓冲间。在物品递入前，同样需要对物品进行脱外包、表面进行清洁消毒，清洁消毒方法同传递窗递入前的清洁消毒方法。物品经过清洁消毒后被运送至物料缓冲间进行自净，利用空调系统对房间进行送风、排风，通过房间有效换气后，使缓冲间恢复与洁净室相同的洁净度，自净时间及物品递入程序均需经过验证，并规定至操作规程内。物品在物料缓冲间经过规定时间的自净后，通知洁净区人员将物品运至洁净区内。

## 4.4.3 湿热灭菌柜传递

无菌药品生产车间，接触物料的工器具进入C级洁净区，或工器具、织物、记录等耐高温物品进入B级区时，需要通过湿热灭菌柜进行灭菌后进入，湿热灭菌柜的相关内容见4.2.2.2小节。

通过湿热灭菌柜进行传递的器具或物品等应适当包装，以保持内容物从湿热灭菌器取出到使用期间的无菌完整性，包括任何中间阶段。当工器具在A级层流下使用时，建议使用多层包装，提供额外保护，在将器具转移到连续洁净区的过程中去除外包装。包装材料应允许有效灭菌所需的空气排出、蒸汽进入和冷凝水排出。适当的覆盖类型示例包括Tyvek®、无纺布纺粘/熔喷/纺粘（SMS）织物灭菌包装、灭菌袋等。对灭菌传递的物品使用适当的包装进行保护，以确保在灭菌完成后直到转移到A级环境中，确保其仍处于无菌状态。

## 4.4.4 物品递入洁净区示例

### 4.4.4.1 物品递入D级洁净区

**(1) 工器具进入D级洁净区程序**

在物料缓冲间外的拆包间将工器具外包装拆除，用饮用水（或纯化水）润湿的洁净丝光毛巾对工器具进行清洁，再用75％乙醇对工器具进行擦拭消毒。脱外包人员打开物料缓冲间外门，将清洁消毒后的工器具放入缓冲间，脱外包人员退出缓冲间，关闭外门，记录放入的时间。经过20min自净后，电话通知洁净区人员领取工器具。

**(2) 文件、记录进入 D 级洁净区程序**

将文件或记录纸放入带有紫外线灯的传递窗内,紫外线灯分别照射正反面 30min 后,打开传递窗,拿入 D 级区。

#### 4.4.4.2 物品递入 B 级洁净区

**(1) 工器具进入 B 级洁净区程序**

① 耐腐蚀不耐蒸汽灭菌物品(如垫片等) 在物料缓冲间用纯化水冲洗干净后,放在消毒液内浸泡 15min 后取出。用绸布擦干后,放入传递窗内,关闭传递窗柜门之前,用 75% 乙醇对传递窗内进行喷雾消毒,风淋 3min 以上。在 B 级区一侧取出,用杀孢子剂清洁布擦拭后,再用 75% 乙醇浸泡 15min 后取出备用。

② 耐高温、高压物品(如不锈钢制品等) 在洗消间清洗干燥后,按照经过验证的装载方式及装载量放入蒸汽灭菌柜中。灭菌后,从 B 级区打开柜门,放入 B 级区工器具存放间备用,灭菌柜双侧门不得同时开启。

**(2) 记录纸进入 B 级洁净区程序**

将记录纸封装在呼吸袋内,呼吸袋上粘贴灭菌指示带,通过双扉湿热灭菌柜进入,低级别一侧按照经过验证的装载方式及装载量放入湿热灭菌柜进行湿热灭菌。灭菌结束后,从 B 级一侧打开,检查呼吸袋上粘贴的灭菌指示带是否已经变为黑白色,达到灭菌效果。如果变色正常,取出呼吸袋即可;如不变色,立即将呼吸袋退回灭菌柜内,关闭灭菌柜门,发起偏差调查。

# 第 5 章 物料系统

物料是保证药品质量的基本要素之一,物料流转包含从原辅料进厂到成品出厂的全过程,它涉及企业生产和质量管理的所有部门,因此,物料管理是药品生产全过程中十分重要的管理系统之一。

物料管理的目的在于确保药品生产所用的原辅料、与药品直接接触的包装材料符合相应的药品注册的质量标准,并不得对药品质量产生不利影响。因此,企业需建立明确的物料处理和管理规程,确保物料和产品的正确接收、贮存、发放、使用和发运,采取措施防止污染、交叉污染、混淆和差错。

本章主要介绍物料在仓储区接收、储存、取样、发放、传递等过程中的清洁管理。此外,昆虫和动物控制能够防止物料、设备设施受到昆虫和其他动物的污染,也属清洁管理的内容,具体内容参见 3.6 节。

## 5.1 仓储区物料管理

### 5.1.1 仓储区的设计

为满足物料、中间产品以及产品仓储要求,确保物料、中间产品以及产品在储存期间的质量,满足药品生产和销售需求,药品生产企业通常应以仓储需求、贮存条件及 GMP 要求三方面为基础,结合企业自身的特点(如仓储区建筑面积、建筑结构、仓储容量需求、周转率等),综合考虑消防、安全等因素,对仓储区进行设计、建造或改造。但仓储区的设计除了要确保和满足物料的贮存条件等要求外,还应满足清洁和消毒的需要,因此,仓储区的建筑设施、设备布局、设计、维护应在能够最大限度降低发生差错的风险的同时,还应满足有效清洁和消毒的需要,以防止污染和交叉污染,总体而言,仓储区的设计应能避免对物料造成不良影响。

### 5.1.2 设备设施管理

为满足物料的接收、检验、储存、发运等过程中的程序、操作和记录需求,药品生产企业仓储区通常应设置装卸搬运、保管、计量、养护、取样检验、通风照明、消防安全、劳动防护等几种类型设备设施，以及计算化管理系统。其中，养护类设备设施通常为了满足仓储区的日常养护需求，保持仓储区的清洁、干燥。因此，仓储区一般需要合理配置或设置一定数量的拖把、抹布、吸尘器、清扫机、水池等清洁设备设施和清洁用具，满足仓储区设备设施的日常养护需求，保持仓储区的清洁、干燥。常见的养护类设备主要有吸尘器（主要用于仓储区设备设施或地面的清洁）、清扫机（主要用于仓储区地面的清洁）等设备。

此外，仓储区通常设置有单独的物料取样区。按照 GMP 要求，取样区的空气洁净度级别应与生产要求一致，能够防止污染或交叉污染，因此，仓储区的取样区应配置与生产要求一致的空调净化系统或采样车或其他有等同作用的取样设备设施，也可根据实际条件和需要配置 NIR（近红外光谱仪）等设备用于物料接收后的取样和单桶鉴别的需要，从而满足 GMP 对取样区的要求。取样区空调净化系统主要组成部分及设计原则同洁净区空调净化系统，通常由新风、初效、表冷、中效、加湿、加热、送风、高效以及风管、温湿度探测点等硬件和/或计算机监控系统组成。通常，取样区可配备采样车和近红外光谱仪。采样车一般为可移动式，达到一定洁净级别的取样专用设备，取样时有时需在采样车内配备一定的附属设备（如温湿度计、压差计、桌台）。近红外光谱仪一般有手持式、便携式等类型，在仓储区应用的主要是物料的红外光谱鉴别。

### 5.1.3 设备的清洁

对设备设施进行维护的目的是降低设备发生故障的概率，保证设备可以持续满足使用需求。对于仓储区而言，企业应定期对仓储区使用的设备与工具进行维护保养，防止设备故障或污染对药品的储存造成不良影响。

在对仓储区的设备设施进行维护保养的同时，还应对仓储区的设备设施进行必要的清洁，才能避免物料、中间产品以及产品在接收、储存、养护、发运过程中因设备设施的不洁而受到污染。因此，药品生产企业应注重对仓储区及其设备设施进行清洁。仓储区的墙壁、地面、门窗、照明灯具以及使用的货架、托盘、消防器材等均应定期进行清洁。清洁时，可使用吸尘器、毛巾、水桶、拖把、扫地机等，根据实际情况进行湿清洁。通常，应针对不同的清洁对象设定不同的清洁频率，如办公桌、电话、水池、卫生间每天一次，门窗和地面每周一次、墙面每月一次。如必要，某些区域（如取样区）还应定期进行消毒。设备设施的清洁也应有相应的记录。

综上，对于仓储区及其设备设施，药品生产企业应建立清洁、维护的书面操作规程，内容包括仓储区设备的清洁内容、维护项目、清洁维护方法、清洁维护周期等，通常根据设备类型、自动化程度等方面考虑是否需单独制订设备设施清洁、维护程序，和/或制定仓储设备设施清洁、维护保养程序的通则。

通常，以下设备设施需制定清洁、维护保养程序：阴凉库、冷库、取样区及空调系统、托盘自动传送系统、标签打印机、近红外光谱仪、条码扫描器及条码系统、自动叉车、电子秤。

### 5.1.4 物料接收

物料接收是仓储区物料管理工作中十分重要的一个环节，是防止不符合入库要求的物料入库，保证物料质量不可忽视的环节。物料在入库时为保证物料质量和数量，必须进行严格的验收检查和核对，符合验收标准和要求的，才能入库并进行清验。

企业来料主要包括原辅料（含中药饮片、中药材）、包装材料、非生产物料（设备配件、工具、生产消耗品等）。通过来料验收，对进入仓储区域的物料进行检查，尽可能防止不符合要求的物料进入仓库。接收物料时，物料验收人员对物料相关情况和信息的验收是保证来料质量的第一道关，确保被污染和/或不合要求的物料不进入仓库。具体来料验收的内容除了确定来料的供应商、核对物料外包装容器的标识信息和送货单、发票、检验报告等相关文件外，还应对物料外包装容器进行完整性、密封性以及卫生情况检查，确定物料没有被污染。

因此，库房物料接收区域的设计应能保护物料免受环境的影响，同时，还应考虑对来料容器进行清洁的区域，满足对来料的清洁需求。

下面重点介绍物料接收时的清洁管理要求。

**(1) 原辅料**

对到货的每个或每组包装容器进行外观检查，仔细检查是否有污染、破损、渗漏、受潮、水渍、霉变、虫蛀、虫咬等，同时检查物料包装标识是否内容清晰完整。需要强调的是，为了确认包装容器的完整性，原辅料的外包装容器应检查封签是否完整，是否有人为有意的破坏、损坏等。

必要时，要对容器外包装材料及桶、箱等容器外部进行清洁，除去灰尘及污物。如发现外包装损坏或其他可能影响物料质量的问题，应及时记录，并向质量部门报告，并启动相关调查。如有必要，可疑的容器或整批物料都要控制隔离，以待处理。

**(2) 特殊生产物料**

对于一些特殊生产物料，如易制毒化学品或贵重物料，仓库工作人员在进行外包装卫生清洁时，应佩戴相关的个人防护工具。经清洁后搬运至特殊物料仓库。

**(3) 非生产物料**

非生产物料是指用于企业生产、检验或公用系统中但不属于原辅料和包装材料的物料。例如：进入产品或用于生产线的非生产物料（封口用热熔胶、在线打印的墨水）；在生产或生产准备活动中用到但不进入产品的非生产物料（洗涤剂、一次性鞋套和帽子）；可能接触产品或频繁使用的设备零配件（物料传送带、容器）；公用系统用非生产物料（水系统过滤器、生产设备润滑油）；可能接触生产设备表面的实验室试剂（培养基、化学试剂）；可能影响产品质量的其他材料（维修、试机材料）。非生产物料也可能直接或间接影响产品质量，因此，对于非生产物料企业也应建立清洁规程，对相应非生产物料进行必要的清洁，以免在生产使用过程中对其他物料或产品造成污染。

## 5.1.5 取样管理

取样是整个质量控制过程中非常重要的一个环节，取样过程中物料有被污染的风险，所以要加以控制，并采取相应的清洁措施。

### 5.1.5.1 取样的定义和目的

取样是指取样人员用确定的方法从大批物料中取出少量具有代表性物料的过程，获得的样品数量需能完成预期的全部检测需求。

取样可以出于不同的目的和需求，如物料放行检验，生产过程的控制、专项控制、留样等。

#### 5.1.5.2 取样人员防护

取样人员取样时，应按管理规程穿着符合相应防护要求的服装，以防污染物料和产品，并防止取样人员因物料和产品受到伤害。防护服装应采用易清洗、不易粘尘、无脱落物产生的材质，通常可与该物料生产过程中暴露使用条件下对应的工作服装一致。

#### 5.1.5.3 取样器具

企业应根据要取样的物料配备合适的取样器具，所有工具和设备均应由惰性材料制成，表面光滑，易于清洁和灭菌。使用完成后应按照管理规程规定的程序充分进行清洗、干燥，并存放在清洁、干燥的环境中。必要时，使用前可用水或适当的溶剂对取样器具进行淋洗，经干燥后再用于取样。用于微生物检验样品或无菌产品取样时必须先灭菌。破损的取样器具必须立即停止使用并进行明确标识。应该尽可能从有资质的供应商处购买此类取样器具。

取样时还需要使用某些辅助工具，常见的辅助工具有包装开启工具、除尘设备、重新封口包装的材料。必要时，取样前还应对待取样的包装进行清洁。

所有工具和设备都必须有书面规定的清洁规程和记录。清洁操作规程应经过确认，确保清洁操作符合要求并持续有效。

取样用容器一般需满足以下要求：易于装入样品；易于倒出样品；容器表面不吸附样品；易于密封和存储；重量轻、便于携带；如需要应该能够避光。

#### 5.1.5.4 取样设施和环境

**(1) 取样间设计**

取样间不能使用易产生颗粒物的材质，应易于被有效清洁和消毒。取样间室内表面（天花板、墙面和地板）应尽可能地保持光滑无痕。取样间一般应为特殊房间或特别设计的房间（包括设置在生产区内的取样间），如需要应该有防爆功能。取样间应装备良好的灯光、满足取样时对温湿度的要求。只有经过授权的人才有权限进入取样间，同时必须准备相应的规程以规定取样间的清洁程序、清洁频次及取样间环境的监测。

$\beta$-内酰胺类、性激素类药品以及高活性、高毒性、高致敏性药品等具有特殊性质的物料或产品取样设施，应符合 GMP 关于生产设施的相关要求。

**(2) 取样环境的要求**

取样环境应与使用该物料的生产环境一致。不同的药品具有不同的特性和生产工艺流程，其空气洁净度并不相同，所以应根据物料的使用目的，选择适当的取样环境。取样环境应满足以下要求：防止对开启的容器、物料和操作人员造成污染；防止与其他物料、产品和环境发生交叉污染；在取样过程中，对取样操作人员进行适当保护。

取样应在满足以上要求的区域进行，取样记录上应记录样品来自哪个取样区域，每个取样区域都应有取样日志。对于中间产品，可在生产线上取样（可以在生产结束时进行，也可以在生产过程的前、中、后期进行），其取样操作需记录在批记录上。对于一些特殊物料的取样，应在特殊或指定的环境中（如对激素、青霉素等进行取样时，必须防止环境灰尘或颗粒物污染样品或产品）。

在某些情况下，取样需要使用到专门的取样车。然而在一定程度上，取样车在环境控制方面不能等同于洁净取样室。取样车与洁净取样室（或取样间）相比，其优势在于其具有流动性，是对没有固定取样点的一个补充，但其不足之处在于，需要制定详细的人员净化程序来避免人员污染。而且，取样车的空间相对狭小，不利于操作，影响取样效率。企业应根据物料的使用目的和特性，依据风险评估选择合适的取样设施。

对于没有环境控制要求的物料可在非洁净区域进行取样，如外包材。建议企业建立单独的取样区域，降低取样混淆和污染的概率。

**(3) 洁净取样室的要求**

通常，洁净取样室宜设置在仓储区内，取样环境的空气洁净度等级与使用该物料的生产过程一致，并设置相应的物料和人员缓冲间。取样时，应尽量避免取样过程的各项操作对物料造成污染。

洁净取样室应该清洁、干燥，并有温湿度控制措施。通常，在取样人员进入取样间之前，开启空调系统运行一定的时间（该时间依据取样区确认结果进行规定），待取样室内温度、湿度、压差达到要求后，才能开始取样。

① 清洁、消毒程序　洁净取样室应建立使用、清洁和消毒程序，规定清洁方法、责任人以及清洁频率。

a. 同物料间的清洁：在更换不同种类的物料时，应更换洁净的取样工具。必要时，需考虑清洁取样工作区域明显的粉尘，或者静置一段时间，再取下一种物料，以防止上一物料对下一物料的污染。

b. 取样后的清洁和/或消毒：取样完成后，地面、墙面、取样工作区域等应根据规定的程序进行清洁，必要时，用消毒剂进行消毒。

c. 清洁和/或消毒频率：对于洁净取样室内取样操作容易污染到的区域，如取样台面、门把手等，建议在取样前和取样结束后分别清洁和消毒。其他设施，如门、墙面、天花板等，可以适当减少清洁和消毒的频率。

② 洁净取样区取样人员进出要求　洁净取样区需要规定进入的最大限制人数以及人员净化程序。

人员应使用已清洁的取样服，根据物料特性穿戴个人防护用品（如防护衣、防护手套、防护镜或者防护口罩、安全鞋等）。

③ 洁净取样室物料进出要求　物料在进入物料缓冲间前应进行清洁，清洁完成后，物料方可通过缓冲间进入取样区，以防止容器和物料的交叉污染。

④ 洁净取样室的状态标识　取样间需有明确的状态标识，如正在使用、已清洁、待清洁。当取样正在进行时，应为"正在使用"状态；当清洁完成后，应为"已清洁"状态；当取样刚完成需要进行清洁时，应为"待清洁"状态。

### 5.1.5.5 取样操作

**(1) 取样操作规程及管理要求**

药品生产企业应制定取样操作规程，规程的内容应符合 GMP 的有关要求。至少包含取样方法、取样位置、所用器具、样品量、分样方法、存放样品容器的类型和状态、样品容器的标识、取样注意事项（尤其是无菌或有害物料的取样，以及防止取样过程中污染和交叉污染的注意事项）、样品的贮存条件、取样器具的清洁方法和贮存要求、剩余物料的再包装方式、取样记录等。如果要取多个样品，应该在取样方法中说明样品是否应该混合。此外，如涉及对人体有毒害物料的取样时，还应规定防护措施。

**(2) 特殊物料取样操作**

① 无菌物料　无菌物料的取样应充分考虑取样对于物料的影响，取样过程应严格遵循无菌操作的要求，取样人员应进行严格的无菌操作及人员卫生方面的相关培训，取样件数可按照《中国药典》（2020版）附录无菌检查法中批出厂产品最少检验数量的要求计算。如果某无菌物料的供应商与企业长期合作，且供应的无菌物料质量稳定可靠，为减少取样对物料污染的风险，在对该供应商进行充分评估的基础上，可要求供应商在分装时每件留取适当数量的样品置于与物料包装材质相同的小容器中，标识清楚，并置于同一外包装中，方便物料接收方进行定性鉴别。

② 血液制品　生产企业采购的原料药涉及血浆时，血浆的取样操作应按照《中国药典》有关"血液制品原料血浆管理规程"的要求对每袋血浆进行取样检验。

③ 中成药　生产企业采购的物料涉及中药材，药材的取样操作应按照《中国药典》中关于中药材取样法的要求进行。需要特别注意的是，在进行中药材取样时应充分考虑中药材的不均一性。

④ 印刷包装材料　取样时，为避免混淆，每次只能对一种印刷包装材料进行取样，并且，所取印刷包装材料的样品不能再放回原包装中。样品必须有足够的保护措施和标识，以防混淆或破损。

⑤ 中间过程控制样品　一般由中间控制实验室的人员执行，企业应制定相应工艺的关键控制点和取样检测频率。工艺用水取样操作应与正常生产操作一致，取样后应及时进行检验，以防止质量发生变化。一般情况下，用于物料的逐桶鉴别实验的样品不允许被混合。

## 5.1.6　储存

为了确保物料的质量，避免不合格的物料进入生产环节，影响产品质量和用药安全，物料的储存环节尤为重要。只有采取正确的物料储存管理才能保证物料的质量，满足后续生产需求。而在物料储存过程中，物料清洁也是十分重要的一个环节。

物料储存时，根据物料的种类及特性，应尽可能地选择分类、分区、分库存放。储存区应有足够的空间保障不同种类产品的有序存储，包括待检、合格、不合格、退货或召回的产品。结合物料的管理特点和GMP的要求，存储区一般应设置专门的待检区，待检区应与其他区域有效隔离，物料接收后应首先存放于待检区，并悬挂待检标识。待检区的物料经检验合格后，应立即转移至合格区，悬挂合格标识，并在每件上贴合格证。检验不合格的物料应立即转移到不合格品库（区），并上锁管理。物料搬运和堆码应当严格按照外包装标示要求规范操作，堆码的高度应符合包装图示要求，避免损坏包装。

存储区域应配备相应的设施，以满足适宜的存储条件，比如配备空调机组、除湿机等满足温湿度的要求，仓库安装窗帘满足避光储存的要求，安装排风扇以通风换气等。尤其应该保持清洁、干燥，并且在可接受的温湿度范围内。特殊物料的储存，需要符合国家有关规定。

企业应建立仓储区管理规程，明确规定仓储管理各个环节的流程和要求。每一个仓库均应有经过批准的平面布局图，标示出仓库的分区布局以及所有设备设施。

接收的物料要确保包装完整、清洁，标识清楚，并正确填写货位卡。

仓储区要保持清洁、干燥，定期通风，制定合理的清洁周期及清洁责任人。一般情况下，仓储区裸露地面每天均要清洁一次，进出物料如果发生洒落应及时清洁，并按照操作规程对发生洒落的物料进行处理并记录；非裸露地面根据企业情况建立合适的清洁周期，建议一周一次或根据评估制定；取样车每取完一种物料均要进行清洁，确保产品不受到污染；货架、托盘要保持清洁，建议托盘定期进行大清洁；消防器材也制定合适的清洁周期，以保持清洁干燥。相关清洁均应有记录。

仓储区要合理分区，标识明确，最好用物理的方法隔离出待检、合格、不合格区。储存中要确保物料包装完好、标识清晰、密封，防止物料受到污染和交叉污染。根据物料的安全数据和法规要求，某些物料应分类（如高活性的物料，青霉素类，毒性的、易反应的、易爆的化学品，易串味的药品，放射性药品等；含碘和放射性物质；有潜在危险的生物制剂）并有专门的仓库储存，储存区与周围环境区应隔离。

企业应制定温湿度监控设备设施的维护、校准、更换管理规程，并对仓库的相关人员进行培训，确保温湿度监控设备设施运行良好、准确。

在生产过程中，个别物料已经被拆包，但生产中未使用完毕，又不适宜在车间岗位长期存放的物料需要办理退库。退库时，生产车间应将物料恢复原包装，封口处理，如原包装已破坏，则选择合适的外包装，仓库管理员按物料的接收程序检查物料是否符合要求，包括物料的标识、包装的清洁卫生。如果物料不符合要求，根据不符合的项目确定物料的处理流程；如包装不符合要求，但物料未受到污染，可以由车间对物料重新进行包装、标识后再入库；如果物料已经受到污染，则作为不合格品处理；如果需要对物料进行检验，则重新取样，检验合格后再回原批号处储存。

如果储存过程中发生偏差，比如，储存的物料因清洁不到位被污染，托盘有污渍对物料产生污染，应对偏差原因进行调查，制定纠正预防措施，并评估该偏差对物料的影响，以及是否影响到物料的有效期及物料的安全性、有效性。偏差调查及评估材料应保存。

## 5.1.7 物料发放

物料发放是仓储管理中不容忽视的一个环节。企业应建立生产物料发放管理程序，对生产物料发放的流程、操作和管理要求等内容进行规定。通常，相较于生产用的原辅料、化工原料、包装材料、其他辅助物料的发放而言，印刷包装材料的发放控制更加严格。

通常情况下，物料的发放应遵循先进先出（FIFO）/近效期先出（FEFO）的原则，具体执行 FIFO 还是 FEFO，应由药品生产企业根据自身物料发放的管理特点和要求自行决定，可采用其中一种原则，也可以两种原则并行采用。此外，还应遵循零头先发和整包发放原则。

仓库一般不属于洁净环境，如在仓库中开封称量物料，极易造成物料的污染。因此，在这种情况下一般采用整件/整包发放的方式发放总量大于处方量的整件/整包物料。例如，采用整桶装的原辅料可以整桶发放；采用整袋装的原辅料可以整袋发放；采用整箱包装的包装材料可以整箱发放。

物料发放过程中应注意，只有经放行并贴有合格状态标识的物料才能发放，不合格、受污染、清洁不彻底和未经放行的物料一律不得发放。

完成拣货后,生产人员领取相应物料时,需与仓储管理人员进行物料交接。通常,物料交接有两种方式:一是由仓储管理人员直接将生产所需的物料从仓库的备料区转移至生产区,在生产区进行物料交接;二是由生产接收人员将生产所需的物料从仓库的备料区转移至生产区,在仓库的备料区进行物料交接。企业一般可根据自身的实际情况选择合适的物料交接方式。

物料交接完成后,在物料从仓储区转移至生产区时,企业应着重考虑天气对物料转移的影响。特别是仓储区和生产区分离的情况,应尽可能避免在雨雪天气转移物料,如确实无法避免,应采取必要的措施(如采取封闭的运输工具、加盖防雨布等)避免物料接触雨雪后质量受到影响。

在某些特殊情况下,因生产过程中出现偏差导致发放的物料数量不能满足生产需要,或因其他原因导致发放的物料数量不足时,需进行物料的补发。补发时,同样应遵循上述清洁和发放管理要求,并有文件规定。

## 5.2 洁净区物料管理

传递进入洁净区的物料包括一个更宽的范围,即包括常规的生产用到的原辅料、包装材料等,还包括如生产工具、消毒剂、环境监测设备、维修工具、设备零部件、记录纸和笔等,甚至包括各类生产废物。物料进出洁净区和关键区域的传递是最大的潜在污染源之一。任何有可能损害洁净区或关键区洁净度的活动都应进行评估,如果这些活动不能取消,应采取适当的控制措施最大限度地降低污染和交叉污染的风险。

### 5.2.1 基本要求

为防止交叉污染,物料进出洁净区的通道通常应严格与人流通道分开,使用物流专用通道。必要时,对于极易造成污染的物料(如部分原辅料、生产中的废物等)可设置专用出入口。设置电梯时,输送人员和物料的电梯宜分开。电梯通常不宜设在清洁区内,必须设置在洁净区内时,电梯前应设置气闸室或其他确保洁净区空气洁净度的措施。

对于低级别洁净区向高级别洁净区转移的物料,采取适当的控制措施对于阻止污染物的流动是非常关键的。所有物料传递进入洁净区时都应被彻底清洁,内包装表面残留微生物或微粒不得对洁净区环境造成不良影响,同时物料传递的方式不应对物料本身产生不良影响。

### 5.2.2 物料传递程序

为确保传递进入洁净区的物料的清洁,避免对生产造成污染和交叉污染,企业应建立合理、有效的物料传递程序,传递程序的建立应重点考虑以下几方面。

#### 5.2.2.1 总原则

将物料从低洁净级别洁净区向高洁净级别洁净区传递时:
① 避免被传递的物料受到污染(如后续不再有去除污染的步骤的话);

② 避免被传递的物品及其包装给经过的洁净环境带来污染。

#### 5.2.2.2 物料传递程序设计

物料传递程序的设计应遵循最简、最优路线，通常应遵循以下原则：

① 厂房设计时考虑物料气闸间，物流人流区分，气闸间设计合适的换气次数，设有互锁控制，同时做好气闸间传递过程中的分界线。

② 安装合适的传递窗。可根据物料的包装形式、传递的级别、与生产工艺关联的程度，选择相应功能的传递窗，比如 VHP 传递窗、自带风淋紫外装置的传递窗。

进入无菌工艺区域且可以采用物理方法灭菌的物品必须进行物理灭菌。物品进入无菌工艺区域应用最广的两个灭菌方法是湿热灭菌和 γ 射线照射灭菌。多层包装有屏障的物品以及带有多层可去除包装的物品被传递到更高级别时通常使用 γ 射线照射灭菌。如果湿热灭菌器不直接开向无菌工艺区域里面，使用多层外包的理念也同样适用于湿热灭菌。不能耐受湿热灭菌温度或辐照后物品传递时应使用净化工艺（如 VHP）或使用杀孢子剂进行全面消毒（喷涂或擦拭）。紫外线（UV）传递系统同样可用于降低物品的生物负荷，但它不应该被认为是一种灭菌方法。

③ 物料的包装密封形式。尽可能采用多层外包密封和快速转移形式传递物料。目前有带快速转移仓的不锈钢容器、铝箔纸或呼吸袋等方式。

④ 选择合适的消毒剂。应选择广谱的消毒剂用于物料传递过程中的消毒，同时考虑易于清洁、无污染。

⑤ 建立物料传递程序，传递程序内容应包括但不限于：

a. 传递物料的包装形式。

b. 传递过程中物料在气闸间、传递窗内净化的时间。

c. 根据传递物料的不同，选择合适的消毒方式。常用的消毒方式有喷洒、擦拭等，有时两种方式并用。喷洒能使得表面充分湿润，已有证据表明，用大液滴喷洒比小液滴喷洒更能使得表面湿润。细胞壁的饱和度和穿透性以及作用时间决定消毒剂效力，因此只要物体表面已经过合适的清洁，喷洒方式效果才能取得良好效果。喷洒不能清洁表面，因为它缺乏机械动作。持续的喷洒而没有机械的清洁动作将导致高残留水平、颗粒表面被包埋及物体表面恶化。并且由于净化剂无法接触生物污染物，会导致生物负荷水平升高。故一般情况下，传递过程应首先擦拭。另外，需要注意擦拭后存放的区域应与擦拭前的区域分开。

d. 传递过程中物料的摆放位置、摆放的最大数量。

e. 传递物料应有物料清单，且该清单应受控管理。

f. 传递物料的记录，记录包括物料名称、传递时间、传递数量、传递人员等。

⑥ 制定合适的环境监测管理规程。对于传递的房间、传递窗纳入日常监测管理，监测的频次、项目应基于风险评估的结果。

⑦ 使用 VHP 传递窗时，每种物品都必须定期进行验证。另外，物品摆放时应注意使物品暴露最大表面区域。

⑧ 建立微生物培养操作规程。

结合产品、工艺、洁净要求等因素，物料传递程序的设计还应考虑以下几点：

① 只有在物料传递验证过程中已列入批准清单的物料才能允许通过气闸或传递窗传递到 A 级或 B 级洁净区。用于 A 级洁净区的物料在通过 B 级洁净区时应受到保护。任何未经批准的物料如需传递均应按照例外情况预先进行批准，并采取适当的风险评估和风险控制

措施。

② 物料如需灭菌，应采用经验证的方法，灭菌后应采取适当的保护措施以防止再次污染。如果灭菌后的物料，企业不会立即使用，应将其适当密封包装，最长保存时间也应经过验证。当某物料用多层无菌袋包装时，如无菌袋包装的完整性和结构能够使其在传入 A 级洁净区时易于消毒（如多层无菌呼吸袋，且每转移到更高级别环境时可脱去一层），则其不需要保存在洁净间内。如使用密封袋包装进行保护，应在灭菌前完成包装。

③ 对于必须用于无菌工艺但不能进行灭菌的物料、设备、组件和辅助物品，应建立有效并经验证的消毒和传递程序。这些物品一旦消毒完成，应保护以防止再次污染。这些物品以及其他存在潜在污染途径的物品，应纳入环境监测程序中。

#### 5.2.2.3 物料传递基本流程

各种物料在进入洁净区前必须经过净化处理，简称"物净"。物料净化用室是物料在进入洁净区之前按照一定程序进行净化的房间。不同的物料具有不同的要求，简单的物净，一次净化即可，设置于非洁净区内；复杂的物净需要二次净化，在非洁净区完成一次净化后，要求在具备一定洁净度的室内进行二次净化，此次净化一般设于洁净区或与洁净区相邻的区域。

物料净化处理过程中，其路线与人员线路应尽可能分开。一般的物净程序为：物料→前处理→消毒→控制区。如果生产流水性很强，则采用直通式物料路线；对于生产流水性不强的场合，在物料路线中间可设中间库。

脱包室可分为脱外包室和脱内包室。物料脱去外包装是在脱外包室进行，通常设置在洁净室外侧，并对洁净区保持负压；脱内包室一般设置在洁净区内，配备有净化送风设施，并要求对洁净区保持负压。

**(1) 物料进入 C 级、D 级洁净区的一般程序**

① 生产物料　为防止物料对洁净区的污染，通常情况下物料进入 C 级、D 级洁净区的处理方式包括表面脱去外包装、消毒剂擦拭、风淋、紫外线灯照射等。

生产岗位人员接收物料应核对物料名称、批号等信息，确认无误后，对物料进行脱外包和表面清洁消毒，双层包装物料可在脱外包间脱去外层包装，使用丝光毛巾（或其他不脱落纤维的清洁布，下同）蘸取纯化水擦拭物料表面，彻底清洁物料外包装，要求无尘、无污迹，之后用丝光毛巾蘸取 75% 的乙醇溶液（或其他消毒剂），对物料表面进行消毒。此操作应尤其注意清洁和消毒物料表面的边角等不易清洁的部位。单层包装物料可直接进行擦拭清洁和消毒。

脱去的包装可放置于指定位置，等待集中处理。

处理后的物料放在指定位置（通常为已清洁消毒的托盘或转运车上），物料清洁消毒工作完成后，转运至缓冲间进行风淋和紫外线灯照射，经规定时间的风淋和紫外线灯照射后，关闭紫外线灯，填写相应的记录和台账后将物料转运至洁净区相应存放间备用。

② 非生产物料　在生产过程中，往往需要用到各种工具，如签字笔、悬浮粒子计数器、维修工具等。此类物品进入洁净区与生产用物料进入洁净区的处理方式类似，都是经过表面的清洁和消毒后再进入洁净区，不同的是物品进入洁净区时不经过物流通道，而是通过传递窗。将已清洁消毒的物品放入传递窗后开启风淋和紫外线灯，经规定时间的净化后，由洁净区内工作人员取出使用。

**(2) 物料进入 B 级洁净区的一般程序**

所有物料进入 B 级洁净区时应经灭菌处理，从而避免洁净区受到污染。传递方式应根据物料或物品的特性和工艺要求进行选择，常见的物料进入 B 级洁净区的传递方式有以下几种：

① 药液、注射用水、消毒剂等液体物料可以通过除菌过滤的方式进入 B 级洁净区；

② 西林瓶、安瓿瓶等包材可通过连续运行的除热原隧道烘箱进入 B 级洁净区；

③ 胶塞、洁净服、不锈钢工器具、过滤器等耐受高温的物料可采用湿热灭菌进入 B 级洁净区；

④ 手套、培养皿、尘埃粒子计数器等物品无法通过高温的方式进行灭菌，可将物品进行清洁后，使用 VHP 灭菌柜进行表面灭菌后传入 B 级洁净区；

⑤ 其他无法通过灭菌的方式进入 B 级洁净区的物品，如物品体积较大无法放入灭菌器或不耐高温的设备配件等，可在环境灭菌前进行清洁，放置于 B 级洁净区，与环境一同灭菌，待人员进入洁净区后使用；或有些物料不适合采用高温灭菌的可采用辐照灭菌，之后采用表面喷涂杀孢子剂和脱外包的方式传递进入 B 级洁净区。

应特别注意的是，企业如使用双扉灭菌器，应避免两侧柜门同时打开导致 B 级洁净区受到污染。

**(3) 物料传出洁净区**

物品物料传递出洁净区时应经专门的物流通道或传递窗正常退出洁净区即可，退出过程中应同样做好防护，避免对环境造成污染。

## 示例（供参考）：

×××药业有限公司
物料进出混粉间标准操作规程

1. 目的

为规范物料进出混粉间操作，特制定本操作规程。

2. 适用范围

本规程适用于物料进出混粉间的操作。

3. 定义

物料系指进入混粉间的所有与生产相关的物品，包括原辅料、无菌塑料袋、工器具及记录纸、消毒水、75％乙醇、无菌衣物、取样工具、标签、风速仪、尘埃粒子监测仪等。

4. 职责

混粉岗位人员负责此规程的执行。

5. 工作内容和控制方法

5.1 原料药进入混粉间

5.1.1 混粉岗位人员根据生产计划提前1~3天向原料药库开具"需料送料单"，原料药库根据原料药需求数量，指定专人将合格原料药送至外清间，关好外清间门，要求缓冲间和外清间的门不得对开。

5.1.2 送原料药人员将原料药送至外清间，用蘸有纯化水的清洁布擦拭原料药包装外表面，每擦6桶/袋后换一块干净毛巾，以保证清洁效果。清洁后的原料药放在白线内侧。

5.1.3 辅助确认送粉人员离开外清间后，在缓冲间的白线内侧逐袋/桶逐字核对原料药名称、批号和数量（如为复方原料药，需核对原料药总重是否与送料单总重一致），检查原料药袋/桶是否破损、是否密封，检查合格后，袋装原料药需去掉最外侧包装，用消毒液逐袋/桶擦拭原料药袋/桶表面一遍后，放在D级原料药专用车上，并填写"原料药传递记录"，检查过程中发现问题，应及时向技术员和质量员反映，等待处理。

5.1.4 辅助接完原料药后，关好缓冲间门，所接收原料药在缓冲间自净至少5min后，将原料药放至D级原料药暂存间不锈钢架上，挂上货位卡，注明厂家、品种、批号及数量，并填写"原料药接收、发放台账"。注意：辅助和送粉人员不得见面交接原料药。

5.1.5 辅助用消毒液擦拭原料药外表面及传递柜内壁，擦拭完毕后将原料药放入VHP传递柜中，启动VHP灭菌柜灭菌程序，灭菌程序结束后会自动报警。

5.1.6 混粉人员进入混粉缓冲间，打开VHP传递柜门接收原料药，首先按照混粉生产指令逐字核对原料药批号、数量，检查原料药袋/桶是否破损，是否密封，再用蘸有75%乙醇的清洁布擦拭原料药袋/桶一遍，擦好后整齐摆放在缓冲间的货架上，要求原药批号朝外放置，以便核对，同时清点数量。交接完毕确认无误后，在"混粉批记录中的混粉前检查表"上签字。检查过程中发现问题，应及时向技术员和质量员上报偏差，等待处理。

5.1.7 当VHP灭菌柜灭菌程序故障时，辅助用消毒液擦拭原料药外表面及传递柜内壁后，将原料药放入VHP传递柜中，往柜内喷入3~5mL丹尼尔消毒剂，打开风淋自净，关闭舱门，等3~5min，打开混粉B级缓冲间内舱门，将原料药桶/袋传递至缓冲间，用75%乙醇水溶液擦拭其外表面，桶装原料药打开紫外线灯照射30min，袋装原料药不用紫外线灯照射，备用。其原料药密封情况、批号等检查同5.1.6。

5.1.8 原料药全部进入缓冲间后，按照"混粉生产指令"上的内容核对每批原料药的数量是否正确。

5.1.9 传入的原料药袋/桶在使用前用蘸有75%乙醇的毛巾从上到下逐袋/桶擦拭原料药袋/桶表面一遍（清洁布以拧不出水为宜），擦拭后再传入手套箱内使用。

5.1.10 消毒液及75%乙醇更换原则：每擦拭8桶更换75%乙醇一次。

5.2 无菌塑料袋的传递

5.2.1 辅助人员从仓库领取整箱无菌塑料袋并运送至外清间，用蘸有纯化水的清洁布擦拭纸箱外表面后，将其放在白线内侧。

5.2.2 另一名辅助人员确认运送无菌袋人员离开外清间后，在缓冲间的白线内侧逐字核对无菌塑料袋名称、批号和数量，并确认无菌塑料袋在检验效期内，去掉纸箱，检查无菌塑料袋是否破损、是否密封，检查合格后，用消毒液擦拭外表面一遍后，放在D级原料药专用车上，并填写"D级洁净区物料传递记录"。若检查过程中发现问题，应及时向技术员和质量员反映，等待处理。

5.2.3 辅助人员关好缓冲间门，所接收的无菌塑料袋在缓冲间自净至少5min后，放至D级原料药暂存间不锈钢架上，挂上货位卡，注明名称、批号及数量。

5.2.4 辅助人员将无菌塑料袋脱去一层外包装袋后用消毒剂溶液擦拭外表面，人员用消毒剂擦拭传递柜内壁后，将无菌塑料袋放入VHP传递柜中，往柜内喷入3~5mL丹尼尔消毒剂，关闭舱门，等3~5min，打开混粉B级缓冲间内舱门，将无菌袋传递至缓冲间，用乙醇擦拭其外表面，打开紫外线灯照射30min，备用。

5.2.5 未开封无菌塑料袋的复验期为半年（以包装上的有效期为准），开封后的塑料膜在B级区的存放有效期为3个月。

5.3 工器具及记录纸的传递

混粉所需工器具及记录纸通过湿热灭菌柜灭菌后进入混粉间。

5.4 消毒水、75％乙醇进入混粉间

5.4.1 75％乙醇：在分装洁具间接过滤后的75％乙醇至专用乙醇桶中，用胶布将盖口密封好并做好标识（注明效期）后，通过分装传递柜转至原料药暂存间，然后用消毒剂擦拭外表面，并用消毒剂擦拭传递柜内壁后，放入VHP传递柜中，往柜内喷入3～5mL丹尼尔消毒剂，关闭舱门，等3～5min，打开混粉缓冲间内舱门，将乙醇传递至缓冲间，用乙醇擦拭外壁，打开紫外线灯照射30min，备用。

5.4.2 消毒水：混粉人员直接在缓冲间接过滤后的消毒水至盆中，第一盆废弃不用，从第二盆开始连续使用。

5.5 无菌衣物进入混粉间

5.5.1 辅助人员将衣物运至换鞋间，在脱衣间脱掉外层无菌塑料袋，打开通往更内衣间的门，将无菌塑料袋运至更内衣间。

5.5.2 辅助人员在更内衣间打开洁净大布袋，拿出分体无菌内衣，确认在无菌效期内，将无菌内衣放入专用柜内待用。

5.5.3 辅助人员将装有无菌外衣第二层袋拿出，递进更外衣间，在更外衣间打开装无菌外衣的洁净大布袋拿出连体无菌外衣，确认在无菌效期后，挂于更外衣间衣钩上待用。

5.6 取样工具、标签、风速仪、尘埃粒子监测仪等传入

5.6.1 质量员所用的取样勺、小瓶、胶塞，按照5.4.1乙醇桶传入步骤传入混粉间。

5.6.2 标签、风速仪、尘埃粒子监测仪等按照5.2无菌塑料袋的传递步骤传入混粉间。

5.7 物品退出混粉间

5.7.1 清洁消毒过程使用后的废弃的乙醇、消毒溶液通过传递柜退出缓冲间。

5.7.2 混后原料药或没有使用的单方原料药退出混粉间顺序：从混粉间到B级缓冲间，通过VHP传递柜退出到D级原料药暂存间，最后放在原料药车上。

5.7.3 空原料药桶和桶盖（空桶桶盖粘贴好/原料药袋装入无菌塑料袋中封好）、废弃的塑料袋通过B级缓冲间，再通过VHP传递柜退到原料药暂存间。

5.7.4 记录纸退出混粉间顺序：从混粉间到B级缓冲间，先抖动记录纸，再用干布擦拭记录纸表面后，通过VHP传递柜退出到D级原料药暂存间。

5.7.5 上述物品通过VHP传递柜退出到D级原料药暂存间后，向传递柜内喷入3～5mL丹尼尔消毒剂，关闭舱门，等3～5min后方可打开混粉缓冲间内舱门。

5.8 清场期间混粉机上的零部件进出混粉间

5.8.1 拆卸下来的吸粉管、出料盖、卡箍、密封圈等通过传递柜递入工器具清洗灭菌间用注射用水进行清洗操作。

5.8.2 清洗好的零部件放入蒸汽灭菌柜内灭菌，冷却至60℃以下后开启混粉间方向的灭菌柜门，混粉人员将零部件拿出使用。

5.9 注意事项

5.9.1 所有物料传递进入混粉间的过程填写"D级洁净区物料传递记录"或者"B级洁净区物料传递记录"。

5.9.2 原料药桶/袋上的标签擦拭顺序为：从标签中间往标签两侧延伸擦拭。

5.9.3 缓冲间只能存放一批混粉用的原料药。

5.9.4 物料传递过程中，各个房间两边的门不得对开，传递柜在不用期间将紫外线灯打开。传递柜在使用时，两边的门不得对开。

5.9.5 往传递柜中放物品时，先把传递柜上的紫外线灯关闭后，才能往其内放物品，放置完毕后再将紫外线灯打开。

5.9.6 混粉间与工器具清洗灭菌间之间的传递柜只能从混粉间传出物品用，严禁用于往混粉间传递物品。

### 5.2.3 物料传递验证

#### 5.2.3.1 物料传递验证前的评估

评估内容包括但不限于以下内容。

**(1) 物料的选择**

选择在物料传递过程中产生最大污染的物料作为测试对象。可采用矩阵的方式，筛选出测试对象，见表 5-1。

表 5-1 采用矩阵的方式筛选测试对象

| 物料类别 | 包装形式 | 物料名称 | 外表面清洁难易程度 | 对环境的污染风险级别 | 代表性物料选择 |
| --- | --- | --- | --- | --- | --- |
| 原辅料 | 塑料袋 | — | 表面光滑平整，易清洁 | 小 | — |

**(2) 难清洁点的分析**

根据物料不同、包装材质不同以及清洁各部位的难易程度不同，评估出验证过程中测试点位。

**(3) 测试的区域**

对于不同区域相同布局的房间，传递程序相同，可选择一个区域进行物料传递验证。

对于不同布局的房间，依据传递物品类别、换气次数、传递设施功能的不同，选择出同一类型的进行验证。

#### 5.2.3.2 验证程序

① 物料传递验证时，应使用物料传递规程中规定的消毒剂进行验证。

② 依据需要增加消毒剂的种类时，应将新消毒剂与现行消毒剂的消毒效果进行对比，以评估是否需要对物料传递程序再验证。

③ 物料传递的消毒方式包括表面擦拭、紫外线灯照射、消毒剂浸泡、消毒剂熏蒸等形式。

④ 物料传递验证时应严格按照物料传递规程进行传递操作。

⑤ 物品传递的微生物取样方法有棉签法和接触碟法两种，应根据所传递物品的形状选择取样方法及取样点位，同时根据所传递物品的大小适当选取取样点的数量。取样后应考虑取样过程中的污染风险，一般情况下取样后需要进行清洁消毒处理。

⑥ 桶装物料如原料药应对桶盖、桶脖、桶壁、桶底进行取样。

⑦ 袋装物料如胶塞、铝盖、一次性手套、无菌塑料膜等应对包装袋四角及中心进行取样。

⑧ 对于整车物料如小瓶需对不同的两个侧面及上表面进行取样。

⑨ 对于不能进行蒸汽灭菌的物料，应对其内、外表面进行取样。

⑩ 物料传递标准：物料传递至不同级别洁净区，其表面微生物水平应符合相应洁净区动态微生物污染限度。微生物污染限度见表 5-2。

表 5-2　微生物污染限度

| 洁净度级别 | A | B | C | D |
|---|---|---|---|---|
| 微生物污染限度/(cfu/碟) | <1 | 5 | 25 | 50 |

⑪ 物料传递至 B、C 级区经过 D 级缓冲间时，每次传递进 D 级缓冲间的物料应有明确的数量规定，同时应有明确的自净时间规定。

⑫ 自净开始前和自净结束后应对 D 级缓冲间进行悬浮粒子和微生物测试。其微生物水平应符合 D 级动态微生物污染限度，悬浮粒子应符合 D 级静态限度。

⑬ 验证物料传递程序时，对物料不同位置（特别是皱褶处、不易清洁的部位）进行的表面微生物取样，每个取样点的监测结果（包括阴性对照）均符合相应级别要求，方可认为通过。

⑭ 验证时物料传递程序需重复进行三次，三次均合格则验证成功；测试结果不符合标准，按照偏差管理处理；如需变更传递程序，应按照变更控制进行处理。

⑮ 验证物料传递程序时，应选用与正常使用情况下相同的物料作为样品，进行取样。

⑯ 当物料传递程序发生变更时，应在充分评估后决定是否进行再验证。

# 第 6 章 清洁验证与空间消毒验证

## 6.1 清洁验证

### 6.1.1 概述

清洁验证是药品、生物制品等行业所必须进行的工作。清洁验证对于降低药品对生产设备的污染可能性有着重要作用。它证明了合适的清洁工艺可以持续充分地除去生产设备上/系统中产品残留、工艺残留和环境污染，所以该设备/系统可以安全地生产后续产品（相同或不同产品）。不论是从监管还是行业的立场来看，清洁验证都被认为是一项能够使产品交叉污染受到控制，保证患者安全性和产品质量的重要工作。在 GxP 合规要求的大环境下，清洁验证已经成为一项必须投入大量资源和时间来持续进行的活动。

### 6.1.2 主要术语

清洁验证中有很多专用术语及缩写，为了方便理解清洁验证章节的内容，下面列出清洁验证相关的主要术语。

**基于健康的暴露限值（HBEL）**：一种日剂量或一种物质，在该剂量或低于该剂量，无论通过哪一种给药途径，即使终身使用也不会产生任何不良影响。

**允许日暴露量（PDE）**：一种物质特定剂量，如果一个人一生中每天接受该剂量或低于该剂量都不太可能造成不良影响。

**每日可接受暴露量（ADE）**：一种剂量，如果一个人，不管通过任何途径，在其一生中每天接受该剂量或低于该剂量的药品，也不太可能造成不良影响。

**可耐受的日摄入量（TDI）**：国际化学品安全方案（IPCS）中用于阐述毒性化合物的暴露限度。

**可接受的日摄入量（ADI）**：是世界卫生组织（WHO）及一些国家和国际卫生组织所用的术语。

**未观察到不良反应的作用水平（NOAEL）**：在一项研究中给予的最高暴露水平，在这项研究中,暴露人群与其适当对照组之间不良反应发生频率或严重程度在统计学或生物学上没有被观察到有显著变化;可能产生一些反应,但是这些反应不被认为是不良的,或者是不良反应的前奏。

**未观察到反应的作用水平(NOEL)**:在一项研究中给予的暴露水平,在这项研究中,暴露人群与其适当对照组之间不良反应发生频率或严重程度在统计学或生物学上没有被观察到有显著变化。

**观察到不良反应的作用水平(LOAEL)**:在一项研究中给予的最低暴露水平,在这项研究中,暴露人群与其适当对照组之间不良反应发生频率或严重程度在统计学或生物学上都被观察到有显著变化。

**观察到反应的最低作用水平(LOEL)**:在一项研究中给予的最低剂量或者暴露水平,在这项研究中,与适当的未暴露对照组比较,在暴露人群中观察到了统计学或生物学上显著影响,该对照组表明了暴露人群与其适当对照组之间的作用。

**最大允许携带量(MACO)**:工艺残留物(API、清洁剂、降解产物及类似物品)残留至下一产品,不会对患者造成明显健康风险的最大残留数量。

**专用设备**:专门用于一种制剂、原料药或中间体生产的设备。

**生产后保持时间(DHT)**:生产结束至清洁过程开始的时间(也叫"脏污保持时间")。

**清洁保持时间(CHT)**:指从清洁工艺结束至设备再次使用的时间。

**阶段性生产**:多个批次的同一产品在同一设备上连续加工。

**分组策略**:是指根据同类产品或类似设备建立类似的清洁工艺的策略,主要根据代表性的产品/设备的验证数据来验证该清洁工艺。

**半数致死量($LD_{50}$)**:动物实验中导致50%死亡的剂量。

**限度**:指某一残留物水平,超过该数值,则该清洁工艺不符合要求。

**回收率研究**:结合取样方法和分析方法确定特定表面上残留物定量回收率的实验室研究。

**残留物**:清洁后残留在设备表面的化学物质或微生物。

**最差工艺条件**:指在标准的操作程序中包含工艺限度和工艺条件上下限的一个或一组工艺条件。与理想条件比较,产品或工艺会产生最大的失败机会(这些条件不一定会引起产品或过程失效)。

### 6.1.3 清洁法规/指南

尽管各国法规对清洁验证有所不同,但它们在一般原则上是一致的,以确认药品安全、有效并且不受其他成分或污染物的污染。表6-1包含经常使用的清洁验证相关的法规/指南文件,这些文件描述了对合规清洁过程的期望,供进一步学习参考。

表6-1 常用清洁验证相关的法规/指南

| 国家/组织 | 法规/指南 |
| --- | --- |
| 中国 | 中国GMP 第7章 确认与验证(2010年修订) |
| | 中国GMP 附录15 确认与验证(2010年修订) |

续表

| 国家/组织 | 法规/指南 |
|---|---|
| 欧盟 | 在共用设施中生产不同药品使用风险辨识建立健康暴露限度指南(2014年11月) |
| | 欧盟 GMP 指南 第5章 生产(2015年3月) |
| | 欧盟 GMP 指南 附录15 确认与验证(2015年10月) |
| | 基于风险防止药品生产中交叉污染以及"共用设施中不同药品生产风险识别所用基于健康的暴露限设定指南"实施问答(2018年4月) |
| 美国 | 清洁工艺验证检查指南(1993年) |
| | 行业指南：工艺验证 一般原则与规范(2011年) |
| ICH | Q7 原料药 GMP 指南(2000年11月) |
| | Q9 质量风险管理(2009年11月) |
| PIC/S | 验证主计划,安装运行确认,非无菌工艺验证,清洁验证,PI 006-3(2007年9月) |
| | 检查基于健康的暴露限值(HBEL)评估和在质量风险管理中的使用,PI 052-1(2020年6月) |
| WHO | 清洁验证中包括基于健康的暴露限值(HBEL)时的考虑要点(2021年3月) |
| ISPE | 清洁验证生命周期 应用、方法和控制(2020年9月) |
| APIC | APIC 指南,关于活性药物成分工厂中清洁验证的各个方面(2021年4月) |
| ASTM | ASTM E3219-20 基于健康的暴露限值(HBEL)推导的标准指南(2020年) |
| PDA | PDA 技术报告 29 清洁验证要点(2012年) |
| | PDA 技术报告 49 生物制品清洁验证要点(2010年) |

## 6.1.4 清洁验证生命周期

在药品生产企业中，清洁被认为是一种很关键的工艺。传统的清洁验证着重于确认清洁程序的适用性，然而，当前的实践认识到更好的方法是将清洁验证以生命周期的方式来对待，将实施清洁确认转变为清洁工艺设计、清洁工艺确认和持续清洁工艺确认3个阶段。

**阶段1**：清洁工艺设计指清洁工艺是通过开发和放大活动过程中获得的知识来确定的。

**阶段2**：清洁工艺确认指清洁工艺用来证明该工艺在开发和设计时能够以可重复的方式产生预期的结果。

**阶段3**：持续清洁工艺确认指确保关键的清洁工艺变量都被监测到，而且工艺在一个受控的状态下运行。

### 6.1.4.1 清洁工艺设计

在工艺设计阶段，需要设置清洁工艺变量并对工艺参数的关键性进行评估，完成CIP循环开发和放大活动。进行小试、中试或实验室研究以支持定义清洁工艺的开发工作。清洁工艺的设计工作可以记录在验证策略文件或计划中。

清洁工艺设计需着重考虑的要素有如下几点。

**(1) 残留物特性**

进行评估以确定要清洁的污物的特性（产品、赋形剂、位置、清洁剂、染料、异物等）。评估中考虑了诸如溶解度、浓度、可清洁性以及残留物降解或失活的条件等方面。

**(2) 选择清洁剂**

选择清洁剂是清洁工艺开发的第一步，可以有很多的选择（如水、溶剂、化学药品、配制好的清洁剂）。了解需要清洁的物品（产品、残留物、细胞生长介质、蛋白质、染料等）以及要清洁的表面材质类型，将有助于选择适合该应用的清洁剂。清洁剂应与待清洁表面的材质相容，并具有适当的溶解性，能疏松要去除的产品或具有影响污物特性的能力。一些清洁剂在清洁程序中被认为是残留物，需要在已建立的清洁限度下清除。清洁剂的选择应通过实验室研究来证明，该研究应考虑待清洁物的类型和条件、清洁剂参数（如时间、作用浓度、温度）以及所使用的清洁方法。选择清洁剂的另一个考虑因素是清洁剂对活性物质的降解程度。降解程度可能会影响毒性评估以及支持清洁过程所需的分析方法。

**（3）选择清洁工艺变量和接受标准的判断**

清洁工艺参数的识别以及对工艺效率至关重要的参数的合理性考虑是此阶段中需要定义的重要因素。典型参数包括：清洁剂的浓度（如果不止一种清洁剂，清洁剂的添加次序）、容量、温度、时间、清洁剂作用力度（物理手段去除残留物的速度）、需要的清洁循环周期次数、最初设置的漂洗循环周期、再循环清洗、排气或干燥循环周期时间。

可直接影响清洁方法有效性的工艺参数应视为关键参数，其目的是通过定义关键参数的正常工作范围来了解参数之间的相互作用以及确定预期工作范围内的任何故障点来定义清洗工艺过程。实验设计方法（DOE）可用于确定自动化系统中清洁工艺参数的最佳范围，以防止过度延长清洁设备所需的时间。DOE 还可以加快 CIP 循环参数的开发。短而有效的清洁工艺将最大限度地提高生产能力和整体生产率。应将安全系数或意外事件添加到最佳生产率周期中，以确保始终满足安全 HBEL 值。

**（4）选择清洁方法**

在阶段 1 进行清洁方法的选择，例如：清洗手册、在线清洗、在位清洗、浸泡、超声波处理、加压冲洗、淋洗、预清洗处理、清洁剂浸泡。

**（5）审核设备设计和目视检查流程**

需要根据设备设计和检查程序对实验室和中试研究中积累的知识进行评估，以确保正确的应用和实施的建议。设备设计和检查程序注意事项包括：覆盖率测试（如核黄素测试）、实验室测试结果、设备表面状况（如无划痕、无红锈）、管道排水、压痕/凹陷、表面抛光度、目视检查水平、罐体内部结构、材质等。

**（6）确定残留物限度和整体接受标准**

在评估其他参数之前，应设定残留限度的接受标准。整体的清洁接受标准应包括不超过 HBEL、清洁限度（包括确保清洁过程控制的操作水平）、微生物控制参数以及对选定的清洁表面进行成功的目视检查。

**（7）选择分析方法**

选择分析方法时要考虑到方法的选择性（针对特定产品的方法）、LOD 或 LOQ 以及方法的验证状态。使用前应验证所有方法，优选特定的方法。但是，如果无法测试特定的产品残留，则可以选择其他代表性参数，如 TOC。

TOC 法已经逐渐被制药行业所接受，使得整个行业的清洁验证的严格性得到了显著提高，也越来越符合行业的整体要求。TOC 法的普适性为制药企业节省了时间和人力成本。科学、合理、可行的清洁验证过程，确保了药品安全生产所需要的清洁度。总有机碳（TOC）由专门的仪器——总有机碳分析仪（TOC 分析仪）来测定。TOC 分析仪是将水溶液中的总有机碳氧化为二氧化碳，然后测定其含量。利用二氧化碳与总有机碳之间碳含量的对应关系，从而对水溶液中总有机碳进行定量测定。目前 TOC 法多采用离线检测，而为了提升制药企业清洁验证与设备放行的效率，未来，在在线清洗（CIP）过程中结合 TOC 分析仪进行在线清洁验证将是一种发展趋势。在 CIP 过程最后通常会使用注射用水（WFI）进行最终淋洗，最终淋洗后的水进行再循环，同时引流入 TOC 分析仪，检测电导率和 TOC 水平。图 6-1 中所示的 Sievers M9 便携式 TOC 分析仪可同时检测 TOC 与电导率。在此分析过程中，TOC 分析仪与 PLC（可编程逻辑控制器）或 SCADA（数据采集与监视控制系统）通信，提供实时检测结果，可对经过清洁验证后的设备予以实时放行。

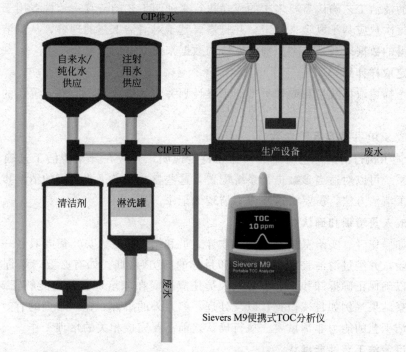

图 6-1　CIP 清洗中使用 TOC 进行在线清洁验证的流程示意图

**（8）选择微生物限度测试方法**

在这一阶段定义了适当的微生物方法的选择，初始警戒限和行动限值的确定，抽样方法的合理性和选择以及必要的回收率研究。

**（9）定义取样方法和回收率研究**

在清洁工艺开发过程中确定合适的取样方法。

### 6.1.4.2　清洁工艺确认

清洁工艺确认需着重考虑的要素有如下几点。

**（1）确定设备、分析方法和公用系统的就绪状态**

在验证之前，需要对设备、公用工程系统和其他支持系统进行确认，设备确认是在清洁验证活动之前进行的，包括挑战和测试，以验证设备是否按设计进行建造，是否正确安装以及是否在其所需功能范围内按预期运行。执行确认方案以记录设备准备情况。对于清洁工艺而言，重要的是验证喷淋装置的正常运行及其覆盖范围。可视化试剂试验（如核黄素测试）可有效地确认喷嘴的覆盖范围。自动化和计算机化系统（可编程逻辑控制器、CIP 自动化系统等）也需要完成确认工作。在开始清洁性能确认之前，需要完成这些确认活动。

与清洁工艺相关的公用设施系统和相关的分配系统需要确认，这些系统包括水系统、洁净蒸汽和气体（例如氮气和压缩空气等）。

分析方法的准备情况包括确定需要验证的分析方法以及将这些方法转移到适当的测试实

验室。通过冲淋或擦拭取样的方法也应得到验证。

**(2) 确定验证策略，包括清洁验证方案和运行次数**

它们包括在受污染的设备上执行清洁工艺确认，以证明清洁工艺的有效性和可重复性，方案应定义并证明清洁验证运行的次数、CHT、DHT 和干燥时间作为清洁工艺的一部分。

一个好的清洁工艺确认需要多次的成功执行来证明工艺的持续一致性；用于验证清洁程序的确认执行次数应基于风险来制定，并且需要基于对清洁工艺的理解，从清洁工艺的设计和开发中获得的数据以及来自类似清洁方法的数据来建立书面依据。

**(3) 确定取样计划**

确定一个描述取样数量和取样类型的采样计划并将其集成到清洁性能确认的方案中，以供执行。

**(4) 完成 SOP 并确定系统参数**

SOP 描述了执行清洁工艺所需的步骤和特定说明，并应在开始清洁工艺确认之前得到批准。自控系统可以对适当参数进行系统配置，这些参数定义了要执行的清洁步骤顺序。这些参数定义了清洁方法，需要将这些内容清楚地记录。

**(5) 完成人员培训和确认**

人员（如操作者、实验室技术人员、取样人员和结果观察人员）需要具备一定的教育背景和工作经验，并经过清洁验证相关方案和目标的 SOP 培训。如有必要，培训计划应包括操作细节，以确保正确拆卸和组装设备。人员还应接受在职培训，以便能够正确执行程序，正确记录观察结果（例如目视检查）以及处理一些意外的事件。在职培训的有效性对于记录书面执行清洁工艺的能力非常重要。执行确认之前需要完成相关的培训工作。

**(6) 执行清洁工艺性能确认**

执行批准的清洁验证方案并记录数据（如参数、观察值、CIP 周期开始/停止）以对关键的清洁方法工艺过程、关键参数和验收标准进行评估。

**(7) 完成最终清洁验证报告**

最终验证报告常包括如下内容：报告批准、执行方案、清洁验证研究中涉及的一些产品清单和设备清单、经过验证的参数和范围、参考的一些用到的清洁程序、验证过程中失败和调查的讨论（目视和分析结果）、持续工艺验证和定期回顾的计划、结论等。

一个重要的考虑因素应该是对清洁工艺中的危害和控制措施相关的最终风险的评估。未来对设备或产品引起的变更需要进行持续的分析评估，尤其是对于低 HBEL 产品。如果认为最终风险水平的评估是不必要的，则应在验证报告中记录理由。在发布最终报告之前，可能会发布临时报告。临时报告类似于最终报告（包括质量检查批准），只不过它与清洁计划中的某些确认工作有关。

### 6.1.4.3 持续清洁工艺确认

在本阶段，清洁工艺持续监控用来确保清洁程序在一个受控的状态下运行，本阶段主要包括如下几个方面。

**(1) 进行中的清洁监控**

通过工艺监控，可以监测到一些未列入计划内的偏离事件。来自工艺监控的数据应趋向于清洁方法性能的变化。监控程序应基于风险并注意通过清洁验证来建立危害和置信度。监控程序可以是清洁工艺性能确认期间使用的测试的子集，应包括取样计划，并应列出所有要使用的分析方法。

**(2) 定期审查**

作为验证生命周期的一部分，对清洁工艺状态进行全面评估。审查的目的是证明清洁工艺持续保持在经过验证的控制状态中，如果发现清洁工艺过程失控，则定期检查的结果可能包括有关工艺改进或重新验证的建议。

**(3) 额外控制**

经过验证的清洁工艺将按照变更控制程序进行维护。制定了预防性维护计划使设备保持运行状态。此外，代表清洗工艺失败的意外事件将被记录为偏差。例如，在按照已批准的程序进行重新清洁之前，必须文件化记录一次不符合接受标准的人工清洁实践。该程序应指出一项调查要求，即跟踪所有性质相似的故障并得出趋势，以进一步确定根本原因，以便采取适当的纠正和预防措施，而不仅仅是重复清洁直到满足所有接受标准。研究这些偏差以评估可能的原因和纠正措施，以使清洁工艺回到正常控制状态。预防性维护和校准程序可确保设备和仪器正确运行并处于已校准状态。

# 6.2 空间消毒验证

制药企业常见的空间消毒方式一般为甲醛消毒、臭氧消毒、VHP 消毒以及气态二氧化氯消毒等化学方法。与喷雾、浸泡、擦拭消毒法所使用的消毒剂有所不同，空间消毒所使用的消毒剂均为气态或经二次加工而成的汽态形态，不易进行消毒效力的验证，而直接采用消毒效果确认来进行空间消毒验证。空间消毒效果验证的目的是证明已批准的消毒操作程序适用于相关洁净区的空间消毒，并能达到预期的消毒或灭菌效果。本节着重介绍药企使用率较高的臭氧消毒以及 VHP 消毒方式的验证。

## 6.2.1 臭氧消毒效果验证

臭氧作为一种广谱的杀菌剂，可杀灭细菌繁殖体和芽孢、病毒、真菌等。臭氧的优势是氧化能力和杀菌能力极强，不产生任何残留毒物，具有广谱性和经济性，操作简单，目前被广泛应用于制药行业的洁净室消毒中。

**(1) 臭氧发生器的安装确认**

现场检查确认臭氧发生器的安装环境、安装位置、规格、型号、公用系统（稳定的电源、洁净的压缩空气、流量充足的冷却水）以及设备的管路、阀门等安装是否符合设计要求，以保证臭氧发生器能正常运转。

**(2) 臭氧发生器的运行确认**

操作功能确认：按照设备操作手册（如已编写操作维护 SOP，则以操作维护 SOP 为准）检查设备的操作情况，确认设备的操作及功能和设备操作手册一致。

运行能力确认：检查并确认臭氧发生器运行能力是否符合设计要求。将臭氧发生器的运行频率（或臭氧发生浓度设定）调整到 50%、100% 运行状态，并分别测试臭氧发生器出口的臭氧浓度，测试的臭氧浓度应和设备标注能力匹配。

检查臭氧发生器管路、阀门、密封圈等是否有可见泄漏等缺陷，发生器周围环境中臭氧泄漏量应不大于《臭氧消毒器卫生要求》(GB 28232—2020)规定的 $0.1\text{mg/m}^3$。

**(3) 臭氧消毒效果确认**

作为待确认的洁净区臭氧消毒程序，必须是已经设计及程序开发并且为生效状态（已获得批准）的操作程序。臭氧消毒效果确认测试项目如下：

① 消毒程序确认　对选定区域按照臭氧发生器 SOP 执行消毒操作，记录所选配方参数（如臭氧发生浓度、臭氧消毒时间等），确保与 SOP 中要求一致。

② 臭氧浓度确认　选取以下房间作为拟测试消毒浓度的房间：净化空调洁净送风最远端的房间、换气次数最低的房间、关键工艺房间等。

消毒过程中，使用经校准合格并在校准效期内的合适精度与量程的臭氧浓度检测仪对以上房间进行臭氧浓度的监测，记录消毒程序全部过程的臭氧浓度数据，各房间臭氧浓度应符合消毒操作规程中规定的臭氧消毒浓度（一般按照《消毒技术规范》的要求：浓度不低于 $20\text{mg/m}^3$），并且在规定浓度以上保持的时间也不应少于消毒操作规程中规定的最短时间（一般按照《消毒技术规范》的要求，时间不低于 30min）。

③ BI（生物指示剂）挑战测试　对于空间臭氧消毒程序，通常采用特定生物指示剂挑战的方式证明其消毒效果。由于臭氧在房间内的分布可能受到空间结构、房间内人员操作及设备的影响，所以需要采取风险评估的方式来确定指示剂的布点位置。可通过以下因素进行分险评估：不同的高度、气流死角位置以及关键工艺操作位置。

对目标区域进行臭氧消毒前，将含菌量为 $10^3\text{cfu}/$片的黑色枯草芽孢杆菌的生物指示剂布置在被测试房间的风险点位与关键点位，使生物指示剂完全暴露在环境中，以便于臭氧消毒过程中能够作用到生物指示剂上。

臭氧消毒程序结束后，回收生物指示剂，按照生物指示剂的培养要求进行培养，同时进行阴性和阳性对照试验。如每个测试点的指示剂培养结果均为阴性（即杀灭对数值均 ≥3.00)，且阳性对照培养结果为阳性，则判定为臭氧消毒合格。

④ 排空效果（臭氧残留）确认　臭氧消毒结束，通过指定时间新风置换后，洁净室内的臭氧浓度不得高于 $0.16\text{mg/m}^3$。

## 6.2.2　VHP 灭菌效果确认

汽化过氧化氢灭菌技术，是利用过氧化氢在常温下气体状态比液体状态更具杀孢子能力的优点，经生成游离的高活性的羟基，用于进攻细胞成分，包括脂类、蛋白质和 DNA，达到完全灭菌要求的一种技术。目前 VHP 灭菌法主要分为湿法（微冷凝）和干法两种灭菌技术。干法具有浓度低、杀菌能力高的优点，而湿法的优点在于灭菌周期短、对环境的要求低。

**(1) VHP 发生器的安装确认**

现场检查确认 VHP 发生器的安装环境、安装位置、规格、型号、公用系统（稳定的电源、洁净的压缩空气）以及关键部件的安装情况是否符合设计要求，以保证 VHP 发生器能够正常运转。

**(2) VHP 发生器的运行确认**

操作功能确认：按照设备操作手册（如已编写操作维护 SOP，则以操作维护 SOP 为准）检查设备的操作情况，确认设备的操作及功能和设备操作手册一致。

控制准确性确认：检查并确认VHP发生器的灭菌程序的步骤、各阶段和过渡点是否控制准确。

检查VHP发生器的管路、阀门、密封圈等是否有可见泄漏等缺陷，发生器周围环境中VHP泄漏量应不大于$1\mu g/mL$。

**（3）VHP灭菌效果确认**

作为待确认的洁净区VHP灭菌程序，必须是已经过设计及程序开发并且为生效状态（已获得批准）的操作程序。VHP灭菌效果确认测试项目如下：

① 灭菌程序确认 对选定区域按照VHP发生器SOP执行灭菌操作，记录所选配方参数（如压缩空气流速、湿度、过氧化氢注入速率、蒸发盘温度、通风时间等），而对于集成式VHP发生器的灭菌方式，还需要确认BMS系统中灭菌模式的配方参数，确保与SOP中要求一致。

② BI（生物指示剂）挑战测试 对于VHP空间灭菌程序，通常采用特定生物指示剂挑战的方式证明其灭菌效果。由于VHP在房间内的分布可能受到空间结构、房间内人员操作及设备的影响，所以需要采取风险评估的方式来确定指示剂的布点位置。可通过以下因素进行分险评估：不同的高度、气流死角位置以及关键工艺操作位置，如图6-2所示。

(a) 房间上角落位置

(b) 房间下角落位置

(c) 气流死角位置

(d) 关键工艺操作位置

图6-2 BI（生物指示剂）挑战测试的位置

对目标区域进行VHP灭菌前，将含菌量为$10^6 cfu/$片的嗜热脂肪芽孢杆菌的生物指示剂布置在被测试房间的风险点位与关键点位，使生物指示剂完全暴露在环境中，以便于VHP灭菌过程中能够作用到生物指示剂上。

VHP灭菌程序结束后，回收生物指示剂，按照生物指示剂的培养要求进行培养，同时进行阴性和阳性对照试验。如每个测试点的指示剂培养结果均为阴性（即杀灭对数值均≥6.00），且阳性对照培养结果为阳性，则判定为VHP灭菌合格（见图6-3）。

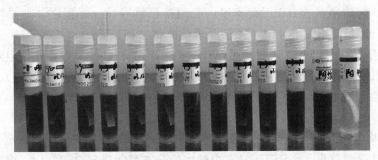

图6-3　生物指示剂培养结果对比（右一为阳性对照）

③ CI（化学指示剂）测试　化学指示剂可与一定浓度的VHP发生化学反应，产生颜色变化，从而能定性指示特定点位的VHP浓度与持续时间。

对目标区域进行VHP灭菌前，将CI与BI同步布置在被测试房间的风险点位与关键点位，使指示剂完全暴露在环境中，以便于VHP灭菌过程中能够作用到指示剂上。

灭菌程序结束后，回收化学指示剂并观察变色情况，如每个测试点的指示剂颜色变化符合要求，并且各点位之间颜色变化一致，则可判定VHP浓度符合要求且在房间内分布均匀（图6-4）。

图6-4　化学指示剂变色结果对比（最后一支为对照样）

需要注意：CI测试只作为灭菌效果的辅助测试来应用，作用是指示空间内的VHP分布情况，不能代替生物指示剂挑战。

④ 排空效果（VHP残留）确认　VHP灭菌结束，通过指定时间新风置换后，洁净室内的VHP浓度不得高于$1\mu g/mL$。

对于使用移动式VHP发生器的灭菌方式，需在每个房间进行浓度监测；而对于使用集成式VHP发生器的情况，宜选取以下房间作为测试灭菌浓度的房间：净化空调洁净送风最远端的房间、换气次数最低的房间、关键工艺房间等。

## 参考文献

[1] 中华人民共和国国家卫生和计划生育委员会. 药品生产质量管理规范（2010年修订）［Z］. 2011.
[2] EU. Guidelines to Good Manufacturing Practice［Z］. 2009.
[3] ICH. Good Manufacturing Practice Guide for Active Pharmaceutical Ingredients Q7. Edition 2［Z］. 2016.
[4] ISPE. Pest Control Handbook Edition［Z］. 2010.
[5] ISPE. Guide Cleaning Validation Lifecycle-Applications，Methods&Controls［Z］. 2020.
[6] PDA. Points to consider for Cleaning Validation［Z］. 2012.
[7] ISPE. GUIDE：Cleaning Validation Lifecycle-Applications，Methods，and Controls［Z］. 2016.
[8] GB/T 38502—2020. 消毒剂实验室杀菌效果检验方法［S］.
[9] GB 15981—2021. 消毒器械灭菌效果评价方法［S］.
[10] 中华人民共和国卫生部. 消毒技术规范（2002年版）［Z］. 2002.
[11] 美国药典43＜1072＞章节 消毒剂和防腐剂. 2020年11月.
[12] 美国药典43＜1116＞章节 洁净室和其他控制环境的微生物评价. 2020年11月.
[13] PDA. Fundamentals of Cleaning and Disinfection Programs for Aseptic Manufacturing Facilities［Z］. 2015.
[14] ISPE. Baseline Guide："Water and Steam Systems"［Z］. Edition 3. 2019（9）.
[15] ISO. ISO 22519：2019 Purifiedwater and water for injection pretreatment and production systems［Z］. edition 1. 2019（6）.
[16] EMA. Guideline on the quality of water for pharmaceutical use［Z］. 2018（11）.
[17] EMA. Questions and answers on production of water for injections by non-distillation methods［Z］. 2017.
[18] Tim Sandle，Dr. & PhD. Design & Control of Pharma Water System to Minimize Microbiological Contamination［J］. Pharmaceutical Engineering. 2017（8）.
[19] Nissan Cohen，Brian L. Johnson. Performance & Validation of Ozone Generation for Pharma Water Systems［J］. Pharmaceutical Engineering. 2017（8）.
[20] © ECV • Editio Cantor Verlag, Aulendorf（Germany）. Pretreatment and Production System "Microbiological Study of a New Design of PW/WFI" Shlomo Sackstein［Z］.
[21] www.tcetoday.com, Purer, greener water Steve Willis charts the benefits of continuous electrodeionisation［Z］.
[22] ［美］Tim Sandle，等. 无菌和灭菌工艺［M］. 中国医药设备工程协会，译. 北京：中国标准出版社，2022.
[23] 时钧，袁权，高从堦，等. 膜技术手册［M］. 北京：化学工业出版社，2001.
[24] 叶婴齐，梁光宇，葛宝英，等. 工业用水处理技术［M］. 上海：上海科学普及出版社，2004.
[25] 钱应璞. 制药用水系统设计与实践［M］. 北京：化学工业出版社，2001.
[26] 鄂学礼，凌波副. 饮用水深度净化与水质处理器［M］. 北京：化学工业出版社，2004.
[27] GB 50457—2019. 医药工业洁净厂房设计标准［S］.
[28] 杜邦. 反渗透和纳滤膜元件产品与技术手册2020版［Z］. 2022.
[29] 窦照英. 工业清洗及实例精选［M］. 北京：化学工业出版社，2013.
[30] 梁治齐. 实用清洗技术手册［M］. 北京：化学工业出版社，2005.
[31] Professional M. Laboratory Glassware Reprocessing.
[32] 乔建芬. 织物清洗技术［M］. 上海：东华大学出版社，2011.
[33] 李金桂. 清洗剂、除锈剂与防锈剂［M］. 北京：化学工业出版社，2011.
[34] 丰云. 化学清洗技术及应用案例［M］. 北京：化学工业出版社，2018.
[35] Morgan J J, Stumm W. Water In Encyclopedia of Chemical Technology［M］, 4th ed., vol. 25. New York：John Wiley and Sons，1998：383-388.
[36] Rosen M J. Dispersion and aggregation of solids in liquid media by surfactants. In Surfactants and interfacial phenomena［M］. New York：John Wiley and Sons. Inc. 1978：251-271.
[37] Rosen M J. Reduction of surface and interfacial tension by surfactants. In Surfactants and Interfacial Phenomena［M］. New York：John Wiley and Sons. Inc. 1978：149-173.

［38］ Rosen M J. Wetting and its modification by surfactants. In Surfactants and Interfacial Phenomena. New York：John Wiley and Sons. Inc. 1978：174-199.

［39］ Mid Atlantic. Region Inspection Guide：Cleaning Validation ［M］1992.

［40］ Points to Consider for Cleaning Validation ［R］. Parenteral Drug Association Technical Report No. 29，1999.

［41］ CEFIC/APIC. Guide to Cleaning Validation in Active Pharmaceutical Ingredient Manufacturing Plants ［Z］. 1999.

［42］ European Chemical Industry Council/Active Pharmaceutical Ingredients Committee（CEFIC/APIC）. Guidance on Aspects of Cleaning Validation in Active Pharmaceutical Ingredient Plants ［Z］. 2000.

［43］ Points to Consider for Cleaning Validation ［R］. Parenteral Drug Association Technical Report No. 29，2012.

［44］ Points to Consider for Biotechnology Cleaning Validation ［R］. Parenteral Drug Association Technical Report No. 49，2010.

［45］ World Health Organization. Supplementary Guidelines on Good Manufacturing Practices（GMP）：Validation ［R］. Annex 3 Cleaning Validation. 2005.

［46］ ISPE. Baseline Guide Vol 7：Risk-Based Manufacture of Pharma Products ［Z］. Edition 2. 2010.

［47］ Stewart J C，Seiberling D A. Clean in place. Chemical Engineering ［J］. 1996：72-79.

［48］ Seiberling D A. Alternatives to conventional process/CIP design for improved cleanability. Pharrnaceutical Engineering ［J］. 1992：16-26.

［49］ Adams D G，Agarwal D. CIP system design and installation. Pharmaceutical Engineering ［J］. 1990：9-15.

［50］ PDA Biotechnology Cleaning Validation Subcommittee. Cleaning and cleaning validation：A biotechnology perspective ［M］. Bethesda Md. USA：Parenteral Drug Asso-ciation，1996：65-84.

［51］ PDA Biotechnology Cleaning Validation Subcommittee. Cleaning and cleaning validation：A biotechnology perspective ［M］. Bethesda Md. USA：Parenteral Drug Association，1996：85-87.

［52］ EMA/INS/GMP/443117/2017 GMP/GDP Inspectors Working Group. Questions and answers on production of water for injections by non-distillation methods-reverse osmosis and biofilms and control strategies ［Z］，2017.

［53］ Davey M E，O'Toole G A. Microbial biofilms：From ecology to molecular genetics ［J］. Microbiol. Mol. Biol. Rev，2000，64：847-867.

［54］ Kolenbrander P E, Palmer R J, Periasamy S, Jakubovics N S. Oral multispecies biofilm development and the key role of cell-cell distance ［J］. Nat. Rev. Microbiol，2010，8：471-480.

［55］ Sutherland I W. The biofilm matrix-An immobilized but dynamic microbial environment ［J］. Trends Microbiol，2001，9：222-227.

［56］ Ken Welch. A Method for Quantitative Determination of Biofilm Viability ［J］. Journal of Functional Biomaterials. 2012，3：418-431.

［57］ Mah T F C，O'Toole G A. Mechanisms of biofilm resistance to antimicrobial agents ［J］. Trends Microbiol. 2001，9：34-39.

［58］ Chen X，Philip S. STEWART1. Biofilm Removal Caused by Chemical Treatments ［J］. Wat. Res. 2000，34（17）：4229-4233.

［59］ Poliana de Castro Melo. Comparison of methods for the detection of biofilm formation by Staphylococcus aureus isolated from bovine subclinical mastitis ［J］. Brazilian Journal of Microbiology，2013，44（1）：119-124.

［60］ Bernhard Meyer. Approaches to prevention，removal and killing of biofilms ［J］. International Biodeterioration & Biodegradation. 2003，51：249-253.

［61］ Stewart P S，Costerton J W. Antibiotic resistance of bacteria in biofilms ［J］. Lancet，2001，358：135-138.

［62］ 冯庆. 在位清洗技术（CIP）简介 ［J］. 医药工程设计杂志，2001，22（4）.

［63］ 董德明. 天然水环境中的生物膜及其对重金属的吸附 ［M］. 北京：科学出版社，2010.

［64］ 李东光. 除锈剂配方与制备 ［M］. 北京：化学工业出版社，2016.

［65］ 李歆. 制药企业设施设备GMP验证方法与实务 ［M］. 北京：中国医药科技出版社，2012.

［66］ Destin A LeBlanc Validated Cleaning Technologies for Pharmaceutical Manufacturing.

［67］ Stewart J C，Seiberling D A. Clean in place ［J］. Chemical Engineering，1996，72-79.

［68］ ［美］R. Kohli. 表面清洗新技术 ［M］. 崔正刚，等译. 北京：化学工业出版社，2018.